携手构建
人类命运共同体的
伟大实践

"一带一路"国际评论精选

人民日报国际部◎编

人民日报出版社

北京

图书在版编目（CIP）数据

携手构建人类命运共同体的伟大实践："一带一路"
国际评论精选 / 人民日报国际部编. — 北京：人民
日报出版社，2023.10
　　ISBN 978-7-5115-7945-4

　　Ⅰ.①携…　Ⅱ.①人…　Ⅲ.①"一带一路"—时事评
论—世界—文集　Ⅳ.①D5-53
　　中国国家版本馆CIP数据核字（2023）第204289号

书　　　名：携手构建人类命运共同体的伟大实践："一带一路"国际评论精选
　　　　　　XIESHOU GOUJIAN RENLEI MINGYUN GONGTONGTI DE WEIDA
　　　　　　SHIJIAN："YIDAIYILU" GUOJI PINGLUN JINGXUAN
编　　　者：人民日报国际部

出 版 人：刘华新
责任编辑：蒋菊平　徐　澜　李　安
版式设计：九章文化

出版发行：人民日报出版社
社　　址：北京金台西路2号
邮政编码：100733
发行热线：（010）65369527　65369846　65369509　65369510
邮购热线：（010）65369530　65363527
编辑热线：（010）65369528
网　　址：www.peopledailypress.com
经　　销：新华书店
印　　刷：大厂回族自治县彩虹印刷有限公司
法律顾问：北京科宇律师事务所　010-83622312

开　　本：710mm×1000mm　1/16
字　　数：355千字
印　　张：27.5
版　　次：2023年11月第1版　　2023年11月第1次印刷

书　　号：ISBN 978-7-5115-7945-4
定　　价：65.00元

目录 Contents

深受欢迎的国际公共产品和国际合作平台

共同把这条造福世界的幸福之路铺得更宽更远

弘扬丝路精神　携手共同发展

共享机遇、共谋发展的阳光大道

奏响共同发展的交响乐

——写在"一带一路"国际合作高峰论坛举行之际

国纪平

千里鸿雁至，夏水满春山。绿野葳蕤的5月，中国即将迎来一场国际盛会。

5月14日至15日，"一带一路"国际合作高峰论坛将在北京举行，习近平主席将出席高峰论坛开幕式并主持领导人圆桌峰会。这是"一带一路"倡议提出以来，中方以此为题召开的规格最高的国际性会议，将凝聚各方共识，明确合作方向，推动项目落地，加快"一带一路"建设进程，让更多务实合作成果惠及沿线各国人民。

3年多来，这个由习近平主席提出的宏伟构想，已经成为沿线各国发展的有效载体。从理念构想到人心聚合，从顶层设计到项目落实，各领域合作不断开花结果，开辟了共同发展的广阔空间。合作共赢的属性，通天下、利天下的宏大蓝图，"一带一路"倡议得到沿线各国的热情回应。

3年多来，这个由中国发出的倡议，写入联合国大会和联合国安理会决议，转化为国际共识。100多个国家和国际组织表达积极支持和参与"一带一路"建设的态度，40余个国家和国际组织同中国签署共建"一带一路"合作协议。"一带一路"建设被各方寄予厚望。

"风翻白浪花千片，雁点青天字一行。"世界的目光从2014年亚太经合组织领导人非正式会议，转向2017年"一带一路"国际合作高峰论坛，再次聚焦北京，聚焦曾经放飞亚太梦想的雁栖湖畔。人们期待这一开创性的历史盛会，书写世界各国携手前进的历史新篇。

（一）

历史铭记，那是一个非同寻常的金秋。

2013年9月和10月，习近平主席先后在哈萨克斯坦、印度尼西亚提出共建丝绸之路经济带和21世纪海上丝绸之路。"一带一路"倡议，掀起合作热潮。"世界旋转的轴心正在转移——移回到那个让它旋转千年的初始之地，丝绸之路。"英国历史学家彼得·弗兰科潘在其《丝绸之路：一部全新的世界史》一书中文版序言中如是感叹。

丝绸之路，一个诗般浪漫的名字，承载着沿线各国互通有无、各文明交流互鉴的辉煌历史。2100多年前，中国汉代的张骞两次出使中亚，走出一条横贯东西、连接欧亚的丝绸之路。东西方使节、商队、游客、学者、工匠沿着张骞的足迹，穿梭于这条当时"最伟大的高速公路"上。

丝绸之路，历史留下的伟大财富。即便所有器物都被岁月掩埋，但只要看看意大利威尼斯的"骆驼之家"，读读"无数铃声遥过碛，应驮白练到安西"的诗句，想想波斯王朝乐器乌得琴、欧洲鲁特琴和中国琵琶的相似之处，就没有人会怀疑这条横亘亚欧大陆，被誉为"人类文明的运河"的风雨古道，在人类发展史上的地位。

然而，随着岁月流逝，一些如串串珍珠般将太平洋和地中海连接在一起的城市，逐渐被人们遗忘，亚欧腹地日趋沉默。一度沉寂的丝绸之路，蕴藏着人类文明交汇的密码。中国提出"一带一路"倡议，正是以互联互通精神，重新激活这条古老的道路，让世界上最长的两条经济大走廊、文化大长廊走出历史，让古老的丝路精神焕发时代的生机。

回望历史，和平合作则丝路畅，战争冲突则丝路绝。丝路之繁华有赖于沿线国家和地区的和平稳定，丝路之兴盛源于沿线国家和地区的繁荣昌盛。崇尚和平、友好合作是中华民族的优秀文化传统，无论是张骞，还是郑和，都承担了表达和平愿望、传递合作声音的使命。

回望历史，开放包容则丝路达，封闭狭隘则丝路阻。"泰山不让土壤，故能成其大；河海不择细流，故能就其深。"连接东西方、横贯欧亚大陆的丝路敞开胸怀，商旅穿梭，互通有无，福泽万方。从汉唐到元明，古代中国的强盛期都拥有庞大的丝路"朋友圈"，沿线各国都得益于开放、受惠于包容。

回望历史，互学互鉴则丝路盛，闭目塞听则丝路凋。"五色交辉，相得益彰；八音合奏，终和且平。"人类文明没有高低优劣之分，平等交流才能变得丰富多彩。中华文明沿丝路走向世界，因吸纳多样文明之光而博大。

回望历史，互利共赢则丝路兴，以邻为壑则丝路衰。和平合作、开放包容、互学互鉴，归根结底是为了互利共赢。中国追求的是共同发展，让自己过得好，也让别人过得好。

让丝路精神的时代光彩照亮亚欧非大陆及附近广阔海域，让活跃的东亚经济圈和发达的欧洲经济圈牵起手来，让中间广大腹地国家经济发展潜力挖掘出来，让沿线各国人民追求和平发展的共同梦想交织起来。3年多来，习近平主席在世界各地、不同场合阐述"一带一路"的内涵，擘画了一条各国携手前进的阳光大道。

（二）

为什么是中国提出"一带一路"倡议？中国为什么此时提出"一带一路"倡议？3年多来，这样的问题时常被人们提及，又被人们以不同方式解读。

"一带一路"倡议，源自中国与世界关系的新定位。从"师夷长技以制夷"到"引进来""走出去"，从"三千年未有之大变局"到当代中国发展，从落后就会挨打到成长为全球第二大经济体，从国际体系的旁观者到积极参与全球治理、为国际社会提供更多公共产品……近代以来，中国与世界的互动经历沧桑巨变。

时代塑造格局，格局彰显智慧。如何更好地把国内发展与对外开放统一起来，把中国发展与世界发展联系起来，把中国人民利益同各国人民共同利益结合起来，不断扩大中国与世界各国的互利合作，努力为全球发展作出贡献，这是中国必须回答的重大时代命题。

"我提出'一带一路'倡议，就是要实现共赢共享发展。""中国将继续奉行互利共赢的开放战略，将自身发展机遇同世界各国分享，欢迎各国搭乘中国发展的'顺风车'。"习近平主席在联合国日内瓦总部这样告诉世界。"一带一路"倡议，展现的正是新时期中国处理外部关系、开展国际合作的新理念新思想。

"一带一路"倡议，顺应了和平、发展、合作、共赢的时代潮流。当前，世界多极化、经济全球化、文化多样化、社会信息化不断发展，各国相互联系、相互依存不断加深，正日益形成利益交融、安危与共的利益共同体和命运共同体。"一带一路"建设开放包容、合作共赢的核心气质，共商共建共享的合作理念，开辟了共同发展的通途。

"一带一路"倡议，有利于打造全球互联互通新格局。"一带一路"倡议致力于亚欧非大陆及附近海洋的互联互通，建立和加强沿线各国互联互通伙伴关系，构建全方位、多层次、复合型的互联互通网络。这将带动中国形成全方位开放、东中西部联动发展的局面。以"一带一路"建设为契机，开展跨国互联互通，提高贸易和投资合作水平，推动国际产能和装备制造合作。"一带一路"以互联互通为主要抓手，为中国与世界共同发展提供了一把金钥匙。

"一带一路"建设是中国的，更是世界的；"一带一路"建设版权属于中国，但收益为各国共享。这一特点，正是其在国际社会赢得广泛赞誉的根本原因。意大利总统马塔雷拉如是评价："'一带一路'倡议是全世界新的发展机遇，沿线国家和地区都会从中受益。"美国经济学家、联合国资深顾问杰弗里·萨克斯认为，"一带一路"倡议"是现代经济史上最重要的经济发展举措之一，对世界各国都是一个很好的合作与发展契机"。

（三）

"'一带一路'建设像是打造一艘大船。如果用心建造，大船比小船可以航行得更远、通过更困难的水域。"英国学者如此预见。

过去3年多时间，"一带一路"建设合作一步一个脚印，不断收获国际认同和参与。在世界经济航行在"困难水域"之时，"一带一路"建设为何能够积聚起破浪前行的能量，成为当今世界最受欢迎的公共产品？

"一带一路"建设的发展能量来自顺势而为的主动担当。知者善谋，不如当时。"一带一路"建设着眼于当前世界经济的症结与难点，符合沿线国家推进工业化、现代化和提高基础设施水平的迫切需要，有助于各国携手推动更大范围、更高水平、更深层次的大开放、大交流、大融合，有助于为世界经济找到新增长点、打造新平衡。

过去几十年中，相当一部分发展中国家因为互联互通不足、基础设施薄弱等因素限制，没有被纳入全球价值链，甚至成为"被遗忘的角落"。"一带一路"建设让这些国家有机会搭上经济全球化列车，提高工业化水平，形成更高效的全球产业链、价值链、供应链。正是因为看到了这一点，新加坡《海峡时报》才用"黯淡天际的一缕阳光"来描述"一带一路"建设的作用。

"一带一路"建设的发展能量来自维护开放的积极作为。如何解决跨境贸易与投资持续低迷问题？如何应对区域一体化遇挫带来的挑战？如何防止国际合作大局受到全面冲击？面对这些全球性问题，"一带一路"建设的时代意义更为凸显。"一带一路"建设秉持开放的区域合作精神，旨在促进经济要素有序自由流动、资源高效配置和市场深度融合，将为维护全球自由贸易体系和开放型世界经济带来强大正能量。

哈萨克斯坦是世界上最大的内陆国，今天，该国经济界人士欣喜地感叹："我们不需要拥有海洋，有了'一带一路'，中国就是哈萨克斯坦的大海。"在诺贝尔经济学奖获得者约瑟夫·斯蒂格利茨看来，"一带一路"倡议对继续推进经济全球化是非常重要的贡献，因为很多国家，特别是一些穷国、一些被忽视的国家都被纳入其中，帮助他们实现同世界经济的联通。

"一带一路"建设的发展能量来自共同发展的合作取向。此前有学者指出，"发展缺位"是旧有全球治理体系的一大弊端，突出表现为拥有世界80%以上人口的发展中国家的发展需求长期得不到有效回应。与此相对照，作为当今时代加强国际合作、改善全球治理的重要探索，"一带一路"建设对共同发展的追求，成为其鲜明标志。

这是诚心诚意的合作。坚持共商共建共享原则，想的是自己要过好、也要让别人过好，信的是众人拾柴火焰高、互帮互助走得远。

"一带一路"建设的早期收获有目共睹，振奋人心。越来越多的人真切感受到，面对变动不居的形势，唯有追求互利共赢的合作，能够汇聚共同发展的力量。

（四）

2017年3月17日，纽约联合国总部，联合国安理会以15票赞成的结果，一致通过第2344号决议，呼吁通过"一带一路"建设加强区域经济合作。这是国际社会对"一带一路"倡议的肯定。

当今世界，经济增长普遍乏力，发展鸿沟日益突出，地区冲突时有发生。面对世界经济困境，一些人鼓吹反全球化，让世界经济的大海退回到一个一个孤立的小湖泊、小河流。有人担心世界将面临"霍布斯化"风险，即各国只顾私利，陷入英国哲学家托马斯·霍布斯所提出的"一切人反对一切人"的泥潭。世界需要怎样的全球治理理念？"一带一路"建设的生动现实，让人们看到中国和伙伴们在共商共建共享原则基础上付出的努力，为全球治理引入一股清流。

"共商"，就是集思广益，兼顾各方利益和关切。好事大家商量着办，要使"一带一路"建设体现各方智慧和创意。参与"一带一路"建设的沿线国家，无论大小、强弱和贡献多少，地位都是平等的。各国都是"一带一路"建设的参与者和受益者，都可以发挥重要作用。

"共建"，就是体现共同参与，发挥自身优势和潜能，形成新的合作优势。"一带一路"建设不是中国一家的独奏，而是沿线国家的合唱。它以政府间合作为主渠道，但合作范畴并不限于政府间。各国地方政府、金融机构、跨国公司、国际组织、非政府组织都可以参与其中。

"共享"，就是坚持互利共赢，寻求利益契合点和合作最大公约数。"一带一路"建设追求的是百花齐放的大利，不是一枝独秀的小利。中国和所有沿线国家都是"一带一路"建设的利益攸关方。"一带一路"建设体现了包容性发展的理念，努力让合作成果惠及沿线各国及国际社会，惠及广大民众。

"合作""共赢"是"一带一路"国际合作高峰论坛主题中的两个关键词。"和平而不是战争，合作而不是对抗，共赢而不是零和，才是人类社会和平、进步、发展的永恒主题。"习近平主席2015年在俄罗斯媒体上发表的署名文章，对合作共赢理念作出精辟阐释。

（五）

"温暖的大家庭"，塞尔维亚总统尼科利奇如是形容即将举行的"一带一路"国际合作高峰论坛。在纷乱复杂的国际关系体系中，"一带一路"建设能够凝聚起这样的"亲情"，归根结底是因为它给各参与方都带来了实实在在的获得感。

以"效果"说话，正是中国方案受到越来越多人青睐的原因之一。3年多来，"一带一路"建设从概念到行动，从倡议到落实，已经取得重要阶段性成果，实现了从设想到实践的重大跨越，进入到全面推进务实合作的新阶段。

"一带一路"国际合作高峰论坛举行在即。各国代表汇聚北京，普遍希望这场盛会能够全面总结"一带一路"建设取得的积极进展，进一步凝聚合作共识，共商下一阶段重要合作举措，在新的起点上推进"一带一路"建设。

2017.05.11

构建人类命运共同体的伟大实践

——写在习近平主席提出"一带一路"倡议5周年

国纪平

2013年9月7日，习近平主席提出共建丝绸之路经济带重大倡议。

2013年10月3日，习近平主席提出共建21世纪海上丝绸之路重大倡议。

以2013年金秋为起点，"一带一路"建设，作为承载时代使命的世纪工程，掀开了世界发展进程的新一页。

这是构建人类命运共同体的伟大实践。由理念变为行动，由愿景化为现实，促进发展，造福人民，"一带一路"建设在世界范围内广受欢迎和响应。

2018年，世界聚焦中国改革开放40年成就，愈加能够认识到，中国积极推进共建"一带一路"，正是新时代中国全面深化改革、扩大开放的明证，正是中国致力于加强国际合作、完善全球治理的切实行动。正如习近平主席在推进"一带一路"建设工作5周年座谈会上所指出："共建'一带一路'顺应了全球治理体系变革的内在要求，彰显了同舟共济、权责共担的命运共同体意识，为完善全球治理体系变革提供了新思路新方案。"

五载硕果各方分享，橙黄橘绿满园芬芳。"一带一路"建设行进在开拓和平、繁荣、开放、绿色、创新、文明之路的非凡征程中，孕育生机和活力，汇聚信心和期待。

（一）

第一个5年，可圈可点。"一带一路"建设经过夯基垒台、立柱架梁，正向落地生根、持久发展的阶段迈进。

"一带一路"建设向所有志同道合的朋友开放，影响力和吸引力日益增加。130多个国家和国际组织同中国签署"一带一路"合作文件；联合国安理会通过的第2344号决议，呼吁国际社会通过"一带一路"建设加强区域经济合作；中国成功举办首届"一带一路"国际合作高峰论坛，来自29个国家的国家元首、政府首脑与会，来自130多个国家和70多个国际组织的1500多名代表参会，覆盖了五大洲各大区域，达成279项成果。

以具体行动参与、支持"一带一路"建设，成为国际社会的"热现象"。英国设立专家理事会，第一个宣布支持250亿英镑"一带一路"亚洲项目，英中贸易协会已发表4份"一带一路"报告，英国渣打银行2020年底前要为"一带一路"倡议相关项目提供至少200亿美元融资支持；瑞士政府在外交部设立"一带一路"咨询协调办公室，瑞士银行家协会设立"一带一路"金融联络办公室；德国西门子公司和上百家中国企业携手开拓"一带一路"市场；日本通运公司2015年起同中国铁路总公司合作，协助在华日企借助中欧班列开展通往中亚和欧洲的定期运输业务……共建"一带一路"的热潮，从政府到企业、从官方到民间，合作的广度和深度不断拓展。

这5年，共建"一带一路"大幅提升了中国贸易投资自由化便利化水平，推动中国开放空间从沿海、沿江向内陆、沿边延伸，形成陆海内外联动、东西双向互济的开放新格局。中国同"一带一路"相关国家的货物贸易额累计超过5万亿美元，对外直接投资超过600亿美元，为当地创造20多万个就业岗位，中国对外投资成为拉动全球对外直接投资增长的重要引擎。

这5年，务实行动让重大项目在沿线国家和地区落地生根。中巴经济走廊、中俄蒙经济走廊等建设顺利推进；亚吉铁路、蒙内铁路竣工通车，中老铁路、中泰铁路、雅万高铁、匈塞铁路开工建设；中国—白俄罗斯工业园、柬埔寨西哈努克港经济特区、埃及苏伊士经贸合作区等成为"一带一路"产业合作的典范；斯里兰卡汉班托塔港、巴基斯坦瓜达尔港、希腊比雷埃夫斯港等建设运行顺利；中欧班列累计开行超过1万列，到达欧洲15个国家43个城市。

这5年，合作共赢让民众有了实实在在获得感。因为"一带一路"带来的机遇，企业发展天地拓宽了，民众就业机会增加了，百姓生活消费能力提升了。从吃穿用，到游购行，商场里的货品选择更多、餐桌上的美味更丰富、线上线下的消费更便利……

"'一带一路'是一种互联互通的理念，通过各种方式把不同国家的人民连接起来""'一带一路'倡议开辟了世界各国合作共赢、共同发展的新路径""'一带一路'不是单纯的工程项目，而是一种发展哲学、一种全新的合作发展理念"……各国人士由衷赞叹，高度评价中国奉献给世界、并同各国共同打造的这个全球公共产品。

透过这个公共产品，人们忆起中国改革开放初期引起世界关注的舞剧《丝路花雨》——古丝绸之路要道敦煌，"飞天"舞蹁跹，文明相吸引，人民结友情，繁荣共分享。美好的丝路故事世代传颂、引发共鸣，和平合作、开放包容、互学互鉴、互利共赢的丝路精神源远流长。这一切，正是今天世界人民渴望在"一带一路"建设征程上继往开来的历史密码。

（二）

习近平主席明确指出："共建'一带一路'是经济合作倡议，不是搞地缘政治联盟或军事同盟；是开放包容进程，不是要关起门来搞小圈子或者'中国俱乐部'；是不以意识形态划界，不搞零和游戏，只要各国有意愿，我们都欢迎。"这几个"是"与"不是"，讲明了"一带一路"的真实样子。

当前的世界，贸易保护主义沉渣泛起，逆经济全球化暗流涌动，甚至形成欲将世界经济卷入壁垒高筑、孤立分隔的巨大风险。与此相反，"一带一路"建设以其鲜明的全球开放性，给世界经济带来弥足珍贵的动力。不管处于何种政治体制、地域环境、发展阶段、文化背景，都可以加入"一带一路"朋友圈，共商共建共享，实现合作共赢。俄罗斯总统普京誉之为"一项共赢而有前途的举措"，匈牙利总理欧尔班视之为"一种建立在互相尊重和共同利益基础上的新型经济全球化"。

毫不夸张地说，"一带一路"建设实践足以启发人们对经济全球化的今天和未来进行更加深入的思考。经济全球化走到今天，很多"低垂的果子"已经摘完，再往前必须直面发展不平衡这个结构性问题。按照世界银行的数据，当今世界约60%的经济产出来自于距离海岸线不超过100公里的沿海地区，一些国家尤其是内陆国家在经济全球化过程中被边缘化，甚至成为"被遗忘的角落"，反过来制约经济全球化进程。人们越来越意识到，"一带一路"倡议正是解决世界经济发展不平衡问题的良方。

"一带一路"倡议与相关国家和地区发展战略实现对接，在推动政策沟通、设施联通、贸易畅通、资金融通、民心相通的过程中，成为经济全球化的重要牵引力。有目共睹的事实是，在"一带一路"合作框架下，亚洲、非洲、拉丁美洲等广大发展中地区正在逐步加大基础设施建设力度，世界经济发展的红利因此被断输送到那些"被遗忘的角落"。据专家估算，过去以关税减让为特征的经济全球化方式，最多能推动世界经济增长5%；而今以互联互通为动力的新型经济全球化，能够推动世界经济增长10%—15%。

事实表明，共建"一带一路"，就是在推动经济全球化朝着更加开放、包容、普惠、平衡、共赢方向发展。"一带一路"所标志的国际合作，既有海纳百川的胸怀，也有行稳致远的能力。恰如英国剑桥大学政治与国际关系学院资深研究员马丁·雅克所看到的，"一带一路"倡议难能可贵之处在于，它结合了一个宏大的愿景和实现这一愿景的每一步，它是自信而强大的，它必然成功。

（三）

"这是真正伟大而具有历史意义的事业，这是近几十年来由一个国家提出的最广泛的国际性经济合作倡议""开启美好未来的'金钥匙'""迎来发展的历史机遇"……5年来，越来越多的参与国家称赞"一带一路"建设务实高效，推进共赢。

观察"一带一路"，离不开对时代进步的感知和认同。但遗憾的是，安于故俗、溺于旧闻的一些西方人还是固执地戴着有色眼镜，借题发挥，歪曲事实。一些人恶意给"一带一路"建设贴上标签，实际上是囿于西方近现代扩张的历史，来臆测所谓的"中国威胁"。

以西方国际关系理论来解释"一带一路"，往往会陷入解释力不足的困境。

"如果纯粹套用西方的理论来解释中国，就会产生误解，甚至是曲解。"新加坡国立大学教授郑永年曾如是说。遗憾的是，至今西方一些人仍在这样做，因此导致其与共建"一带一路"的第一个5年擦肩而过。

"一带一路"倡议在与各国发展战略对接时，打破了中心与边缘的迷思，也从不带任何文明优越感，这超越了西方一些人的地缘政治想象，超越了西方历史传统中的那种在面对域外国家的文化与文明等方面的差异时，要么进行征服、要么予以同化的既有路径。

事实是，"一带一路"建设对参与国的政治经济制度不附加特殊要求，完全致力于最大限度激活参与者的经济发展潜力。正因为如此，《丝绸之路》一书的作者彼得·弗兰科潘作出如是判断：国际领导者们更需认识到的是增进相互联系和交流的重大意义，"一带一路"倡议正在帮助塑造当下及未来。

（四）

未来，一定是人类命运共同体的未来。中国倡导的构建人类命运共同体理念，植根于源远流长的中华文明，践行于波澜壮阔的中国外交，契合各国求和平、谋发展、促合作、要进步的真诚愿望和崇高追求。

世界多极化、经济全球化、社会信息化、文化多样化越是深入发展，人们越是能够深刻认识到，"一带一路"作为构建人类命运共同体的实践平台，已经在为解决当前全球治理的失灵、失衡和失序问题进行实践探索、积累实践经验。正如习近平主席所指出："共建'一带一路'不仅是经济合作，而且是完善全球发展模式和全球治理、推进经济全球化健康发展的重要途径。"

"一带一路"建设，在对话协商、共建共享、合作共赢、交流互鉴的过程中，谋求合作的最大公约数，把沿线各国人民紧密联系在一起。

"一带一路"建设，加强了国家间的政治互信，为构建人类命运共同体铺垫稳定之基。政策沟通，战略对接，求同存异，成为"一带一路"倡议具有的鲜明特征。欧亚经济联盟、《东盟互联互通总体规划2025》、非盟《2063年议程》、哈萨克斯坦的"光明之路"新经济政策、土耳其的"中间走廊"倡议、蒙古国的"发展之路"、越南的"两廊一圈"、英国的"英格兰北方经济中心"、波兰的"琥珀之路"……各国和各地区发展战略对接起来、政策协调起来，合作大方向明确了、合力形成了，共同的利益越来越多，合作的愿望越来越浓，向人类命运共同体目标迈进的共识越来越强。

"一带一路"建设，加强了国家间经济互融，为构建人类命运共同体注入发展之力。从"无数铃声遥过碛"的大漠驼队到日行千里的跨国班列，从"映日帆多宝舶来"的海运胜景到生机勃发的现代港口……古今共鉴，互联互通让各国经济在融合中加快发展。"一带一路"建设项目的背后，是扎扎实实的合作，是欣欣向荣的生机，相关国家日益形成利益共同体、责任共同体，构建人类命运共同体之路越走越宽广。

"一带一路"建设，加强了国家间人文互通，为构建人类命运共同体注入人文内涵。正如美国耶鲁大学教授瓦莱丽·汉森所言，丝绸之路之所以改变了历史，很大程度上是因为在丝绸之路上穿行的人们把他们各自的文化，像其带往远方的异国香料种子一样沿途撒播。而今，在共建"一带一路"的大道上，文化的播撒日益频繁，文明的对话日益深入，正绘就民心相通的美好画卷。从身走近，到心走近，"一带一路"建设同时架设起文明的桥梁、友谊的纽带，使人类命运共同体意识越来越深入人心。

投身"一带一路"建设，沿线各国人民参与感、获得感和幸福感与日俱增，期待并相信这条奋斗之路、幸福之路通往美好未来。

（五）

百川朝海，流行不止；道虽辽远，无不到者。共建"一带一路"，这是中国参与全球开放合作、改善全球经济治理体系、促进全球共同发展繁荣、推动构建人类命运共同体的中国方案；这是中国同世界上众多国家携手努力的共同行动。

2018年中非合作论坛北京峰会发出这样的宣言：非洲是"一带一路"历史和自然延伸，是重要参与方。中非双方一致同意将"一带一路"同联合国2030年可持续发展议程、非盟《2063年议程》和非洲各国发展战略紧密对接，加强政策沟通、设施联通、贸易畅通、资金融通、民心相通，促进双方"一带一路"产能合作，加强双方在非洲基础设施和工业化发展领域的规划合作，为中非合作共赢、共同发展注入新动力。共建"一带一路"正在中国与非洲之间搭建起新的合作桥梁，开辟新的合作天地。迄今，中国已与37个非洲国家和非洲联盟签署"一带一路"合作文件。

再往前看，共建"一带一路"的能量也在中阿、中拉、中欧、中国—中东欧之间不断蓄积。拥抱"一带一路"、共建美好未来，正成为更多国家和地区推动合作的大手笔、顺应潮流的大趋势。

2018年7月中阿合作论坛第八届部长级会议上，中阿双方达成并签署有关合作共建"一带一路"的行动宣言，阿方欢迎"一带一路"倡议，赞赏中阿双方在此框架内合作所取得的丰硕成果，商定将以习近平主席提出的共建"一带一路"为主线，为增进战略互信、实现复兴梦想、实现互利共赢、促进包容互鉴共同努力。

2018年1月，中国—拉美和加勒比国家共同体论坛第二届部长级会议发表关于"一带一路"倡议的特别声明，中方认为拉美和加勒比国家是海上丝绸之路的自然延伸和"一带一路"国际合作不可或缺的参与方，邀请拉美和加勒比国家自愿加入该倡议。拉共体国家认为"一带一路"倡议可以成为深化中国与拉美和加勒比国家经济、贸易、投资、文化、旅游等领域合作的重要途径。

同样是在2018年，中国欧盟发表声明指出，双方将继续推动中国"一带一路"倡议与欧盟倡议对接，包括欧洲投资计划以及扩大的泛欧运输网络，并通过兼容的海陆空运输、能源和数字网络促进"硬联通"和"软联通"；中国—中东欧国家共同指出，各方愿支持"一带一路"建设同中欧互联互通平台、泛欧运输网络西巴尔干延长线以及相关周边合作倡议相对接，这将有益于欧洲一体化进程。

开局好，起步实，5年成果丰硕。前路远，风光好，更要扎实推进。在项目建设上下功夫，在开拓市场上下功夫，在金融保障上下功夫，在推动教育、科技、文化、体育、旅游、卫生、考古等领域交流上下功夫，在规范企业投资经营行为上下功夫，在提高境外安全保障风险防范上下功夫……推动"一带一路"建设走深走实，中国一步一个脚印推进实施，一点一滴抓出成果。

面对滚滚向前的时代大潮，"一带一路"建设乘势而上、顺势而为，造福人民，造福世界。中国同各国在相遇相知、共同发展之路上携手奋斗，一定能够创造出人类命运共同体的光明未来。

2018.10.04

共建"一带一路" 开创美好未来

国纪平

阳春时节，花繁柳密，生机盎然。千年古都北京即将再次张开热情双臂，喜迎八方宾朋，共襄合作盛举。

伴随着世界关注的目光，以"共建'一带一路'、开创美好未来"为主题的第二届"一带一路"国际合作高峰论坛，将在北京隆重举行。

这是一次如约而至的国际盛会。2017年5月，同在北京，首届高峰论坛收获丰富成果，树立起共建"一带一路"的一座里程碑。2018年11月，顺应各方期待，习近平主席郑重向世界宣布，中国将于2019年4月举办第二届"一带一路"国际合作高峰论坛。

这是一次全球瞩目的国际盛会。习近平主席将出席高峰论坛开幕式并发表主旨演讲，全程主持领导人圆桌峰会。包括近40位外方领导人在内的上百个国家的数千名代表参会，本届论坛规格更高、规模更大、活动更丰富，尽显"一带一路"建设的蓬勃生机与无限活力。

从总体布局的"大写意"，到精谨细腻的"工笔画"，习近平主席的形象比喻，为共建"一带一路"描述了清晰发展蓝图、指明了正确前进方向。着眼推动"一带一路"国际合作进一步走深走实、行稳致远，各方亟需进一步汇聚共识、对接战略、明确重点，高峰论坛为此提供了最佳平台。

各方普遍预期本届论坛将达成一系列合作成果，其中，论坛期间将首次举办企业家大会，为工商界对接合作搭建平台。人们有理由相信，本届高峰论坛的成果数量将更多、质量将更高，共建"一带一路"这一世纪工程将在新的起点上再出发，为促进全球共同发展繁荣、推动构建人类命运共同体注入更强劲动力。

（一）

马克思说："时间是人类发展的空间。"在近6年的时空坐标里，"一带一路"合作一步一个脚印，书写了世界各国携手发展的崭新篇章。

2013年秋天，习近平主席首倡共建"一带一路"，一时应者云集，全球为之瞩目，古老丝路就此焕发新光。2015年3月，《推动共建丝绸之路经济带和21世纪海上丝绸之路的愿景与行动》发布，当今时代规模最大的国际合作平台以更清晰的轮廓展现在世人面前。2017年5月，首届高峰论坛达成76大项、279项具体成果，领导人圆桌峰会发表了联合公报，为各方合作不断推进明确了路线图。

伴随着共建"一带一路"深入推进，创造历史的合作发展故事在全球各地不断涌现。东非有了高速公路，马尔代夫有了跨海大桥，白俄罗斯有了轿车制造业，哈萨克斯坦有了出海通道，中欧班列成为亚欧大陆上距离最长的合作纽带……

不到6年的时间里，"一带一路"建设给世界带来的改变，一次次从不同维度证明了这一论断："一带一路"倡议源于中国，但机会和成果属于世界。

在沿线各国的发展规划里，"一带一路"是可供借力的合作平台，带来的是互利共赢的宝贵机遇。迄今，已有126个国家和29个国际组织同中方签署"一带一路"合作文件。持续不断的对接热潮充分表明，"一带一路"倡议同各国发展需求高度契合。国际金融论坛与英国《中央银行》

杂志在"一带一路"5周年之际发布调查报告，几乎所有受访的"一带一路"沿线国家央行都表示，"一带一路"建设在带动本国、本地区经济增长方面发挥了重要作用。

在各国企业与民众眼中，"一带一路"是不断出现的务实合作项目，带来的是实实在在的获得感。随着"一带一路"合作画卷渐次铺展，"六廊六路多国多港"主骨架逐步成形，中欧班列、陆海新通道等大通道建设成效显著，跨国经济走廊合作日益深化，铁路、港口、公路、管网等基础设施项目合作稳步推进，经贸合作园区建设不断取得积极进展。《纽约时报》感慨，哈萨克斯坦努尔肯特距离最近的海洋也有1600多英里，但"一带一路"让这里成为"全球贸易的新前沿"。《大西洋月刊》报道中的巴基斯坦瓜达尔，正告别昔日偏远沉寂的小渔港角色，呈现出一派热火朝天的城市建设景象。美国消费者新闻与商业频道的报道注意到，"一带一路"正越来越多出现在世界各国公司的财报会议上。

合作成果的"可视性"，让各方对"一带一路"的信心不断上升。中国同沿线国家共同建设的82个境外合作园区，带来近30万个就业岗位，到中企上班在许多地方成为新场景。"'一带一路'想要解决的是自1945年以来的全球核心问题——占世界人口85%的发展中国家的转型问题。"英国学者马丁·雅克如是强调"一带一路"对于广大发展中国家的巨大意义。联合国秘书长古特雷斯认为，"一带一路"是一种使人们相信有可能在经济发展过程中做到"不落下任何一个人的倡议"。

岁月不居，时节如流。"一带一路"建设在近6年时光里完成的跨越，实现了国际发展合作史上罕见的执行力和高效率，充分展现了这一国际公共产品的国际影响力、道义感召力、合作吸引力。今天，共建"一带一路"倡议和共商共建共享的核心理念已被写入联合国等重要国际机制成果文件，凝聚起广泛的国际共识。

（二）

"一带一路"合作不断走向深入，其更深刻的历史内涵和以人民为中心的发展理念正为更多人所感知理解。

千年丝路，跨越古今。漫长岁月里，这条古老通道上的不同民族、文化、文明相遇交融、相互滋养，共同书写了互通有无、交流互鉴的辉煌篇章。"一带一路"建设，倡导不同民族、不同文化要"交而通"，而不是"交而恶"，彼此要多拆墙、少筑墙，把对话当作"黄金法则"，大家一起做有来有往的邻居，互尊互信，求同存异，聚同化异。

近6年的时间里，"一带一路"建设带来的最具历史深意的改变，恰是为沿线国家和地区人民生活更美好所创造的全新可能，为不同文明携手走向未来所创造的全新机会——

因为共建"一带一路"，世世代代生活在大山里的老挝万磊村村民不再只靠种地、打猎为生，家里有了电，孩子们晚上再也不用凑到煤油灯前看书；

因为共建"一带一路"，一直在外打工的罗纳德回乡创业，在中国印尼经贸合作区青山工业园边开了一家小餐馆，生意红火得让他在短短一年里就攒下足够的钱扩建店面，还买了汽车，生活过得有滋有味；

因为共建"一带一路"，爱丽丝成为肯尼亚历史上首批女火车司机之一，收入是过去的3倍，家里的居住条件得到改善，她还获得了前往中国学习的机会，人生走上了另一条轨道；

因为共建"一带一路"，曾经夜里漆黑一片的缅甸皎漂，如今实现全天24小时供电，夜里高层建筑灯火通明，一排排路灯照亮人们前行的道路；

因为共建"一带一路"，一度"连集装箱码头桥吊都锈得无法正常工作"的希腊比雷埃夫斯港，集装箱吞吐量从当初全球排名第九十三位跃升到第三十六位，成为全球发展最快的集装箱码头之一；

因为共建"一带一路"，德国杜伊斯堡港2017财年实现收入2.5亿欧元，吞吐量增长30%，原本为传统增长动能减退而苦恼的老工业基地再度焕发青春……

涓涓细流汇成大海。关注全球发展问题的学者认为，"一带一路"是属于21世纪的伟大叙事。于细微处看，这一伟大叙事正是由许许多多个体生活的点滴改变累积而成。联合国教科文组织前总干事博科娃认为，"一带一路"建设的终极目标还是人的发展。她说："只有服务于民众的建设才真正有意义。'一带一路'建设的发展，将有助于联合国2030年可持续发展议程的实现，有助于释放民众个人的创新潜能。"

媒体交流、智库交流、青年交流、体育交流……不同形式的对话，每一天都在"一带一路"沿线国家和地区之间开展。日渐升温的双向留学热、旅游热，让跨文化对话以前所未有的频率上演。不断增强的友谊纽带，为共建"一带一路"生根发芽、开花结果，培育了富饶肥沃的土壤，也让我们共同生活的地球家园变得更加丰富多彩。

"但愿我们的人民生活得幸福富有。"习近平主席曾引述乌兹别克斯坦诗人纳沃伊的诗句，阐述"一带一路"的追求与担当。正是因为紧紧将视线聚焦于"人民"，从历史深处走来的"一带一路"，正在成为造福沿线国家人民的和平之路、繁荣之路、开放之路、绿色之路、创新之路、文明之路。

（三）

在世界发展与全球治理的复杂体系中，"一带一路"是一个新事物，"新"在合作理念设计，也"新"在它是中国这样一个发展中国家提出的国际合作倡议。

经济全球化深入发展是历史大势，但也面临收入分配不平等、发展空间不平衡等突出问题。今天，治理赤字、信任赤字、和平赤字、发展赤字是横亘在全人类面前的严峻挑战。"世界怎么了、我们怎么办？"2017年1月，习近平主席在联合国日内瓦总部演讲时发出的"时代之问"依然具有震撼人心的力量。共迎挑战，将人类前途命运掌握在自己手中，需要各国积极做行动派、不做观望者。

共建"一带一路"顺应了全球治理体系变革的内在要求，彰显了同舟共济、权责共担的命运共同体意识，为完善全球治理体系变革提供了新思路新方案。

旧邦新命，古道新程。面对严峻的全球性挑战，中国方案体现出以天下为己任的强烈使命担当：坚持公正合理，坚持互商互谅，坚持同舟共济，坚持互利共赢，携手构建人类命运共同体。"一带一路"建设秉持共商共建共享原则，体现相互尊重、公平正义、合作共赢的国际合作观，支持多边主义和开放型世界经济，正是各国携手应对时代挑战的一条有效路径，也顺应了各国尤其是发展中国家求发展的强烈愿望，成为推动构建人类命运共同体的重要实践平台。"'一带一路'是经济全球化时代包含创新思想的世纪大工程。"日本经济学家江原规由如是评价"一带一路"给经济全球化行稳致远带来的推动力。

在首届高峰论坛欢迎宴会上，习近平主席满怀深情地指出："一带一路"建设承载着我们对文明交流的渴望，将继续担当文明沟通的使者，推动各种文明互学互鉴，让人类文明更加绚烂多彩；"一带一路"建设承载着我们对和平安宁的期盼，将成为拉近国家间关系的纽带，让各国人民守望相助，各国互尊互信，共同打造和谐家园，建设和平世界；"一带一路"建设承载着我们对共同发展的追求，将帮助各国打破发展瓶颈，缩小发展差距，共享发展成果，打造甘苦与共、命运相连的发展共同体；

"一带一路"建设承载着我们对美好生活的向往，将把每个国家、每个百姓的梦想凝结为共同愿望，让理想变为现实，让人民幸福安康。

"一带一路"引发时代共鸣，清晰地昭示了中国是世界和平的建设者、全球发展的贡献者、国际秩序的维护者。从理念到实践，"一带一路"致力促进和平合作、开放包容、互学互鉴、互利共赢，彻底摒弃了以往大国以意识形态划界、搞零和游戏、关起门来搞小圈子的陈旧做法。正因如此，"一带一路"收获了更大的亲和力和信任感。联合国副秘书长盖图如是评价："中国不限制国别范畴，不会搞封闭机制，不唱独角戏，更不搞一言堂，这正是'一带一路'朋友圈不断扩大的原因。"

大道致远，海纳百川。站立在各国乃至全球发展需求的交集上谋划合作，"一带一路"建设已成为完善全球发展模式和全球治理、推进经济全球化健康发展的重要途径。正如一位欧洲学者所言，中国构建多边世界的理念在全球得到广泛响应，"这样的理念一旦付诸行动，人类就迈出了一大步"。

（四）

共建"一带一路"已完成夯基垒台、立柱架梁的阶段，正在向落地生根、持久发展的阶段迈进。人们对向高质量发展转变的"一带一路"建设，正寄予更多期待。

推动共建"一带一路"向高质量发展转变，将在时代变局中凝聚起更强的引领性力量。

"针对目前存在的一些逆全球化思潮，'一带一路'建设可以向那些怀疑论者证明，全球化进程可以在国家间有组织、有规则地进行。"法国戴高乐基金会主席雅克·高德弗兰的这一观点，反映了国际社会对"一带一路"时代角色的新认识。

日前，首趟卢森堡至成都中欧班列正式发车，41个货柜将机电产品、食品和医疗器械等欧洲商品送至不断扩大的中国市场。在许多人眼中，通达能力越来越强的中欧班列不仅是重塑经贸格局的切实力量，也是一种象征——"一带一路"带来的联结效应，正为抵御保护主义逆风提供正能量。

未来，共建"一带一路"走向高质量发展，必将继续倡导开放、包容、透明的理念，注重吸纳各方建设性意见，推动经济全球化朝着更加开放、包容、普惠、平衡、共赢方向发展。正如塞尔维亚总统武契奇所说的，"一带一路"倡议是一项促进世界稳定的倡议，从精神层面和物质层面将不同国家、文化和人民连接在一起。

推动共建"一带一路"向高质量发展转变，将开辟"一带一路"建设的新空间。

今年3月，习近平主席欧洲之行引发世界关注。访问期间，中意签署共建"一带一路"合作谅解备忘录。摩纳哥表示愿意积极参与共建"一带一路"国际合作。中法签署第三方市场合作第三轮项目示范清单，并启动第三方市场合作基金。中、法、德及欧盟领导人巴黎会晤，就共建"一带一路"进行了富有建设性的讨论。德国总理默克尔表示，欧方应该加紧推动欧中投资协定谈判，积极探讨参与"一带一路"这个重要合作倡议。法国总统马克龙表示，欧方可以以创新的方式对接欧盟发展战略和"一带一路"倡议，共同促进欧亚互联互通。

未来，更多国家的企业将在"一带一路"沿线布局，这是对推动共建"一带一路"向高质量发展转变投出的信任票。通用电气的预测是，未来几年该企业在"一带一路"沿线的营收将实现两位数增长。金融巨头花旗集团正为在"一带一路"沿线国家投资的企业提供全方位服务。德国外贸与投资署日前发布的一份报告称，从短期看，"一带一路"项目大量实施，德国企业可以作为承包商、供货方和合作伙伴参与第三方市场合作；从长远看，"一带一路"将给德国企业创造更多的产品销售市场，对德国企业而言是"巨大的机遇"。

推动共建"一带一路"向高质量发展转变，将为各国发展带来更多实实在在的利益。

就在习近平主席访问意大利前夕，《纽约时报》记者来到该国亚得里亚海北端的港口城市的里雅斯特，以不无感慨的笔调写道："现在，由于中国的崛起，的里雅斯特似乎准备返回重新调整中的世界的中心。"今天，类似的里雅斯特的故事正不断在"一带一路"沿线上演。在全球各地的合作现场，共建"一带一路"带来的正是改写发展面貌、增进人民福祉的更大机遇。

未来，雪中送炭、急对方之所急，能够让当地老百姓更多受益的民生工程、绿色工程将成为"一带一路"合作的重点。中国将与各国进一步对接发展战略，打造新一批重点合作项目，推动落实联合国2030年可持续发展议程，在深化合作的过程中更加重视民生的改善、环境的保护。这是"一带一路"建设普惠包容、绿色发展理念的充分体现。

法国政治家让·莫内说："没有体制，一切不可持续。"国际发展领域从来不缺少形形色色的各类倡议，执行力是决定合作可持续性的关键因素之一。截至目前，首届高峰论坛达成的具体成果落实率达到100%。高峰论坛打造的正是这样一个有效推动"一带一路"合作的机制化平台。

（五）

2019年是新中国成立70周年。70年披荆斩棘，70年风雨兼程，中国人民以奋斗创造了举世瞩目的发展奇迹。第二届高峰论坛在这样一个重要年份举行，备受世人关注。

共建"一带一路"，映射出一个积极构建对外合作新格局的开放大国。一个国家强盛才能充满信心开放，而开放又会促进一个国家强盛。从自身发展需求与时代演进大势出发，"一带一路"建设是新形势下中国扩大全方位开放的重要举措，展现的是一个致力于使更多国家共享自身发展成果和机遇的"不一样大国"。

2019年的春天，世人再次见证了改革开放的中国加速度，看到了将改革开放进行到底的中国决心。第十三届全国人民代表大会第二次会议通过外商投资法，配套法规、规章制定工作已启动；全面实施准入前国民待遇加负面清单管理制度，且负面清单"只作减法，不作加法"；银行、证券和保险业对外资全面放开市场准入加快推进……中国对外开放的大门越开越大，为各国参与"一带一路"合作、对接中国大市场创造了广阔空间。

因为看到了"一带一路"的开放基因，人们对其接受度和信心不断上升。法国前总理德维尔潘认为，"中国正在不断加快开放步伐，相信'一带一路'将把破碎的世界聚合起来，为各国发展和共同稳定带来新机遇"。

共建"一带一路"，映射出一个致力于完善全球治理的负责任大国。"国际上的问题林林总总，归结起来就是要解决好治理体系和治理能力的问题。"习近平主席的话掷地有声。面对旧有全球治理体系出现的封闭化、碎片化、排他化以及代表性、包容性、公正性不足等问题，以"一带一路"为代表的中国方案，致力于维护全球自由贸易体系和开放型世界经济，致力于创造受益更为均衡也更可持续的治理效果。在联合国秘书长古特雷斯看来，"一带一路"倡议不仅涉及经济合作，也是通过经济合作改善世界经济发展模式，使全球化更加健康，进而推动国家治理和全球治理的路径。

共建"一带一路"，映射出一个同各国携手构建人类命运共同体的文明大国。"一带一路"浸润着中华民族历来秉持的天下大同理念，彰显了中国人和谐万邦的天下观。今天，世界正"越来越小"，同舟共济、权责共担的东方智慧为应对时代挑战带来了全新视野与实践。根植于历史土壤的"一带一路"建设，把沿线国家和地区紧密联系在一起，致力于合作共赢、共同发展，让各国人民更好共享发展成果，这既是对丝路精神的传承，也是人类命运共同体意识的真实体现。在回答"一带一路"是什么时，巴拿马国际问题研究专家埃迪·塔皮尔罗给出了这样的答案——"那将是一个更美好的世界"。

在历史前进的逻辑中前进，在时代发展的潮流中发展。习近平主席指出，"我们正走在一条充满希望的道路上。我相信，只要我们相向而行，心连心，不后退，不停步，我们终能迎来路路相连、美美与共的那一天。"第二届高峰论坛必将为共建"一带一路"进程树立起一座新的里程碑，写就中国与各方合力开创人类美好未来的新篇章。

2019.04.19

推动共建"一带一路"沿着
高质量发展方向不断前进

——写在第三届"一带一路"国际合作高峰论坛举行之际

国纪平

金秋十月，长安街上，"和平发展"和"幸福之路"花坛绚烂夺目。志同道合的发展伙伴齐聚北京，共赴第三届"一带一路"国际合作高峰论坛之约，共商"高质量共建'一带一路'，携手实现共同发展繁荣"大计，共绘国家互利共赢、人民相知相亲、文明互学互鉴的丝路时代画卷。

这将是一次回望过往、总结经验的盛会。共建"一带一路"走过10年，给世界带来引人注目的深刻变化，成为人类社会发展史上具有里程碑意义的重大事件。这项造福共建国家人民、为世界和平与发展注入正能量的伟大事业，在各方共商共建共享中展现出日益旺盛的生命力。

这将是一次登高望远、共创未来的盛会。打造世界工程、世纪工程，需要目光长远、久久为功。世界百年未有之大变局加速演进，人类文明发展面临越来越多的问题和挑战。站在新起点，共建"一带一路"合作伙伴践行真正的多边主义，共同走和平发展、合作共赢的人间正道，将凝聚起应对时代挑战、推动构建人类命运共同体的强大力量。

（一）

发展承载着人民对美好生活的向往，是人类社会永恒主题。

2013年金秋，习近平主席西赴哈萨克斯坦、南下印度尼西亚，分别提出共同建设丝绸之路经济带和21世纪海上丝绸之路，共建"一带一路"倡议就此问世。

10年来，共建"一带一路"镌刻下改变世界发展轨迹的深刻印记，书写了这个时代最激动人心的合作故事。

——时间维度上，共建"一带一路"合作步伐不断迈进，进展成效举世瞩目，展现国际经济合作急需的行动力。

一个个重要节点，标注共建"一带一路"从"大写意"到"工笔画"的发展历程。从通过《丝绸之路经济带和21世纪海上丝绸之路建设战略规划》，到发布《推动共建丝绸之路经济带和21世纪海上丝绸之路的愿景与行动》，从发表《共建"一带一路"倡议：进展、贡献与展望》报告，到发布《共建"一带一路"：构建人类命运共同体的重大实践》白皮书，共建"一带一路"的宏伟蓝图日益清晰；从召开3次"一带一路"建设座谈会，到举办两届"一带一路"国际合作高峰论坛，再到举办"一带一路"国际合作高级别视频会议、"一带一路"亚太区域国际合作高级别会议等，共建"一带一路"的合力不断凝聚；从中共十九大将推进"一带一路"建设写入中国共产党党章，到共建"一带一路"倡议及其核心理念被写入联合国、二十国集团、亚太经合组织以及其他国际和区域组织等有关文件，共建"一带一路"合作对全球发展的影响力持续增强。

——空间维度上，共建"一带一路"的朋友圈不断扩大，国际影响日益提升，展现国际经济合作急需的凝聚力。

和平合作、开放包容的信念，绵延万里不绝；互学互鉴、互利共赢的精神，传承千年不息。沿着这条共享机遇、共谋发展的阳光大道，合作共赢的美好故事不断延伸。150多个国家、30多个国际组织同中国签署200多份共建"一带一路"合作文件。亚洲基础设施投资银行从最初57个创始成员，发展到拥有109个成员，覆盖全球人口的81%和全球国内生产总值的65%。中欧班列铺展运行线路80多条，通达欧洲25个国家的217个城市。10年实践充分表明，共建"一带一路"是一个开放包容的平台，是各方共同打造的全球公共产品。

——合作维度上，共建"一带一路"合作领域不断拓展，合作方式日益丰富，展现国际经济合作急需的创新力。

"习近平主席提出的共建'一带一路'倡议犹如一辆全新的有轨电车，以合作的方式真诚邀请世界各国'上车'。"有国外媒体如此形象地描述该倡议所体现的共同发展特点。从聚焦政策沟通、设施联通、贸易畅通、资金融通、民心相通，到开展健康、绿色、数字、创新等新领域合作，共建"一带一路"在时代发展的浪潮中不断完善合作理念、拓展合作领域。蒙内铁路、匈塞铁路、中老铁路、雅万高铁等交通基础设施助力共建国家驶上发展快车道，巴基斯坦卡洛特水电站、南非德阿风电项目、哈萨克斯坦卡普恰盖100兆瓦光伏电站等清洁、高效、质优的绿色能源项目点亮共建国家未来发展之路，菌草、杂交水稻、鲁班工坊等减贫、农业技术、职业教育领域民生项目，有效提高共建国家人民生活水平。共建"一带一路"已形成3000多个合作项目，拉动近万亿美元投资规模，打造了一个个"国家地标""民生工程""合作丰碑"。

"被行动证明的语言是最有力的语言。"10年发展充分说明，秉持共商共建共享原则，以长远眼光和全球视野规划并推进合作，"一带一路"这条造福世界的"发展带"、惠及人类的"幸福路"变得更加繁荣、更加宽广。

（二）

"毫不夸张地说，这10年，共建'一带一路'倡议已经改变了世界。"英国学者马丁·雅克指出。

理解共建"一带一路"是如何改变世界的，必须将其置于时代变革和全球发展的整体脉络中加以审视。

共建"一带一路"倡议提出之际，正值国际金融危机深层影响不断显现，国际社会面临寻找新增长点、开启新的世界经济增长周期的共同任务。尽管新一轮科技革命和产业变革深入推进，新的增长动能不断积聚，各国利益深度融合，但世界经济增长基础不牢，贸易和投资低迷，经济全球化遇到波折，发展不平衡加剧。战乱和冲突、恐怖主义、难民移民大规模流动等问题对世界经济的影响突出。

如何为世界经济复苏增添动能，如何推动经济全球化深入发展，如何实现更加平衡包容的发展？一系列事关全球发展的重大命题摆在国际社会面前。共建"一带一路"倡议的提出，为国际社会以合作应对时代挑战、破解发展难题提供了充满东方智慧的方案。

"'一带一路'建设承载着我们对共同发展的追求，将帮助各国打破发展瓶颈，缩小发展差距，共享发展成果，打造甘苦与共、命运相连的发展共同体。"习近平主席指出。中国在与各方一起谋划共建"一带一路"合作时，始终聚焦解决经济增长和平衡问题。

共建"一带一路"聚焦发展这个根本性问题，通过发展战略对接，实现经济大融合、发展大联动、成果大共享，为世界经济复苏注入动能。世界银行2019年6月专门发表研究报告，提出"'一带一路'经济学"概念。支持其研究结论的是这样一组数据：共建"一带一路"倡议全面实施可使3200万人摆脱日均生活费低于3.2美元的中度贫困状态，使全球贸易增加6.2%，全球收入增加2.9%。

近年来，世界经济又遭遇新冠疫情、通胀高企、地缘冲突加剧等一系列挑战，寻找复苏动能的任务更显紧迫。关键时刻，共建"一带一路"深入推进，展现团结合作带来的发展韧性。2021年发布的第四次"一带一路"国家央行年度调查结果显示，87%的受访央行认为共建"一带一路"项目有助于后疫情时代经济复苏。

发展是世界各国的权利，不是少数国家的专利。但近年来的现实是，全球发展鸿沟不断扩大，发展不平衡成为当今世界最大的不平衡。

共建"一带一路"释放发展中国家的发展潜力，促进了全球平衡、协调、包容发展。第一条高速公路、第一条现代化铁路、第一座工业园……共建"一带一路"帮助不少国家改善基础设施，推进工业化进程，也帮助不少国家解决了困扰多年的电力紧缺、人才不足等难题。有外国学者指出，共建"一带一路"为全球南方国家创造发展机遇，改变了许多发展中国家的经济前景；也有外国学者指出，共建"一带一路"成为代表发展中国家的强大声音，不仅通过言语，而且通过行动。

长久以来，一些发展中国家和欠发达国家成为经济全球化大潮中"被遗忘的角落"。国际社会越来越认识到，必须变革传统的全球经济治理模式，树立一种公平、普惠的全球性发展新理念。共建"一带一路"立足政策沟通、设施联通、贸易畅通、资金融通、民心相通，推进陆上、海上、空中、网上互联互通，建设高质量、可持续、抗风险、价格合理、包容可及的基础设施，促进生产要素有序流动、资源高效配置、市场深度融合，帮助更多国家更好融入全球供应链、产业链、价值链，成为推动经济全球化健康发展、构建开放型世界经济的有效方案。

对许多国家来说，共建"一带一路"带来的发展机遇是前所未有的。正是这种前所未有的发展机遇，让世界最大内陆国家哈萨克斯坦在找到"出海口"后备受鼓舞，让克罗地亚民众在佩列沙茨大桥通车当天以跑步和划船比赛、交响乐和合唱演出、盛大烟火表演等进行庆祝，让马达加斯加总统拉乔利纳在出席5A国道改造项目通车仪式时与民众共同高呼"再见吧，泥泞！"……

共建"一带一路"带来的是新型经济全球化，也是新型全球经济治理模式。德国前总统、国际货币基金组织前总裁霍斯特·科勒评价，共建"一带一路"倡议恰逢其时，是更好的经济全球化标杆。吉尔吉斯斯坦前总统阿卡耶夫指出，共建"一带一路"是国际关系和世界贸易的新模式，将使全球化变得公平而且富有人性。

"只有结满果实的大树才会引人注意。"共建"一带一路"10年实践成果证明，万物得其本者生，百事得其道者成。

（三）

和合共生、天下大同，是中华民族千百年来的美好追求。携手打造和平发展的大格局，是共建"一带一路"的使命担当。

共建"一带一路"有和平发展的深沉追求。

古丝绸之路的开拓，使用的不是战马和长矛，而是驼队和善意；依靠的不是坚船和利炮，而是宝船和友谊。从历史深处走来的共建"一带一路"倡议，传承着古丝绸之路和平合作的基因，并在实践中被赋予新的时代内涵。

共建"一带一路"坚持共商共建共享，坚持各国都是平等的参与者、贡献者、受益者，走和平发展道路，致力于从根本上解决永久和平和普遍安全问题。

中国作为发起方，积极推动构建相互尊重、公平正义、合作共赢的新型国际关系，打造对话不对抗、结伴不结盟的伙伴关系，推动各方树立共同、综合、合作、可持续的新安全观，营造共建共享的安全格局，构建和平稳定的发展环境。

共建"一带一路"坚持以发展推动和平。

贫瘠的土地上长不成和平的大树；连天的烽火中结不出发展的硕果。和平与发展相互依存，维护世界和平必须促进共同发展。

共建"一带一路"，牢牢攥紧"发展"这把解决一切问题的"总钥匙"，以人民对美好生活的向往为出发点和落脚点，通过对接发展战略、实施促进联动发展的项目，让共同发展的梦想照进现实。圭亚那前总统唐纳德·拉莫塔尔感慨，如果我们认为全球大部分冲突和争议都源于贫穷和不公平，那么就应该把共建"一带一路"视为一个促进共同繁荣与世界和平的倡议。

共建"一带一路"坚持以合作促进和平。

合作还是孤立，团结还是分裂，拉手还是松手，人类社会面临重大抉择。从历史上看，保护主义、单边主义、霸权主义很容易成为贸易战、冷战甚至热战的催化剂。只有坚持团结合作，维护并践行真正的多边主义，才能促进持久和平。

"一带一路"是大家携手前行的阳光大道，不是某一方面的私家小路。共建"一带一路"不排除、也不针对任何一方，不打地缘博弈小算盘，不搞封闭排他"小圈子"，也不搞基于意识形态标准划界的小团体，更不搞军事同盟。从亚欧大陆到非洲、美洲、大洋洲，无论什么样的政治体制、历史文化、宗教信仰、意识形态、发展阶段，只要有共同发展的意愿都可以参与其中。各方以开放包容为导向，坚决反对保护主义、单边主义、霸权主义，共同推进全方位、立体化、网络状的大联通格局，探索开创共赢、共担、共治的合作新模式，构建全球互联互通伙伴关系，建设和谐共存的大家庭。

共建"一带一路"回应的是各国人民求和平、谋发展、促合作的共同愿望，点亮的是世界共享繁荣的朗朗星空。10年砥砺前行，"一带一路"

日益成为承载着生机与梦想的和平之路。

（四）

世界文明的魅力在于多姿多彩，人类进步的要义在于互学互鉴。千百年来，古丝绸之路见证了沿线国家在互通有无中实现发展繁荣，在取长补短中绽放灿烂文明。面对当今世界的各种挑战，各国更应该从丝绸之路的历史中汲取智慧，推动文明互鉴，促进民心相通。

"中国提出'一带一路'倡议，既要促进共同发展，也要促进民心相通。"习近平主席强调。民心相通是最基础、最坚实、最持久的互联互通。民心相通是"一带一路"建设的重要内容，也是"一带一路"建设的人文基础。真正要建成"一带一路"，必须在共建国家民众中形成一个相互欣赏、相互理解、相互尊重的人文格局。

10年来，共建"一带一路"推动共建国家在教育、科技、文化、卫生、体育、媒体、旅游等领域开展广泛合作，促进政党、青年、社会组织、智库、妇女、地方交流协同并进，推动形成和而不同、多元一体的文明共荣发展态势，实现了通民心、达民意、惠民生。

10年来，在共建"一带一路"的大道上，文化的播撒日益频繁，文明的对话日益深入，人民之间的友谊日益加深。泰国前副总理功·塔帕朗西表示，共建"一带一路"力促共建国家民心相通，随着一系列涵盖各领域的人文交流合作机制与平台落到实处，一条新时代的文明之路正呈现在世人面前。

民心相通，在共建"一带一路"合作中汇聚。

中国企业运营管理希腊比雷埃夫斯港，使其扭亏为盈、重新焕发勃勃生机，并为当地1万多人创造了就业。希腊总理米佐塔基斯表示，事实证明，比雷埃夫斯港项目是互惠互利的，有力促进了希腊经济复苏和社会发展，符合希腊国家和人民利益，得到了希腊人民的支持。希方也从中深刻体会到"朋友"一词的真正含义。

民心相通，在共建"一带一路"成果中升华。

老挝中老友好农冰村小学教学楼二层墙上，悬挂着该校师生2019年来华参加第二届"一带一路"国际合作高峰论坛民心相通分论坛的证件。在民心相通分论坛上，该校时任校长将学校师生写给习近平主席的信和赠送给习近平主席的画册《我们的丝路故事》一起交给中方工作人员。58幅精挑细选的学生画作，讲述了共建"一带一路"给学校、家乡和地区带来的变化。习近平主席在给该校全体师生的回信中表示："欢迎你们早日乘上中老铁路列车来到北京。"如今，中老铁路上列车飞驰，坐着火车来中国已不再是梦想。

各国人民对美好生活的向往是相通的。共建"一带一路"推动文明互鉴，促进民心相通，以实际行动弘扬全人类共同价值，积极践行平等、互鉴、对话、包容的文明观，不断为世界和平发展夯实基础。

（五）

10年来，共建"一带一路"这一鸿篇巨制，进一步激发了国际社会对中国与世界关系的讨论和思考。

为什么中国能够提出共建"一带一路"这样宏伟的倡议？为什么中国能够推动共建"一带一路"取得举世瞩目的成就？许多国际人士不断追问。

共建"一带一路"源自中国对人类前途命运的思考。2013年3月，面对"世界怎么了、我们怎么办"这一深刻的世界之问、历史之问、时代之问，习近平主席创造性地提出构建人类命运共同体理念。构建人类命运共同体理念扎根中国深厚历史文化土壤，吸收中华优秀传统文化中

"以和为贵，和而不同"的价值观、"大道之行，天下为公"的世界观、"义利并举、以义为先"的义利观、"己所不欲，勿施于人"的道德观、"道法自然、天人合一"的生态观，是对中华优秀传统文化的创造性转化、创新性发展。中国提出共建"一带一路"倡议，就是要实践人类命运共同体理念，为建设一个持久和平、普遍安全、共同繁荣、开放包容、清洁美丽的世界搭建实践平台、开辟实现路径。

共建"一带一路"源自中国对世界和平发展的坚定追求。中国坚定不移走和平发展道路，既通过维护世界和平发展自己，又通过自身发展维护世界和平。走和平发展道路，是中国对国际社会关注中国发展走向的回应，更是中国人民对实现自身发展目标的自信和自觉。中国提出共建"一带一路"倡议，既是为了发展自己，增强自身维护世界和平的能力，也是为了造福世界，壮大维护世界和平发展的正义力量。推进"一带一路"建设，中国不会重复地缘博弈的老套路，而是开创合作共赢的新模式；不会形成破坏稳定的小集团，而是建设和谐共存的大家庭。

共建"一带一路"的成功，是中国道路和经验的成功。中国创造了经济快速发展和社会长期稳定两大奇迹，历史性解决了绝对贫困问题，全面建成小康社会，根本原因是找到了一条符合中国国情、符合人民期待、得到人民支持拥护的成功发展道路。中国以占世界9%的耕地、6%的淡水资源，养育了世界近1/5的人口，2022年中国国内生产总值达121万亿元人民币，占全球经济比重提升到18%，发展成就举世瞩目。中国道路的成功，坚定了广大发展中国家走符合本国国情道路的决心；中国的发展成就，提振了广大发展中国家实现国家富强、民族振兴、人民幸福的信心。共建"一带一路"为广大发展中国家借鉴中国发展经验提供了难得的机遇。"有这样一位成功的邻居，如果我们不向它学习，那就好像在麦田里却挨饿一样。"塔吉克斯坦总统国家行政学院院长加夫尔佐达表示。

共建"一带一路"的成功，是中国坚持开放发展的成功。一个国家强盛才能充满信心开放，而开放促进一个国家强盛。共建"一带一路"是中国扩大开放的重大举措，不是中国一家的独奏，而是共建国家的合唱，追求的是百花齐放的大利，不是一枝独秀的小利，不是要营造自己的后花园，而是要建设各国共享的百花园。面对逆全球化思潮抬头，中国坚定不移推进高水平对外开放，引领共建"一带一路"这条阳光大道越走越宽广。共建"一带一路"不断打破僵局、突破瓶颈、创新发展，让世人看到唯有建设开放型世界经济才能给各国人民带来福祉。西班牙前首相萨帕特罗指出："共建'一带一路'秉持的是一种跨越国界、超越零和思维、开放包容的发展观，这恰恰是当下全球急需的发展理念。"

"世界需要中国，中国的发展很可能成为塑造世界秩序的契机，使世界变得更加公正和可持续。世界其他国家如何接纳中国，或许会书写历史的新篇章，很可能有助于建设一个新的、即将到来的自由世界。"孟加拉国《达卡论坛报》不久前发表文章指出。

（六）

中国式现代化，国际社会解读今日中国的关键词。第三届"一带一路"国际合作高峰论坛的举行，将让国际人士更深刻地认识中国式现代化的世界意义。

中国式现代化是人口规模巨大、全体人民共同富裕、物质文明和精神文明相协调、人与自然和谐共生、走和平发展道路的现代化，既基于自身国情、又借鉴各国经验，既传承历史文化、又融合现代文明，既造福中国人民、又促进世界共同发展，是我们强国建设、民族复兴的康庄大道，也是中国谋求人类进步、世界大同的必由之路。

通过高质量共建"一带一路"，中国式现代化的发展经验将不断为共建国家提供借鉴。

"履不必同，期于适足；治不必同，期于利民。"一个国家发展道路合不合适，只有这个国家的人民才最有发言权。现代化不是少数国家的"专利品"，也不是非此即彼的"单选题"，不能搞简单的千篇一律、"复制粘贴"。

中国式现代化成功实践让广大发展中国家进一步认识到，现代化道路没有固定模式，每个国家都应探索符合自身国情的现代化道路。正如冈比亚外长坦加拉所指出的，中国式现代化是一种激励，它证明了各国都能有独特可行的选择来寻求自身发展。

近年来，共建"一带一路"合作伙伴同中国加强治国理政经验交流的意愿不断上升，"要想富，先修路""百年大计、教育为先"等中国发展经验在一些共建国家渐成社会共识，中国推进脱贫攻坚和乡村振兴的经验正日渐为共建国家所重视。联合国粮农组织农村减贫计划项目顾问坎波斯表示，通过共建"一带一路"，中国可以与其他国家分享自身经验，在全球减贫事业中发挥建设性示范作用。

通过高质量共建"一带一路"，中国式现代化的发展机遇不断为共建国家所共享。

随着中国式现代化不断推进，中国人民的生活水平将逐步提高，中等收入群体在未来15年将超过8亿。共建"一带一路"致力于促进贸易畅通，将为共建国家分享中国超大规模市场机遇提供便利。中国式现代化是全体人民共同富裕的现代化，也致力于解决全球发展不平衡问题。中国将加大对全球发展合作的资源投入，通过推进高质量共建"一带一路"等各种方式，同各方一道构建全球发展共同体。中国式现代化坚持走人与自然和谐共生的新路，致力于推动全球绿色发展。共建"一带一路"合作项目将积极履行环保责任，开展生态环境治理，注重生物多样性保护，为全球生态文明建设增添正能量。

现代化的本质是人的现代化。习近平主席指出："实现沿线国家共同发展，让民众过上好日子是我提出'一带一路'倡议的初心。"共建"一带一路"始终坚持以人民为中心的发展思想，坚持高标准、可持续、惠民生的目标，聚焦消除贫困、增加就业、改善民生，让发展成果实实在在惠及共建国家人民。展望未来，共建"一带一路"将始终致力于满足人民对美好生活的向往，不断造福共建国家人民。

***　　***

历史总是伴随着人们追求美好生活的脚步向前发展的。

"无论是顺境还是逆境，无论前方是坦途还是荆棘，我们都要弘扬伙伴精神，不忘合作初心，坚定不移前进。"

10年耕耘，共建"一带一路"已成为构建人类命运共同体的重要实践平台。作为长周期、跨国界、系统性的世界工程、世纪工程，共建"一带一路"的第一个10年只是序章。

把握历史主动，沿着历史揭示的正确方向继续前行，共建"一带一路"必将更好地融通中国梦和世界梦，实现各国人民对文明交流的渴望、对和平安宁的期盼、对共同发展的追求、对美好生活的向往。

2023.10.16

钟声

深受欢迎的国际公共产品和国际合作平台

丝绸之路经济带立意高远

建设丝绸之路经济带，可以把不同的地缘板块连接起来、把不同的地缘利益缝合起来，有助于维护地区和平稳定、促进各国共同发展

早在两千多年前，始于中国的丝绸之路就将中国同中亚、南亚、西亚以及更远的非洲、欧洲等地区国家联系起来，成为沿线国家文化交流、贸易往来的重要通道。中国提出建设丝绸之路经济带的倡议，植根于中国同丝绸之路沿途国家悠久的历史联系，也顺应了各国共谋发展的现实需求，为实现丝绸之路沿线地区国家共同繁荣提供了新机遇。

20多年来，中国同丝绸之路沿途国家关系发展日益深入，建立了多层次、宽领域的合作和对话机制，有许多大型合作项目，为各国人民带来实实在在的利益。当前，丝绸之路沿途国家大都面临着加快经济发展、提高人民生活水平的重任，迫切希望通过加强合作，最大限度地发挥各自优势。建设丝绸之路经济带倡议一经提出，就得到热烈响应。

建设丝绸之路经济带是沿途各国维护和平、化解分歧的最佳选择。丝绸之路自其诞生之日起就是沟通东西方文明的纽带，沿途各国互通有无、互学互鉴，共同推动了人类文明进步。新形势下，建设丝绸之路经济带，可以把不同的地缘板块连接起来，把不同的地缘利益缝合起来，有助于维护地区和平稳定，促进共同发展。

建设丝绸之路经济带是一项宏大的事业，需要有序推进。沿途各国率先在政策沟通、道路联通、贸易畅通、货币流通和民心相通等方面展开合作，就能以点带面，从线到片，逐步成就区域大合作。

政策沟通是指沿途各国通过友好对话和磋商，使各自经济发展战略有机对接，消除各国合作的政策壁垒，找到利益契合点，协商制定推进区域合作的规划和措施。道路联通是指沿途各国在公路、铁路、航空、电信、油气管道等基础设施建设方面实现互联互通，为各国经济发展和人员往来提供便利。贸易畅通就是有关各方要就贸易和投资便利化问题进行探讨并作出适当安排，在更广阔的范围内消除贸易壁垒，提高区域经济循环速度和质量，把合作的蛋糕做大。货币流通就是要着眼长远，积极在沿途国家之间探讨推广本币结算，增强各国在国际金融货币舞台上捍卫自身金融安全和经济利益的能力。民心相通就是沿途各国人民要弘扬丝绸之路精神，传承和发展世代友好，加强相互理解，为开展区域合作奠定坚实民意基础和社会基础。

建设丝绸之路经济带是有助于增进中国同丝绸之路沿途国家人民福祉的共同事业。只要各国团结一心，合力向前推进，丝绸之路这条世界最长、最具发展潜力的经贸走廊，必将迎来复兴。

2013.11.14

丝路精神，贯穿古今开新篇

——聚焦"一带一路"倡议的时代意义（上）

"一带一路"有助于实现中国与周边、与亚欧国家发展战略的对接，编织更加紧密的共同利益网络，将双方利益融合提升到更高水平

2013年，中国领导人提出共建丝绸之路经济带和21世纪海上丝绸之路两大倡议，被合称为"一带一路"。作为中国深化改革开放和推进周边外交的大手笔，"一带一路"受到国际社会广泛关注，反响积极。

两千多年前，亚欧大陆上勤劳勇敢的人民，探索出多条连接亚欧非几大文明的贸易通路，后人将其统称为"丝绸之路"。尽管多次经历血与火的洗礼，但驼铃声声，舟楫相望，丝绸之路从未完全中断。尽管古代交通和技术条件远逊于今，但商人、智者、学子、使节排除艰难险阻，跨越万水千山，以极大的毅力和勇气开辟和经营丝绸之路。古代丝绸之路上的国家有大有小，但都因丝绸之路受益匪浅。进入21世纪，面对纷繁复杂的国际和地区形势，丝绸之路展现的团结互信、平等互利、包容互鉴、合作共赢的精神，更显重要和珍贵。

今天，亚洲成为世界经济增长重要引擎，但同时也面临新老挑战和不进则退的压力。如何巩固亚洲和平发展局面，进一步凝聚亚洲国家共

识和力量，实现整体振兴，是亚洲国家的共同课题。"一带一路"倡议在此背景下提出恰逢其时。

亚洲区域合作方兴未艾，有力促进了亚洲的和平发展。但需要看到的是，亚洲区域合作与欧洲和北美相比还有不小差距，特别是亚洲各个次区域之间发展不平衡、联系不紧密，对深化区域合作构成不小的阻碍。"一带一路"将中亚、南亚、东南亚、西亚等各次区域连接起来，有利于各区域间互通有无、优势互补，建立和健全亚洲供应链、产业链和价值链，使泛亚和亚欧区域合作迈上一个新台阶。

当前，全球贸易、投资格局和资金流向正酝酿深刻变化，亚欧国家都处于经济转型升级的关键阶段，需要进一步挖掘域内和本国的内需潜力，创造新的经济增长点，增强经济的内生动力和抗风险能力。"一带一路"建设包含基础设施建设和体制机制创新，有利于改善区域内和各国的营商环境，有利于区域内要素有序自由流动和优化配置，有利于内陆国家和各国边远地区的开发，有利于各国之间削减贸易投资成本与壁垒。

亚欧大陆各国历史文化宗教不同，发展水平各异，未来发展需要发挥多样化优势，走多样化道路，因此人员沟通、文化交流和文明对话至关重要。历史上，丝绸之路是国与国、人与人交流的结晶，建设"一带一路"将发掘古代丝绸之路深厚的文明和文化底蕴，加强各国、各领域、各阶层、各宗教信仰的人际交往，发挥人文交流的潜力，进一步扩大各国民间友好的基础。

"一带一路"，涵盖中国中西部和沿海省区市，紧扣中国的区域发展战略、新型城镇化战略和对外开放战略，将助推中国形成全方位开放新格局——实现中国与周边、与亚欧国家发展战略的对接，编织更加紧密的共同利益网络，将各方利益融合提升到更高水平，让周边国家得益于中国的发展，也使中国从周边国家的共同发展中获得裨益和助力。

"一带一路"，新时期中国外交特别是周边外交的亮点。繁荣共进的美好未来，值得本地区乃至世界人民共同期待。

2014.02.25

开放包容，携手发展谋共赢

——聚焦"一带一路"倡议的时代意义（下）

"一带一路"不是中国一家的事，而是各国共同的事业；不是中国一家的利益独享地带，而是各国的利益共享地带

无论是丝绸之路经济带还是21世纪海上丝绸之路，都以经济合作为基础和主轴，以人文交流为重要支撑，开放包容的合作理念蕴含其中。在共建"一带一路"的过程中，中国坚持不干涉地区国家内政，不谋求地区事务主导权和势力范围。

"一带一路"不是一个实体和机制，而是合作发展的理念和倡议，将充分依靠中国与有关国家既有的双多边机制，借助既有的、行之有效的区域合作平台。"一带一路"的建设不仅不会与上海合作组织、欧亚经济联盟、中国—东盟（10+1）等既有合作机制产生重叠或竞争，还会为这些机制注入新的内涵和活力。

继承古丝绸之路开放传统，吸纳东亚国家开放的区域主义，"一带一路"秉持开放包容精神，不会搞封闭、固定、排外的机制。"一带一路"不是从零开始，而是现有合作的延续和升级。有关各方可以将现有的、计划中的合作项目串接起来，形成一揽子合作，争取产生"一加一大于二"的整合效应。

与此同时，"一带一路"倡议的地域和国别范围也是开放的，古代陆、海丝绸之路上的国家、中国的友好邻国都可以参与进来。中亚、俄罗斯、南亚和东南亚国家是优先方向，中东和东非国家是"一带一路"的交会之地，欧洲、独联体和非洲部分国家从长远看也可融入合作。未来"一带一路"进程中的很多项目，涉及的国家和实体可能更多，开放性也更强。

历史上的丝绸之路主要是商品互通有无，今天"一带一路"交流合作范畴要大得多，优先领域和早期收获项目可以是基础设施互联互通，也可以是贸易投资便利化和产业合作，当然也少不了人文交流和人员往来。各类合作项目和合作方式，都旨在将政治互信、地缘毗邻、经济互补的优势转化为务实合作、持续增长的优势，目标是物畅其流，政通人和，互利互惠，共同发展。

在共建"一路一带"过程中，中国将坚持正确的义利观，道义为先、义利并举，向发展中国家和友好邻国提供力所能及的帮助，真心实意帮助发展中国家加快发展。中国将不断增大对周边的投入，积极推进周边互联互通，探索搭建地区基础设施投融资平台。中国不仅要打造中国经济的升级版，也要通过"一带一路"等途径打造中国对外开放的升级版，不断拓展同世界各国特别是周边国家的互利合作。

"一带一路"不是中国一家的事，而是各国共同的事业；不是中国一家的利益独享地带，而是各国的利益共享地带。"一带一路"建设，包括前期研究都是开放的，中国欢迎其他国家提出建设性意见建议，不断丰富和完善"一带一路"的理念、构想和规划，集思广益，群策群力，共同谱写丝绸之路的新篇章，共同建设利益和命运共同体，共同创造美好幸福的未来。

2014.02.26

"一带一路"，共同的期盼

"一带一路"沿线国家对中国倡议的热烈响应，正是亲近、认同、支持、信赖中国和平发展的集中反映

"习近平主席提出共建'一带一路'的倡议为埃及的复兴提供了重要契机。"不久前，埃及总统塞西访华，由衷呼吁将该国开发苏伊士运河走廊和苏伊士经贸合作区等国家战略项目与"一带一路"建设对接，为21世纪海上丝绸之路通达欧洲开辟道路。

中国方案，备受欢迎，备受期待，意义非凡。放眼望去，已有50多个国家积极响应并参与"一带一路"，"中国—中亚—西亚经济走廊""新亚欧大陆桥经济走廊""中蒙俄经济走廊""孟中印缅经济走廊"等一系列合作倡议如雨后春笋般涌现，对接着"一带一路"。

穷则独善其身，达则兼济天下。开放包容的中国，欢迎世界搭乘中国发展的列车，并积极为此创造条件。"一带一路"倡议，作为中国特色大国外交的重要体现，植根于深厚的历史渊源和人文基础，洋溢着创新进取的时代精神，在世界舞台上展示出巨大的号召力和影响力。

有目共睹，"一带一路"建设正受到中国经济发展"信心指数"的强劲支持。当前，中国作为世界经济的重要引擎之一，为世界经济复苏作出了重要贡献。据国际货币基金组织统计，2014年中国经济对世界经济增长

的贡献率为27.8%，是该年度对世界经济增长贡献最大的国家。世界银行前首席经济学家林毅夫认为，未来15年中国经济仍有巨大的增长潜力。

"中国在实现自身可持续发展的同时，带领发展中国家走出全球经济结构性失衡的困局，让全球经济在激发增量的过程中，平稳达到结构再平衡。"新加坡国立大学东亚研究所所长郑永年的这番话，揭示了非凡的中国担当。"一带一路"沿线多数是发展中国家，急需引入资本、技术，借鉴经验为发展助力。中国提出以亚洲国家为重点方向，以陆上和海上经济合作走廊为依托，以交通基础设施为突破口，以建设融资平台为抓手，以人文交流为纽带，以共商、共建、共享的平等互利方式推动亚洲互联互通，建设深度交融的互利合作网络，就是要让尽量多的发展中国家分享中国的发展红利。

有西方媒体犹疑地说："丝绸之路总是让人想起香料、帝国和沙漠……"不，他们的眼界不够开阔，他们的耳朵没有捕捉到时代的声音。21世纪的今天，"一带一路"横贯欧亚大陆、纵跨几大洋，覆盖面积更广，涵盖领域更多，构成中国同中亚、东南亚、南亚、西亚、东非、欧洲乃至美洲的经贸和文化交流的大通道。更重要的是，中国没有走也不会走西方殖民主义者国强必霸的老路，不谋求地区事务主导权和势力范围，不干涉地区国家内政，践行亲诚惠容的周边外交理念，近睦远交，与各国和平共处。数千年的历史已经证明，中华民族的血液中没有侵略他人、称霸世界的基因。"一带一路"沿线国家对中国倡议的热烈响应，正是亲近、认同、支持、信赖中国和平发展的集中反映。

"千百年来，丝绸之路承载的和平合作、开放包容、互学互鉴、互利共赢精神薪火相传。"展望"一带一路"的美好愿景，那是生生不息的丝路精神引领各国携手共辟互利共赢之路的生动景象，那是亚洲和世界共同的福祉和希望。

2015.01.28

为共同发展添砖加瓦

——客观准确认识"一带一路"①

"一带一路"合作倡议提出后，有人将其同美国二战后推行的"马歇尔计划"相提并论。事实上，两者存在根本差别。

"马歇尔计划"出现在冷战时代，从一开始就带着意识形态的浓厚色彩和分庭抗礼的对立气氛。这个被冠以"欧洲复兴计划"的工程，明确将8个东欧社会主义国家排除在外。该计划主要策划人之一、时任美国国务卿马歇尔本人曾直言不讳警告西欧，"对任何投票选举共产党掌权的国家，欧洲复兴计划所规定的援助将立即停止"。这种扶持一方、压制另一方的作法，清晰地反映出"马歇尔计划"的时代局限性。

"一带一路"在当今世界和平、发展、合作、共赢的大趋势中应运而生，是时代的新生儿，既遗传了古人开辟古丝绸之路、追求交流合作的基因，又洋溢着涤荡冷战残余、探索全球治理新模式的志向。世界多极化、经济全球化、文化多样化、社会信息化发展到今天，人类社会越来越朝着安危与共、荣损相依的命运共同体迈进。"一带一路"顺应这一潮流，摒弃制度模式偏见，超越意识形态藩篱，抓的是发展这个最大公约数，想的是自己要过好、也要让别人过好，信的是众人拾柴火焰高、互帮互助走得远。沿线国家既有走社会主义道路的，也有搞资本主义制度的；既有信奉佛教的，也有以伊斯兰教立国的；既有认同西方价值观的，也有秉承东方理念的。"一带一路"致力于沟通这些差异，促进求同存异基础上的相互协调，发掘聚同化异带来的互补潜力，为建设共同发展的世界添砖加瓦。

"马歇尔计划"看上去是一个经济救助计划，其最终目的却在于大国争霸。时任美国总统特别顾问克利福德就说过，"我们担心的不是市场，而是预防苏联扩大其控制范围"。即便是对西欧国家，"马歇尔计划"在援助中也附加了很多不平等条件，埋下了干预西欧各国内部经济政策的"钉子"。

"一带一路"遵循平等，追求互利。古丝绸之路纵横万里、跨越千年，关键在于它不仅造福中国人民，更造福沿线各国人民，推动了欧亚大陆国家的整体繁荣和进步。新时期，"一带一路"的精髓恰恰在于弘扬平等互利的好传统，坚持不附加任何条件的好做法，追求沿线国家共同发展的好效果。"一带一路"奉行自愿平等参与的原则，沿线各国完全根据本国利益参与进来。作为这项倡议的提出者，中国不但欢迎各方搭乘中国发展的快车、便车，还致力于推动各国实现发展战略的对接，而不是搞单向输出或强加于人。下一阶段，推进"一带一路"建设的关键一步，就是沿线各国平等协商，共同制定时间表、路线图，共同充实完善合作内容和方式，推动"一带一路"从倡议转化为实实在在的成果。

今天的世界已不再需要"马歇尔计划"，需要的是各国共商、共建、共享的合作蓝图。"一带一路"展现的正是这样一幅美好画卷。

2015.02.13

始终坚持共商、共建、共享

——客观准确认识"一带一路"②

近来，怀疑中国想通过"一带一路"建设主导欧亚大陆、争夺势力范围的论调不时出现。这种担心大可不必。中国以前"被主导""被势力范围"过，吃够了它的苦，打心底里反对它，深知那条路走不长、走不通，必须超越旧思维、开辟一条新道路。

"一带一路"不搞"一言堂"，坚持各方共商、共建、共享。"一带一路"建设将遵循联合国宪章的宗旨和原则，在和平共处五项原则基础上处理各国利益关系。沿线各国无论大小、强弱、贫富，都是"一带一路"的平等参与者，都可以积极建言献策，都不能对别国怎么发展指手画脚。"一带一路"不是中国一家的"独奏曲"，而是各国共同参与的"交响乐"。中方的倡议为各方实质性参与"一带一路"建设提供了基础，接下来将通过双多边沟通磋商来寻求经济优势的互补和发展战略的对接，确保"一带一路"是共同决策、共同行动的成果。

"一带一路"不搞"封闭制"，保持开放性、包容性。除了沿线国家，世界各国和国际、地区组织的建设性参与都将受到欢迎。中方在多种场合向域外国家阐述过"一带一路"倡议，还曾就筹建亚洲基础设施投资银行等配套融资机构专门赴金融业发达的美欧介绍情况，希望吸纳更多国家和实体的力量共同致力于这项伟大事业。共建"一带一路"将遵循国际通行规则，发挥市场在资源配置中的决定性作用，鼓励各国各类企业积极参与。"一带一路"不会取代已有的区域合作机制，而是寻求与这些机制和倡议协调合作，与独占性、排他性的"势力范围"毫不相干。

"一带一路"没有军事安全考量，始终聚焦经济合作和人文交流。"一带一路"沿线国家多是发展中国家，实现发展是各国人民的共同期盼，也是维护地区长治久安的"总钥匙"。"一带一路"建设专注于沿线各国的政策沟通、设施联通、贸易畅通、资金融通和民心相通，以协同发展打造命运共同体，以可持续发展打牢地区安宁太平的根基。

如果说"一带一路"有什么亚洲战略意图的话，那就是得益于亚洲发展活力与潜力的中国，希望造福亚洲、共同发展，把亚洲各国山川相连的地缘优势转化为实实在在的发展成果，提升亚洲在全球供应链、产业链和价值链上的地位，实现亚洲联动发展与整体振兴。

如果说"一带一路"有什么地缘影响的话，那就是沿线国家实现互联互通、合作发展，必将迸发出巨大的发展潜力，为促进全球经济增长增添强劲动力，为维护世界总体和平打造稳定板块。

这样的战略意图、地缘影响，将惠及全世界、造福全人类，中国为此而奋斗，将是亚洲之幸、世界之福。

2015.02.16

以积极行动开创光明前景

——客观准确认识"一带一路"③

"一带一路"倡议正在激发新一轮区域合作热潮，但也有人对此持悲观消极态度，甚至担心它将在"九九八十一难"面前半途而废、无果而终。

不容否认，"一带一路"面临不少政治、安全和经济风险。但是，好比我们看到的那些传奇的寻宝故事，哪一个不是路上遭遇的机关越多、越是千辛万苦，越预示着待挖掘的宝藏丰厚？困难和风险，不足以成为阻拦我们追求美好目标的理由。

"一带一路"蕴含着沿线国家发展振兴的深厚潜力。沿线集中了众多新兴市场国家和发展中国家，总人口达44亿，经济总量约21万亿美元，分别占全球的63%和30%左右。有关国家大多处于工业化初期，资源禀赋各有所长，经济互补性较强，合作潜力巨大。世界近2/3人口对美好生活的强烈向往，将为经济社会发展提供强大动力、开辟广阔空间。

"一带一路"凝聚着有关国家的合作共识。近年来，许多国家加快了经济外交步伐，自贸协定层出不穷，区域合作遍地开花。哈萨克斯坦、蒙古国、土耳其、印度尼西亚等国纷纷提出与丝绸之路有关的合作构想，可谓与中国不谋而合。"一带一路"既契合中国发展需要，也呼应了各国合作愿望，一经提出，便得到沿线近60个国家的认同与支持。目前，中国已同俄罗斯、塔吉克斯坦、哈萨克斯坦、卡塔尔、科威特等国签署了同"一带一路"建设相关的合作协议。

"一带一路"催生了一批具有示范效应的早期收获项目。短短一年多，一批条件成熟的重点合作项目已经破土动工。包括中俄同江铁路桥、中巴瓜达尔港东湾快速路、中哈连云港物流中转基地、中缅天然气管道、中国—中亚天然气管道D线等在内的基础设施互联互通项目扎实推进。中国同俄罗斯、马来西亚、白俄罗斯等合作建设的一批产业园区有序启动。中国同印度、俄罗斯、波兰等国签署了生态环境保护合作的相关协议，同斯里兰卡、马尔代夫等国签署了海洋领域合作文件。

"一带一路"有着越来越坚实的支撑。亚洲基础设施投资银行、丝路基金、筹建中的金砖国家开发银行、拟议中的上海合作组织开发银行等也将为共建"一带一路"贡献力量。沿线国家热络而绵长的人文交流也不断夯实着共建"一带一路"的社会根基。据统计，未来5年，中国将为"一带一路"沿线国家输送1.5亿人次游客，同时吸引沿线国家8500万人次游客来华旅游，推动"一带一路"成为民心相通之路。

"一带一路"，这是中国同亚欧非国家合作共赢的重大机遇，是造福世界各国人民的千秋功业。随着各项建设的陆续推进，"一带一路"的积极效应和光明前景将越来越清晰地展现在世人面前。让我们行动起来，共同谱写崭新的横跨亚欧大陆、纵越浩瀚海洋的壮丽篇章。

2015.02.17

传承与开拓中见担当

追寻中国领导人创新开拓的足迹，感受中国在全球舞台"计利当计天下利"的大国担当，中国外交的理念与行动，活跃于当今世界舞台，写入光芒四射的历史篇章

4月24日，习近平主席2015年首次出访圆满结束。从巴基斯坦到印度尼西亚，中国推动建设人类命运共同体的行动在落实，"一带一路"建设的步伐在迈进，中国同世界各国携手发展、合作共赢的诚意在传递。

伊斯兰堡，见证中巴全天候友谊和全方位合作谱写新篇章。中巴战略合作伙伴关系，提升为全天候战略合作伙伴关系；以中巴经济走廊建设为中心，以瓜达尔港、能源、基础设施建设、产业合作为重点，"1+4"布局为两国务实合作搭建起战略框架。"充实中巴命运共同体内涵，为中国同周边国家建设命运共同体发挥示范作用"，对于中巴关系发展方向，习近平主席提出着眼全局、目光长远的期待。

雅加达和万隆，倾听亚非各国领导人共同的心声。习近平主席同来自90多个亚非国家的领导人或代表及国际组织负责人重温万隆精神，共商新时期亚非合作大计。深化亚非合作、拓展南南合作、推进南北合作，习近平主席就弘扬万隆精神提出的3点倡议，为万隆精神赋予新的时代内涵，不仅有利于加强亚非合作，还将推动人类命运共同体建设，为发

展中国家乃至世界各国合作谋划未来。《2015万隆公报》《重振亚非新型战略伙伴关系宣言》《巴勒斯坦问题宣言》，亚非领导人会议通过的3份成果文件，体现了包括中国在内亚非各国人民共同的心声，为未来亚非合作指明方向、目标和举措。

这是一次凝聚共识唱响合作的行程。"只有通过团结一致的努力，才能把我们的理想变成现实""一根原木盖不起一幢房屋""孤举者难起，众行者易趋"……在巴基斯坦议会、在亚非领导人会议上，习近平主席以各国熟知的言语唤起合作的热情，点燃共赢的希望，展现负责任大国的情怀。

这是一次历史底蕴厚重的行程。中巴友谊，经风雨洗礼而历久弥坚；亚非合作，凝聚几代领导人的不懈努力。发展中巴友谊，习近平主席语气坚定，"这是我们一代又一代人义不容辞的历史责任"；推动亚非合作，习近平主席作出郑重承诺，"无论发展到哪一步，无论国际风云如何变幻，中国都永远做发展中国家的可靠朋友和真诚伙伴"。

正是中国领导人在各种场合、各类平台一如既往所展现的合作诚意与历史责任感，赢得了外界对于中国外交越来越多的认可与赞赏。德国《法兰克福汇报》刊文由衷地感慨，中国外交的清晰画面正在显现，没有一个亚洲国家愿意拒绝中国的拥抱。

雨果曾说，历史是什么？是过去传到将来的回声，是将来对过去的反映。60年前的万隆会议被誉为"必须用金笔写下的历史"，其对后世产生的影响非但没有随时代变迁而消褪，反而穿越时空光芒长存、历久弥新。从亲诚惠容的周边外交理念到推动建设人类命运共同体，从提出共建"一带一路"重大倡议到扎扎实实创建亚投行、丝路基金……追寻中国领导人创新开拓的足迹，感受中国在全球舞台"计利当计天下利"的大国担当，中国外交的理念与行动，活跃于当今世界舞台，写入光芒四射的历史篇章。

2015.04.25

中国—东盟命运共同体承载着希望

深耕友谊、广聚商机，中国和东盟伙伴有条件、有经验、有意愿共同开创美好前景

行在南宁这座壮乡首府街头，扑面而来的是国交好、民相亲的气息。中国与东盟多年交往的热络突出地浓聚于此。第十二届中国—东盟博览会、中国—东盟商务与投资峰会于9月18日至21日在南宁举行，构建中国—东盟命运共同体的心声在这里激荡。

这是领略中国开放胸怀的特别时期。世界经济复苏乏力，一些国际机构调低了全球增长预期，但世界经济的东风依然送暖。今年全面推进的"一带一路"建设唤来勃勃生机，今年的中国—东盟海洋合作年丰富了合作内涵。政治、经济、文化，互惠共赢的愿景闪耀着诚意、能量的光芒。本次盛会以"共建21世纪海上丝绸之路——共创海洋合作美好蓝图"为主题，奏响中国与东南亚国家团结共进的主旋律。在东盟共同体将于今年年底前建成的历史大背景下，中国—东盟命运共同体建设展示着宽广前景。

搭建增进政治互信的桥梁，缔结加强经贸人文交流的纽带，一个个重大合作进程将中国与东盟关系从"黄金十年"推向"钻石十年"。中国—东盟自贸区已经成为经济总量约11.4万亿美元、人口近20亿

的大市场，2014年双方贸易额超过4800亿美元，仅次于中国与欧盟、美国的贸易额，双方相互投资累计超过1300亿美元。特别是多年来双边贸易额增速很快，年均增长18%。中国是东盟第一大贸易伙伴，东盟是中国第三大贸易伙伴、第四大出口市场和第二大进口来源地。2010年启动的中国—东盟自由贸易区是继欧盟和北美自由贸易区之后的全球第三大自贸区。目前中国—东盟自贸区升级谈判、区域全面经济伙伴关系（RCEP）谈判取得积极进展，泛北部湾经济合作路线图制定完成。

深耕友谊、广聚商机，中国和东盟伙伴有条件、有经验、有意愿共同开创美好前景。仅以本届博览会为例，报名参展企业申请的展位总数高达5563个，超过规划展位数21%。泰国政法大学教授吉滴·普拉瑟瓷坚信，东盟国家未来发展主要依靠两个机遇：一是中国的崛起，二是区域经济一体化。

"合抱之木，生于毫末；九层之台，起于累土"。保持中国—东盟友谊之树长青，必须夯实双方关系的社会土壤。除了紧密的经贸关系，中国与东盟还在教育、文化、环保、卫生、公共安全等领域开展全方位合作，为11国民众提供更便捷、有效的共同服务。中国与东盟国家人文交流日益增多，每周往来航班千余架次，每年人员往来1800万人次，互派留学生超过18万人。

事实胜于雄辩，任何对"杂音"的炒作，都改变不了中国同东盟友好合作全面发展的事实。中国乐见东盟的稳定与繁荣，中国同东盟国家是携手前行的伙伴。双方共担维护地区稳定、促进共同繁荣的使命，这是双方的共同利益所在。中国—东盟商务协会主席高级顾问李键雄认为，早在1997年发生亚洲金融危机时人们就得到两个重要的信息：一是东盟各国还需更为密切的合作与协调，才能共同抵御类似的危机；二是中国的重要性。

这是振奋人心的景象。中国推动建立的亚投行，中国同伙伴们共同建设的"一带一路"，都创生着发展的动力，拓展着合作的道路。中国与东盟的发展与命运越来越多地交织在一起，打造命运共同体的征程，承载着人民的心愿、国家的期望。

2015.09.20

开年新篇，为和平发展而动

放眼全球布局，着眼精耕细作。中国特色大国外交将为世界和平发展事业续写新的篇章

"十三五"规划开局之年，中国外交迎来开年新开篇。1月19日至23日，中国国家主席习近平即将对沙特、埃及、伊朗进行国事访问。高层互动，将怎样为推动双边关系及地区和平发展注入信心？从古丝绸之路商贸人文交流的历史走来，如今"一带一路"框架下中国与中东国家发展战略的对接，将闪耀怎样的文明与发展之光？

沙特是中国在中东海湾地区的好朋友、好兄弟、好伙伴，发展同沙特长期友好合作关系是中方既定方针和长远政策。中沙建交后，两国关系发展迅速，已成为各自对外关系中重要的双边关系之一。沙特是中国在西亚非洲地区第一大贸易伙伴和第一大原油供应国。中沙基础设施建设、投资、劳务合作稳步扩大，在产业产能、航天卫星、科技、核能与可再生能源、金融等新兴领域合作不断向前拓展。

埃及是最早同新中国建交的阿拉伯和非洲国家，如今中埃关系已成为中阿、中非关系和南南合作的典范。2014年12月，习近平主席同埃及总统塞西共同决定将两国关系提升为全面战略伙伴关系，如今，中埃全面战略伙伴关系正不断深化和充实。今年恰逢中埃建交60周年，中国国

家元首时隔12年再次访问埃及，将推动中埃全面战略伙伴关系步入新的历史阶段。

伊朗是战略地位重要的中东大国。中伊建交40多年来，中伊友谊和合作基础历久弥坚。习近平主席同鲁哈尼总统多次会面，进一步夯实两国政治互信，并为两国关系未来发展规划蓝图。中国积极推动通过政治谈判解决伊朗核问题，为全面协议的最终达成贡献了"中国智慧"。伊朗启动"六五"规划，中伊两国发展阶段深度互补，互利合作大有可为。

中国与阿拉伯国家同属发展中国家，双方国土面积之和占世界陆地面积1/6，人口之和占世界总人口近1/4，经济总量占世界经济总量1/8。中阿双方虽然资源禀赋各异，发展水平不一，但都处于各自发展的重要阶段，都肩负着实现民族振兴、国家富强的共同使命。2014年6月，习近平主席在中阿合作论坛第六届部长级会议开幕式上提出构建中阿以能源合作为主轴，以基础设施建设、贸易和投资便利化为两翼，以核能、航天卫星、新能源三大高新领域为新突破口的"1+2+3"合作格局。今年恰逢中国开启同阿拉伯国家外交关系60周年，中国发表首份对阿拉伯国家政策文件，清晰定位"全面合作、共同发展"的中阿战略合作关系，全面规划政治、经贸、社会发展、人文交流、和平与安全五大领域交往与合作，成为新时期发展中阿关系的行动指南。

当前，中东正在经历前所未有的大变动大调整，正处于政治版图重构期、政治经济社会转型期和地区地缘政治力量均势重建期的三期叠加状态。作为联合国安理会常任理事国，中国在中东历史性变化中始终坚持不干涉主权国家内政等原则立场，建设性推动热点问题的解决，发挥一个负责任大国的作用。中东地处"一带一路"的交汇地带，中东国家对"一带一路"建设反应热烈、参与积极。中国同中东国家共建"一带一路"，将带动各国经济更加紧密结合，增强各国经济内生动力和抗风险能力。中国也将继续为中东和平、稳定、发展注入中国信心，增添中东和平发展的正能量。

此次中东之行，标志着十八大以来习近平主席出访足迹实现全球覆盖。放眼全球布局，着眼精耕细作，中国特色大国外交阔步前行，将为世界和平发展事业续写新的篇章。

2016.01.16

展开宏伟蓝图　共建"一带一路"

五大理念、四大行动将为中阿共建"一带一路"奏响新的时代强音，推动中阿各领域合作加速发展，开创中阿全面合作、共同发展战略合作关系的美好未来

在中阿开启外交关系60年之际，中国最高领导人首次登上阿拉伯国家联盟总部讲台——1月21日，习近平主席在阿拉伯国家联盟总部发表题为《共同开创中阿关系的美好未来》的重要演讲，阐述中国的中东政策主张，提出中阿共建"一带一路"和平、创新、引领、治理、交融的五大理念，开展促进稳定、创新合作、产能对接、增进友好四大行动，并宣布了中国面向中东、阿拉伯国家的一系列重要合作举措。

2014年，北京，习近平主席在中阿合作论坛第六届部长级会议开幕式上提出中阿共建"一带一路"的战略构想，并提出构建中阿"1+2+3"合作格局。2016年，开罗，习近平主席为中阿共建"一带一路"的行动落实开启新篇章，也为"十三五"伊始中国同阿拉伯国家进一步对接中长期发展规划，实现共同发展、共同繁荣注入新动力。

中阿共建"一带一路"，要通过互利合作深化地区利益融合，在共同发展的基础上实现共同安全。和平与发展是世界的主题。没有和平，中国同阿拉伯国家都不可能顺利发展。没有发展，中国同阿拉伯国家都不

可能实现持久和平。长期以来，阿拉伯国家始终走不出"中东之乱"的怪圈，问题的根子在发展。共建"一带一路"在实现中阿互利共赢的同时，也将帮助中东国家密切经济合作纽带，提升地区经济一体化水平，用发展繁荣抑制动荡冲突的因子。

中阿共建"一带一路"，要创新合作思路，释放合作潜能，培育新的经济合作增长点。阿拉伯国家是中国最主要的能源合作伙伴、重要的工程承包和海外投资市场。双方在能源、金融、航天等领域合作迈出坚实步伐。当前，中国和阿拉伯国家都处在工业化转型升级的关键阶段，都面临发展经济、改善民生的重任，双方要打造"石油+"合作模式，构建互惠互利、安全可靠、长期友好的能源战略合作关系；要打造高水平的自由贸易区、经贸合作区、工业园区，为对接产能合作提供坚实的合作平台；要打造市场化、可持续的融资模式，拓宽融资渠道，破解重大合作项目融资瓶颈；要打造核能、航天、新能源等高新领域合作亮点，提升中阿务实合作的层次和水平。

中阿共建"一带一路"，要加强治国理政经验交流，在自主探索的道路上结伴同行。世界上没有放之四海而皆准的发展道路，只有能持续造福人民的发展道路，才是最有生命力的。中国将建立"中阿改革发展研究中心"，体现了双方携手探索发展道路的意愿和决心。只有植根于自身深厚的历史渊源、拥有扎实的现实基础、反映本国人民的广泛意愿，才能找到符合本国国情的改革、发展、稳定之路，才能找到长治久安的安身立命之本。

中阿共建"一带一路"，要加强文明对话，融汇民心，凝聚民智，让中阿关系泽远流长。"一带一路"建设，倡导不同文明、不同文化要"交而通"，而不是"交而恶"。习近平主席在演讲中宣布，中国将实施增进友好的"百千万"工程，着眼文明互鉴，覆盖典籍互译、智库对接、人员培训、艺术家互访等多项内容，一系列举措将在中阿人民特别是青年心中播撒下团结友好的种子，让人才和思想在"一带一路"上流动。

不久前，中国政府发布《中国对阿拉伯国家政策文件》，为中阿互利合作勾勒崭新轮廓，绘就美好蓝图。今天，习近平主席提出的五大理念、四大行动将为中阿共建"一带一路"奏响新的时代强音，推动中阿各领域合作加速发展，开创中阿全面合作、共同发展战略合作关系的美好未来。

2016.01.22

寄托共同发展振兴的远大志向

从历史深处走来的丝路精神熠熠光辉，照亮各国携手砥砺前行的征程，拥抱更高水平、更广空间合作共赢的明天

概举"一带一路"建设取得的积极成果，阐述推动"一带一路"建设向更高水平、更广空间迈进之道，中国国家主席习近平6月22日在乌兹别克斯坦最高会议立法院发表重要演讲。复兴丝路合作历史进程中又一个重要时刻由此标注。

3年来，"一带一路"建设在探索中前进、在发展中完善、在合作中成长，沿线各国给予广泛认同，纷纷聚焦政策沟通、设施联通、贸易畅通、资金融通、民心相通，不断深化合作。事实一再证明，"一带一路"倡议是中国的，但机遇是世界的。随着"一带一路"合作不断推进，中国作为一个公共产品提供者的形象变得更加丰满。

"但愿我们的人民生活得幸福富有。"演讲当中，习近平主席引用了乌兹别克斯坦诗人纳沃伊的这一著名诗句。让人民生活得幸福富有，何尝不是支撑中国同各国开展"一带一路"合作的共同目标和不懈追求！

今年2月，中乌双方合作建成中亚第一长隧道"安格连—帕普"隧道，隧道所在铁路建成后，将改变乌兹别克斯坦境内运输需绕道他国的窘境，对于乌兹别克斯坦改善民生、发展经济和对外联通的意义可想而

知。3年来，类似的例子还有很多。"一带一路"成绩单上每一个数字，映照亿万民众创造幸福生活的美好行动，寄托沿线各国追寻共同发展振兴的远大志向。

当前，"一带一路"建设已经初步完成规划和布局，正在向落地生根、深耕细作、持久发展的阶段迈进。为了抓住历史性发展机遇，推动"一带一路"建设向更高水平、更广空间迈进，中国愿同沿线国家一道，在自愿、平等、互利原则基础上，携手构建务实进取、包容互鉴、开放创新、共谋发展的"一带一路"互利合作网络；愿秉持共商、共建、共享原则，以"一带一路"沿线各国发展规划对接为基础，以贸易和投资自由化便利化为纽带，以互联互通、产能合作、人文交流为支柱，以金融互利合作为重要保障，积极开展双边和区域合作，努力开创"一带一路"新型合作模式；愿同伙伴国家携手努力，共同打造"一带一路"沿线国家多主体、全方位、跨领域的互利合作新平台；愿同伙伴国家一道，继续完善基础设施网络，全面推进国际产能合作，加强金融创新，拓展人文领域合作，推进"一带一路"重点领域项目。

中亚是古丝绸之路必经之地。在"一带一路"建设进程中，中亚地区同样扮演了特殊角色。2013年秋天，习近平主席首访中亚，历史名城撒马尔罕牵动历史记忆，复兴丝路合作的倡议激起广泛共鸣。2016年仲夏，习近平主席再访中亚，布哈拉的灿烂历史文化又一次引导人们鉴古观今。

历史是一面镜子，它照亮现实，也照亮未来。从历史深处走来的丝路精神熠熠光辉，照亮各国携手砥砺前行的征程，拥抱更高水平、更广空间合作共赢的明天。

"一带一路"建设成就斐然，再出发收获新动力。

2016.06.23

对接发展战略 "一带一路"再提速

中国同世界各国携手打造人类命运共同体，让各国人民生活更加幸福美好的步履不断向前迈进

一次对传统友好国家的"走亲戚"之行，一次"一带一路"建设的提速之旅。6月17日至24日，中国国家主席习近平应邀对塞尔维亚、波兰、乌兹别克斯坦进行国事访问，并赴塔什干出席上海合作组织成员国元首理事会第十六次会议。习近平主席此行以"一带一路"建设为主线，依托传统友好国家，辐射中东欧、中亚两大区域和上合组织重要平台，是完善中国总体外交布局的重要一步。

3年前，习近平主席访问中亚期间，提出共同建设丝绸之路经济带的倡议，"一带一路"为世界提供了一项充满中国智慧的共同繁荣发展的方案。如今，已初步完成规划和布局，正在向落地生根、深耕细作、持久发展阶段迈进的"一带一路"建设将如何实现新的发展跨越？在第一个同中国建立战略伙伴关系的中东欧国家，习近平主席提出将"16+1合作"打造成为"一带一路"倡议融入欧洲经济圈的重要承接地；在"琥珀之路"和"丝绸之路"的交汇点，习近平主席为"一带一路"建设提出齐心协力、突出重点、紧密协作、优化机制、智力先行5点建议；在乌兹别克斯坦最高会议立法院，习近平主席提出"一带一路"下阶段发

展思路，即构建"一带一路"互利合作网络、共创新型合作模式、开拓多元合作平台、推进重点领域项目，并着力携手打造"绿色、健康、智力、和平"四大指向的丝绸之路。河北钢铁集团收购斯梅代雷沃钢厂项目揭牌、中欧班列首达欧洲（波兰）、安格连—帕普铁路隧道竣工仪式视频连线、"一带一路"首个多边经济合作走廊《建设中蒙俄经济走廊规划纲要》正式实施……伴随中国领导人一路中东欧、中亚之行的足迹，"一带一路"正激活越来越大的合作潜力，点亮沿线各国共同发展繁荣的美好梦想。

将中塞关系提升为全面战略伙伴关系，将中波关系提升为全面战略伙伴关系，将中乌关系提升为全面战略伙伴关系……习近平主席此行推动中国同3个传统友好国家关系提高到历史新水平。双边关系的提升引领更高水平的战略对接与务实合作：中塞同意共同推进"一带一路"建设，加强塞尔维亚国家发展战略同"一带一路"建设和中国—中东欧国家合作对接，把共建"一带一路"落实到具体项目上；中波同意中国—中东欧国家合作对接欧盟重大倡议，促进中欧全面战略伙伴关系发展；中乌同意将共建"一带一路"作为两国务实合作的主线，坚持共商、共建、共享原则，加强发展战略对接，充分挖掘经贸合作潜力，积极推动产能合作。以点带面，聚点成片，中国同塞尔维亚、波兰、乌兹别克斯坦三国合作水平的稳步提升也将进一步带动中国与中东欧、中亚国家互利合作。

走过15年发展历程，上合组织已成长为最具生命力和影响力的国际合作机制之一。在继往开来的新起点，上合组织如何跟紧时代步伐，永葆生机活力？中国领导人立足当下、面向未来提出建议：各方应大力弘扬"上海精神"，坚持本组织发展之本；坚持安全为先，巩固本组织发展之基；扩大务实合作，拓展本组织发展之路；夯实人文基础，建设本组织发展之桥；坚持开放包容，壮大本组织合作队伍。5点建议，既是促进上合组织团结互信的精神引领，也是推动上合组织枝繁叶茂的切实努力。"中方大力推动'一带一路'建设同各国发展战略对接，希望上海合作组织为此发挥积极作用并创造更多合作机遇。"上合组织是"一带一路"建设的重要平台，"一带一路"也在进一步增强上合组织的凝聚力与行动力。

巩固传统友谊，弘扬"上海精神"，携手共创"一带一路"新辉煌。习近平主席中东欧、中亚之行取得圆满成功，中国同世界各国携手打造人类命运共同体，让各国人民生活更加幸福美好的步履不断向前迈进。

2016.06.26

中国—中亚，"一带一路"共创辉煌

经过25年发展，中国与中亚国家关系已成为新型国家关系和区域合作的典范

2017年1月初，中国接连迎来同中亚五国乌兹别克斯坦、哈萨克斯坦、塔吉克斯坦、吉尔吉斯斯坦和土库曼斯坦建交25周年纪念日。站在新的历史起点上，中国人民同中亚各国人民一道，共同回顾友好交往历史，展望美好合作未来。

千百年间，大漠戈壁中逶迤前行的商旅和学者沿途播撒中华文明的耀眼火种，中亚地区的丰富物产和独特文化也源源不断输入中原腹地，和平合作、开放包容、互学互鉴、互利共赢的丝路精神早已深深融入中华民族和中亚各民族的灵魂和血液中。

随着历史的脚步跨入20世纪90年代，中国同中亚国家关系迎来重要历史时刻。1992年新年伊始，当全世界还错愕于苏联解体的震撼，中国政府迅速作出同中亚五国建交的政治决断。当年1月2日至6日，中国政府代表团对中亚展开"旋风式"访问，连续5天同中亚五国分别签署建交公报，正式宣布建立外交关系，开启中国同中亚国家关系的新纪元。

建交25年来，中国同中亚国家关系大致经历了三个阶段。第一阶段从1992年到2001年，这是中国同中亚国家建立外交关系、双方开展合作的起步阶段。这期间，中国同哈、吉、塔三国通过友好协商，圆满解决了历史遗留的边界问题，使中国同中亚3300多公里共同边界成为友好、合作的边界，为中国和中亚国家进一步提升双边关系打下坚实基础。第二阶段从2001年上海合作组织成立到2012年，这是中国同中亚国家合作全面展开、快速发展时期。上海合作组织的成立和发展壮大为中国同中亚国家开展全方位合作、推动地区一体化进程提供了重要平台。第三阶段自2013年"一带一路"重大倡议提出至今。以共建"一带一路"为标志，中国同中亚国家关系迈入打造利益共同体、谋求共同发展的新时期。

经过25年发展，中国与中亚国家关系已成为新型国家关系和区域合作的典范。政治领域，中国与中亚国家实现战略伙伴关系"全覆盖"。中国坚决反对外部势力干涉中亚国家内政，支持中亚各国走符合本国国情的发展道路和为维护独立、主权及领土完整所作努力。中亚国家在台湾、西藏、南海等问题上坚定支持中方。经贸领域，面对世界经济复苏乏力和国际大宗商品价格持续低位徘徊的不利局面，近年中国同中亚国家贸易总额仍保持在每年300亿美元的较高水平，实属不易。安全领域，中国与各方携手打击"三股势力"、贩毒和跨国有组织犯罪，并肩应对地区威胁与挑战，共同致力于维护地区安全稳定。人文领域，中国与中亚国家文化交流日趋活跃，文艺团组频繁往来，高品质文化展演常办常新，民众相互了解不断加深。

2013年，习近平主席提出共建"一带一路"重大倡议，为中国同中亚国家合作发展注入新的强劲动力，中亚国家热烈响应并积极参与。3年来，中亚各国决定将各自发展战略与"一带一路"建设对接，致力于通过深化与中国各领域务实合作实现民族振兴和共同发展。在互联互通方面，各方正加快完善公路、铁路、口岸、管道、通信线路、航线网络建设，积极开展陆海联运，努力打造现代化"立体丝绸之路"。在产能合作方面，中哈两国先行先试，并力探索国际产能合作新模式。在金融合作方面，中亚国家积极参与组建亚投行，努力探索"一带一路"建设新的融资模式，不断扩大与中方在本币支付和结算方面的合作。

历史上，中国与中亚国家曾共同创造古丝绸之路的辉煌盛世。现如今，乘着共建"一带一路"的东风，中国同中亚国家延续千年的友谊将会绽放出更加绚丽的芳华。

2017.01.04

瞩目"一带一路"北京之约

3年多的精心布局与深入推进，让"一带一路"的合作范畴与长远意义日益凸显

1月17日，习近平主席在达沃斯出席世界经济论坛2017年年会开幕式并发表主旨演讲时向世界发出邀约——今年5月，中国将在北京主办"一带一路"国际合作高峰论坛，共商合作大计，共建合作平台，共享合作成果，为解决当前世界和区域经济面临的问题寻找方案，为实现联动式发展注入新能量，让"一带一路"建设更好造福各国人民。

自"一带一路"倡议提出3年多来，中国始终在为"一带一路"的顶层设计和规划对接潜心耕耘。2014年，通过《丝绸之路经济带和21世纪海上丝绸之路建设战略规划》；2015年，对外发布《推动共建丝绸之路经济带和21世纪海上丝绸之路的愿景与行动》；截至目前，已有100多个国家和国际组织积极响应支持，中国已同40个国家和国际组织签署共建"一带一路"合作协议，"一带一路"的朋友圈正在不断扩大。分析"一带一路"倡议广受欢迎的原因，美国库恩基金会主席罗伯特·库恩指出，"一带一路"倡议不仅是符合全人类利益的正确行为，也是维护世界稳定的重要构想。它不仅让中国有望实现协调、绿色、和平的发展，也将对沿线国家提供利好，甚至对重新平衡世界经济具有至关重要作用。

3年多的精心布局与深入推进，让"一带一路"的合作范畴与长远意义日益凸显。"一带一路"媒体合作论坛、"一带一路"高峰论坛等相关论坛接连举办，为多领域深化了解、对话交流、务实合作提供平台。2015年，中国同"一带一路"沿线国双边贸易额突破1万亿美元，中国企业对沿线国家的直接投资额近150亿美元。2016年11月17日，第七十一届联合国大会自安理会当年3月通过包括推进"一带一路"倡议内容的第2274号决议后，首次将"一带一路"倡议写入决议，得到193个会员国的一致赞同，体现了国际社会对推进"一带一路"倡议的普遍支持。美国《国家利益》网站刊文认为，"一带一路"计划不仅仅是一个宏大的经济计划，它还是全球关系与治理的一个典范，中国正引导全人类建设一个团结、和谐与繁荣的世界。

越是着眼长远的发展战略，就越离不开阶段性的规划与总结。正如2016年8月，习近平总书记在推进"一带一路"建设工作座谈会上所强调，要以钉钉子精神抓下去，一步一步把"一带一路"建设推向前进，让"一带一路"建设造福沿线各国人民。

在世界经济复苏乏力、"反全球化"浪潮逆流涌动的大背景下，尽管当前"一带一路"建设平稳推进、早期收获硕果累累，但仍面临一些长期发展的课题，亟须沿线国家坦诚交流、集思广益、凝聚共识。中国举办"一带一路"国际合作高峰论坛恰逢其时，一方面为了同沿线国家共襄盛举、共谋未来，全力推动"一带一路"建设蓝图落地生根；另一方面也是为了搭建平台，同各国共同直面时代的机遇与挑战，探寻协同联通、开放共赢的合作模式。

瞩目5月北京之约，期待"一带一路"建设迎来新起航，期待国际经济合作焕发新生机。

2017.01.18

期待"一带一路"新航程

恰逢"一带一路"建设处在全面推进的关键节点时刻,举办高峰论坛顺应国际社会普遍需求,将推动沿线国家进一步深化伙伴关系、实现联动发展

随着"一带一路"国际合作高峰论坛进入一个月倒计时,高峰论坛的筹备工作紧锣密鼓进行,国际社会对于高峰论坛的关注与期待日益升温。世界期待高峰论坛成为加强协调、深化对接、推进国际合作的有益平台,期待"一带一路"建设由此驶入新航程。

期待,源于共识。"一带一路"顺应时势,提出3年多来引起国际社会广泛响应。全球100多个国家和国际组织共同参与,40多个国家和国际组织同中国签署合作协议,形成广泛国际合作共识。2016年11月17日,"一带一路"倡议首次写入第七十一届联合国大会决议。今年3月17日,联合国安理会通过第2344号决议,首次载入"构建人类命运共同体"理念,呼吁通过"一带一路"建设等加强区域经济合作。当前,"一带一路"已成为迄今最受欢迎的国际公共产品,也是目前前景最好的国际合作平台。

期待,源于成效。"一带一路"倡议来自中国,但成果惠及世界。2016年中国与"一带一路"沿线国家贸易额达6.3万亿元人民币,中国企业已在沿线20多个国家建立56个经贸合作区,累计投资超过185亿美元,为东道国增加了近11亿美元税收和18万个就业岗位。当前,中国同沿线

国家经济走廊建设稳步推进，互联互通网络逐步成型，重要项目合作稳步实施，不断取得重要早期收获。亚投行、丝路基金的成立更是为各国金融合作提供了坚实支撑。

期待，源于信赖。英国牛津大学学者彼得·弗兰科潘在其著作《丝绸之路：一部全新的世界史》中指出："习近平主席在2013年提出的'一带一路'倡议以及中国为此做出的巨大投入，都充分表明中国在为未来着想。"在他看来，"一带一路"正在唤醒亚欧大陆乃至整个太平洋沿岸，为人类开启了一个全新的未来世界。当前，面对增长乏力、投资和贸易低迷、反全球化思潮涌动、不确定因素增多等世界经济面临的多重难题，各国都在寻求新的发展机遇，寻找打破困境、解决问题的有效途径。通过"一带一路"建设，世界看到了中国同沿线国家分享发展机遇、实现共同繁荣的行动，期待以共商、共建、共享的中国方案合力冲散经济低迷的阴霾，为世界经济增长注入更多正能量。

法国政治家让·莫内曾说："没有人，一切皆无可能，但是没有体制，一切不可持续。""一带一路"建设是一项着眼人类未来发展的宏伟历史工程，唯有完善体制、机制化建设才能确保其可持续发展。恰逢"一带一路"建设处在全面推进的关键节点时刻，举办高峰论坛顺应国际社会普遍需求，也将为"一带一路"沿线国家共商下一阶段重要合作举措、进一步推动各方加强发展战略对接提供契机，推动沿线国家进一步深化伙伴关系、实现联动发展。

一个月后的北京，一场承载各方期待的历史性盛会即将拉开帷幕。中国将同各方一道，共商合作大计，共建合作平台，共享合作成果，为解决当前世界和区域经济面临的问题寻找方案，为实现联动式发展注入新能量，让"一带一路"建设更好造福各国人民。

2017.04.14

开启"一带一路"建设新篇章

在当前时间节点上进一步汇聚各方智慧，总结成果经验，规划合作路径，共建合作平台，势将开启"一带一路"建设新篇章

4月18日，中国外交部发布消息称，"一带一路"国际合作高峰论坛将于5月14日至15日在北京举行，中国国家主席习近平将出席论坛开幕式，主持领导人圆桌峰会等相关活动。中国主场外交的又一次盛会，汇聚了全球目光，将为各方共商"一带一路"建设大计、共绘互利合作美好蓝图带来重要机遇。

此次高峰论坛是"一带一路"合作倡议提出以来，中国就此召开的规格最高的国际性会议。过去3年多来，"一带一路"从概念到行动，从倡议到落实，已经取得重要阶段性成果，实现了从理论设想到创新实践的重大跨越，进入到全面推进务实合作的新阶段。在此时间节点上，进一步汇聚各方智慧，总结成果经验，规划合作路径，共建合作平台，势将开启"一带一路"建设新篇章。

各方对此次高峰论坛所表现出的参与热情，充分展现了"一带一路"合作收获的国际认同。目前，已经有28个国家元首和政府首脑确认出席论坛。除此之外，还有来自110个国家的各界人士确认参加论坛，来自61个国际组织的89名负责人和代表也将出席会议，与会代表总人数将达1200多

人，涵盖的国家既有亚洲、欧亚、欧洲地区，也有北美、拉美、非洲地区。

从全球视野来看，"一带一路"合作之所以凝聚起如此广泛共识，首先是因为这项合作倡议契合当前各方的发展需求。目前，世界经济复苏基础不牢固，贸易投资不强劲，增长动力不稳固。联合国贸发会议和世界银行最新报告显示，2016年全球外国直接投资下降了13%，贸易增长仅略高于1%，是2008年国际金融危机以来表现最差的一年。之所以出现这样的局面，并不是因为当今世界缺乏解决问题的资源和能力，而是因为那些碎片化、排他性的国际合作，难以把资源有效整合起来。

"一带一路"旨在打造一个开放、包容、共享的合作平台，把各方力量汇聚起来，开辟增长新动力，探索发展新路径，因而成为目前世界上最受欢迎的国际合作倡议。本次高峰论坛的主题——"加强国际合作，共建'一带一路'，实现共赢发展"，两个突出的关键词是"合作"与"共赢"，符合时代潮流所向。在全球化和多极化仍在不断深入发展的当今世界，需要的不是单枪匹马的孤胆英雄，而是同舟共济的合作伙伴。实现"一带一路"的美好愿景，惟有大家共同付出努力。

瞩望即将举行的"一带一路"国际合作高峰论坛，各方与会人士都是为合作而来，为发展而来。通过举办此次高峰论坛，中国将与国际社会更紧密地手挽手，积极为解决当前世界和区域经济面临的问题寻找方案，为实现联动式发展注入新能量，让"一带一路"建设更好造福各国人民。正如习近平总书记所指出："中国人民深知，中国发展得益于国际社会，愿意以自己的发展为国际发展作出贡献。"

2017.04.19

以"未来"视角观察历史潮流

"一带一路"合作提出的价值追求与实现路径，对区域乃至全球发展都具有引领性

"一带一路"国际合作高峰论坛日益临近，国际舆论对"一带一路"建设的关注逐步升温。其中颇为引人注目的是，在西方国家，面对这一近年来全球范围最受欢迎的国际合作倡议，越来越多的各界人士展现出客观理性心态。

有目共睹，义乌和伦敦间往返的中欧班列，以其行程之远、抵达西方之深，切实触动了人们的心绪。美国大西洋理事会高级研究员罗伯特·曼宁近期发表文章，着重提到这列火车——"这列重走古丝绸之路的火车可能已经让人窥见了未来"。美国国防部前助理部长傅立民此前参加"一带一路"相关讨论时则表示，未来欧亚一体化如果得以实现，将为经济和文化交流打开一个广阔的空间，美国政府与企业不应该缺席。在太平洋的另一侧，日本自民党干事长二阶俊博将出席高峰论坛高级别会议的消息也引发了众多解读。

"一带一路"倡议提出3年多来，得到国际社会的广泛支持，英国、德国、法国等许多西方国家也纷纷参与合作。然而，在西方，特别是在美日，有些人态度很微妙。起初，有人搬出地缘政治博弈观，在故纸堆

里找出一些名词，谬称"一带一路"是"中国版马歇尔计划"，或是"珍珠链战略"。联系到这一背景，眼下更多西方人士以更富有建设性的视角看待"一带一路"，更加说明现实的成就、形势的发展具有无可辩驳的说服力。

包容开放是"一带一路"的一个先天基因，收获广受认同、广结伙伴的结果有其必然性。当然，那些不能以开放的心态看待"一带一路"的，还是难以理解其中的道理。但不得不说，在今天这个时代，这样的心态于己不利，于地区与世界同样不利。

罗伯特·曼宁在其文章中引用了科幻作家威廉·吉布森的一句名言——"未来已至，只是分布不均"。如果以"未来"视角来观察"一带一路"，就不难看到，蕴含其中的价值追求与实现路径，对区域乃至全球发展都具有引领性。对这一点能否准确把握，则取决于眼力与智慧。全球化和多极化仍在不断深入发展的当今世界，需要的不是单枪匹马的孤胆英雄，而是同舟共济的合作伙伴。"一带一路"秉持共商、共建、共享原则，追求互利共赢，正是提供了沿线各国发展迫切所需的公共产品。

"历史的道路不是涅瓦大街上的人行道，它完全是在田野中前进的，有时穿过尘埃，有时穿过泥泞，有时横渡沼泽，有时行经丛林"，习近平主席曾经在演讲中引用车尔尼雪夫斯基的话来阐述，无论会遇到什么样的曲折，历史都总是按照自己的规律向前发展，没有任何力量能够阻挡历史前进的车轮。国家间要合作、文明间要交流，这是历史演进的必然，"一带一路"合作正是顺应历史规律的积极作为。

可以想见，未来的历史学家审视21世纪的"一带一路"合作时，将会发现真正善于创造美好生活的，必定是悟得历史发展真谛、能以"未来"视角观察潮流的，并且在携手共进、合作共赢征程上奔驰的国家。

2017.05.05

为构建人类命运共同体注入强劲动力

"一带一路"国际合作高峰论坛承担起直面时代所需的历史使命，提供了应对全球突出挑战的现实路径，推动了深化"一带一路"建设的具体行动

汇聚与会各方的广泛共识，收获深化合作的丰硕成果。5月14日至15日成功举行的"一带一路"国际合作高峰论坛，标志着"一带一路"建设这一世纪工程站到新的起点，开启新的征程。

自高峰论坛开幕以来，各方反应无不表明，"一带一路"建设正日益走进沿线各国人民心中。在会场，有英国代表表示，为自己9岁的女儿找到了未来；有澳大利亚代表确信，发现了当代人所能经历的最重要事件；有世界银行代表欣喜，看到了点亮世界经济的明灯……类似的感受，正是高峰论坛和"一带一路"建设给沿线各国人民带来实实在在获得感的真实写照。

高峰论坛承担起直面时代所需的历史使命。人类战胜困难的手段从来没有像今天这样丰富，但与此同时，和平赤字、发展赤字、治理赤字又清清楚楚地摆在面前。直面突出矛盾，需要以历史视野、全球视野谋划未来。习近平主席以古代丝绸之路的伟大实践为借鉴，阐述以和平合作、开放包容、互学互鉴、互利共赢为核心的丝路精神的时代价值；从

全球发展难点着眼，强调在各国彼此依存、全球性挑战此起彼伏的今天，各国要对接彼此政策，在全球更大范围内整合经济要素和发展资源，才能形成合力，促进世界和平安宁和共同发展；以北京的历史变迁为例证，阐述"人类生活在共同的家园，拥有共同的命运，人类历史始终在不同民族、不同文化的相遇相知中向前发展"。一系列重要论断，为改变当今世界资源与目标、潜力与现实、愿景与行动的错位，提供了强大思想引领。

高峰论坛达成的广泛共识，标注了应对全球突出挑战的现实路径。今天，全球经济增长基础不够牢固，贸易和投资低迷，经济全球化遇到波折，发展不平衡加剧。在此背景下，"一带一路"建设对于挖掘新的经济增长点、增强各国内生发展动力、促进全球经济增长、推动经济全球化向包容普惠方向发展的意义进一步凸显。正如习近平主席所指出："大雁之所以能够穿越风雨、行稳致远，关键在于其结伴成行，相互借力。这为我们合作应对挑战、实现更好发展揭示了一个深刻道理。"过去4年，"一带一路"建设在政策沟通、设施联通、贸易畅通、资金融通、民心相通方面取得的丰硕成果充分表明，只要各方坚持相向而行，就能走出一条相遇相知、共同发展之路。事实促成共识，共识化为行动。人们支持加强经济政策协调和发展战略对接，致力于实现协同联动发展，"一带一路"建设共商、共建、共享的原则更加深入人心，"一加一大于二"的实际效果已是有目共睹。

高峰论坛取得的丰硕成果，推动了深化"一带一路"建设的具体行动。高峰论坛开幕式主旨演讲中，习近平主席宣布了中方下一步推动"一带一路"建设的一系列具体举措，引起了各方的高度评价和积极回应。高峰论坛期间及前夕，各方达成了一系列合作共识、重要举措及务实成果，仅列入成果清单的具有代表性的就有76大项、270多项具体成果。与会人士、国际舆论关于此次论坛的解读，纷纷从各自视角探寻融入合作机遇，这充分说明了"一带一路"建设给当今时代国际合作注入的强大动力。"路是走出来的，事业是干出来的。美好的蓝图变成现实，需要扎扎实实的行动。"习近平主席所言蕴涵深刻启示，引领人们放眼"一带一路"建设一步一个脚印向前推进、一点一滴抓出成果的生动现实——从改变个体生活，直到书写宏大历史。

历史总是伴随着人们追求美好生活的脚步向前发展的。"一带一路"建设是伟大的事业，需要伟大的实践。汲取丝路精神的思想力量，汇聚着沿线各国发展梦想，共商、共建、共享的"一带一路"建设，必将在新的起点上不断取得新进展，为构建人类命运共同体注入强劲动力。

2017.05.17

担当增进民心相通的重大使命

"一带一路"建设既需要经贸合作的"硬"支撑，也离不开文明互鉴的"软"助力

5月21日，"盛世公主"号邮轮载着"沿海上丝绸之路，讲中国故事"的使命从意大利首都罗马启航，中途将经停阿联酋迪拜、马来西亚槟城、泰国曼谷等11站，最终抵达中国厦门。整个航程中，将有40多个国家的7000多名游客在船上感知一系列有浓郁中国风的文化交流活动，书写"民心相通"的新佳话。

"人之相知，贵在知心。"民心是最大的政治，民心相通则是最基础、最坚实、最持久的互联互通，也是"一带一路"建设国际合作的重要内容。"一带一路"建设的所有成果，归根结底是要造福各国人民，让一个个普通人得到实惠。"一带一路"建设，需要经济合作，还需要真情交流和民心共振。只有各国民众交往多了、感情深了，心与心才能贴得更近，各种务实合作才能开展得更加顺畅。

历史和现实告诉我们，民心相通、文明交流顺畅的时期，往往是冲突和战乱能够得到有效抑制的时期。古代陆上丝绸之路和海上丝绸之路，驼铃相闻，舟楫相望。汉代的张骞带着和平的目的出使西域，打通东方通往西方的道路，开启了陆上丝路"使者相望于道，商旅不绝于途"的

千年盛况。明代的郑和七次远洋航海，足迹遍布东南亚、南亚和非洲东海岸，平息冲突，消除隔阂，易物海外，发展贸易，写下了海上丝路"舶交海中，不知其数"的历史篇章。

而今，"一带一路"倡议提出4年来，围绕增进民心相通这一目标，中国与"一带一路"建设参与国开展了领域广泛、内容丰富、形式多样的人文交流与合作。互办国家年、文化年、旅游年，举办博览会、艺术节、图书影视节，积极开展智库、媒体交流对话，建立长期稳定的合作关系……人们看到，和平合作、开放包容、互学互鉴、互利共赢的丝路精神，在"一带一路"建设中发扬光大，让沿线各国人民心与心的交流更加顺畅。

"道虽迩，不行不至；事虽小，不为不成。"在日前闭幕的"一带一路"国际合作高峰论坛"增进民心相通"平行主题会议上，巴基斯坦小伙子纳赛姆讲述的故事让人印象深刻。纳赛姆的家乡巴基斯坦瓜达尔港，曾是一个方圆数公里内找不到一所小学的小渔村。去年，中国在当地捐建的小学落成，当地儿童从此获得了学习的机会。不仅如此，中国还帮助当地发了电，建了公路、学校，向有志学中文的人提供了去中国深造的机会。"在别人干渴时给予的一滴水，未来将变成天长地久的友谊。"纳赛姆感慨地说。

"一带一路"建设既需要经贸合作的"硬"支撑，也离不开文明互鉴的"软"助力。"'一带一路'建设要以文明交流超越文明隔阂、文明互鉴超越文明冲突、文明共存超越文明优越，推动各国相互理解、相互尊重、相互信任。"习近平主席的演讲，指出了民心相通的时代意义，勾勒了"一带一路"建设文明互鉴、交相辉映的美好前景。

"盛世公主"号承载着增进民心相通的重大使命启航。架起民心相通之桥、铺就心灵互通之路，让各国民众在实现共同发展的过程中成为好朋友、好伙伴——这是夯实"一带一路"建设民意基础的时代要义，也是逐步构建责任共担、利益共享、休戚与共的人类命运共同体的前提。

2017.05.23

为"一带一路"增添强劲动力

通过习近平主席的哈萨克斯坦之行，中国同各方加强睦邻友好合作、推进"一带一路"建设迈出新步伐

6月7日至10日，习近平主席在主持首次"一带一路"国际合作高峰论坛后重访"一带一路"首倡之地哈萨克斯坦。世界通过这次成功的外交行动，看到中国同各方加强睦邻友好合作、推进"一带一路"建设迈出新步伐，构建周边命运共同体的切实努力收获实实在在成果。

9日，习近平主席在阿斯塔纳出席上海合作组织成员国元首理事会第十七次会议。上合组织是当今世界最具生命力的地区性国际组织之一。对于该组织每一个成员国而言，上合组织框架下的合作能否有效开展，关乎能否建设一个安全稳定、发展繁荣的共同家园。正是从建设"家园"的真诚意愿出发，习近平主席为各成员国未来加强合作指明了方向，提出5点重要建议——巩固团结协作，携手应对挑战，深化务实合作，拉紧人文纽带，坚持开放包容。

这次峰会上，上合组织完成首次扩员，正式接收印度、巴基斯坦为成员国。步入发展新阶段，未来上合组织的作为空间很大程度上取决于组织内部的凝聚力。各成员国要不忘初心，继续弘扬"上海精神"；要

与时俱进，开创地区合作新局面。习近平主席在此次峰会上宣布中国将于明年6月在华举办下次峰会，阐释中方接任轮值主席国的工作思路。习近平主席的思路和构想紧扣形势变化，契合各方需求，聚焦互利共赢，增强了各方对上合组织实现新一轮发展的信心。

梳理习近平主席此次哈萨克斯坦之行所取得的诸多成果，极为引人瞩目的一点是成功推动"一带一路"建设在新起点上取得了新进展。

在"一带一路"建设框架下，中哈合作成果真实可见，人民友谊不断升温。习近平主席此行进一步推动中哈在共建"一带一路"和国际产能合作中发挥好示范作用。访问期间，两国商定重点做好四方面对接，以互联互通、产能合作、科技创新为着力点，涵盖"双西公路"、霍尔果斯国际边境合作中心等重点项目，构建起中哈全方位互利合作新格局。两国签署10多项政府、部门间合作协议，涉及经贸、金融、基础设施建设、水利、质检、媒体等诸多领域。

在上合组织层面，习近平主席强调中方将继续推进"一带一路"建设同各成员国发展战略和其他地区一体化倡议对接合作，上合组织将为此发挥平台作用。各方对"一带一路"建设的支持也清晰可见。《阿斯塔纳宣言》充分肯定"一带一路"倡议对双多边合作、区域和世界经济发展的积极意义，高度评价并支持落实高峰论坛成果。各国领导人表示愿继续积极响应和参与"一带一路"建设。与此同时，阿斯塔纳专项世博会主题"未来的能源"同中国打造绿色丝绸之路倡议也高度契合。习近平主席在中国馆亲自做"讲解员"，既是促进民心相通的有力举措，同时也让中国绿色发展的理念在世界上为更多人所了解。

"'一带一路'建设是伟大的事业，需要伟大的实践。让我们一步一个脚印推进实施，一点一滴抓出成果，造福世界，造福人民！"5月"一带一路"国际合作高峰论坛上，习近平主席曾如是强调"实施"之于

"一带一路"建设的极端重要性。高峰论坛结束不到一个月，习近平主席的哈萨克斯坦之行，再次为"一带一路"建设增添强劲动力。这是有担当、重行动的大国之为，伟大的实践必将迎来美好的明天。

2017.06.11

坚定不移走开放发展之路

中国坚定不移走开放发展之路，推动建设开放型世界经济，在经济全球化遭遇逆风之际为世界注入了正能量，体现了大国担当

27，这是十九大报告中"开放"一词出现的次数。近40年来，中国坚持对外开放，在走向世界的过程中实现了跨越式发展。在明年即将迎来改革开放40周年之际，十九大报告明确指出，中国坚持对外开放的基本国策，坚持打开国门搞建设，推动形成全面开放新格局；促进贸易和投资自由化便利化，支持多边贸易体制，推动建设开放型世界经济。中国坚定不移走开放发展之路，在经济全球化遭遇逆风之际为世界注入了正能量。

"对一个国家而言，开放如同破茧成蝶，虽会经历一时阵痛，但将换来新生。"在"一带一路"国际合作高峰论坛开幕式上的演讲中，习近平主席形象地指出开放对发展的意义。这是中国改革开放近40年从富起来到强起来的宝贵启示，也是对世界经济发展规律的总结。第二次世界大战后，全球13个经济体实现25年以上的高速增长，无一例外采取了开放政策。国际金融危机发生近10年来，世界经济持续低迷，形形色色的保护主义是一大障碍。据世贸组织统计，今年上半年，全球范围内共采取309项贸易保护措施，为复苏发展的世界经济带来了不确定性。

中国是世界第二大经济体和最大的货物贸易国，是经济全球化的坚定维护者，是自由贸易的坚定捍卫者。今年1月在世界经济论坛年会开幕式上，习近平主席深入阐述中国对经济全球化的认识和主张，深化世界对经济全球化规律的思考，坚定了各国对经济全球化前景的信心。习近平主席的演讲犹如"冬日的阳光"，振奋了世界经济发展的精神。近年来，无论是在二十国集团领导人峰会、亚太经合组织领导人非正式会议上，还是在"一带一路"国际合作高峰论坛上，中国关于开放发展的主张一以贯之，赢得世界喝彩。

构建开放型世界经济，中国实践力度不断加大。国内自贸试验区数量增加至11个，实现了东、中、西、东北地域全覆盖；"一带一路"建设大项目落地开花，"五通"成效不断显现，开始造福沿线国家人民；国际产能合作扎实推进，中国技术、中国标准、中国装备逐渐成为新时期对外经贸合作的主角；中国推动达成《亚太经合组织互联互通蓝图（2015—2025）》《G20全球投资指导原则》等，为各方共同走开放发展之路提供了机制保障。

正如秘鲁记者联合会主席杜埃尼亚斯所言，中国的对外开放政策是全世界都应该认真看待的，中国的对外开放并不仅仅有利于中国的发展，而且是惠及全球的。英国《金融时报》文章认为，改革开放30多年来，中国始终顺应经济全球化的潮流，坚持对外开放的步伐，如今中国经济是世界经济增长的稳定器，十九大的召开更是在为世界发展发掘新动力。

明年11月，中国将在上海举办首届中国国际进口博览会，为各方开辟中国市场的合作搭建新平台。预计届时将有100多个国家和地区的企业参展，并吸引15万家国内外专业采购商。中国首创以进口为主题的博览会，是中国主动向世界开放市场的重大举措，充分体现了中国的自信和对外开放的决心，将为全世界开放发展提供新机遇。

"这是进一步走向世界、发展更高层次开放型经济的新征程。"不久前在亚太经合组织工商领导人峰会上向世界阐释中国新征程时，习近平主席再次强调中国对外开放的脚步不会停滞。不拒众流，方为江海。中国向世界全方位开放的态度是鲜明的，中国与世界分享发展机遇，体现出构建人类命运共同体的大国担当。

2017.11.28

开辟跨越太平洋的合作之路

浪漫奔放的拉美人眼中，"一带一路"的未来可以绽放多彩奇美的景象，绝不是拉美式魔幻，而是生发于现实沃土的美好愿望，生机盎然

"历史上，我们的先辈劈波斩浪，远涉重洋，开辟了中拉'太平洋海上丝绸之路'。今天，我们要描绘共建'一带一路'新蓝图，打造一条跨越太平洋的合作之路，把中国和拉美两块富饶的土地更加紧密地联通起来，开启中拉关系崭新时代。"1月22日，中国—拉美和加勒比国家共同体论坛第二届部长级会议在智利开幕，习近平主席致贺信，抚今追昔叙情谊，擘画未来引航程。

太平洋两端，中国同拉美彼此眺望。虽然地理相距遥远，但人民的交往源远流长，先辈们结下的深厚情谊世代传承。进入新世纪，中国作为世界上最大的发展中国家，拉美作为世界上发展中国家最密集的地区之一，双方关系发展迅速。中国同拉美和加勒比国家国土面积之和占世界陆地总面积的1/5，人口之和占世界总人口的1/3，经济总量占世界经济总量的1/8。中拉深入合作，拥有巨大优势和宝贵资源。

中拉论坛成为中拉整体合作的主渠道。作为重要的发展中地区对话与合作平台，中拉论坛是由习近平主席2014年7月亲自倡导成立。2015年1月，中拉论坛首届部长级会议在北京召开，习近平主席曾用"一株

破土而出的嫩苗"比喻新生的中拉论坛。如今,这株"嫩苗"在中拉双方的精心培育下茁壮成长。习近平主席在双多边场合同所有拉美和加勒比建交国领导人会面,中拉双方确立了平等互利、共同发展的中拉全面合作伙伴关系这一新定位,倡议构建中拉关系"五位一体"新格局、携手共进的命运共同体。中拉在全球治理、重大国际和地区问题等方面形成广泛共识,在涉及彼此核心利益和重大关切的问题上相互支持。

3年来,在中拉论坛的平台上,中拉各领域合作取得丰硕成果,为南南合作树立了新典范。中拉政府间交往实现全覆盖,人员往来和交流频率大幅度提高,中国企业在拉累计直接投资存量达2071.5亿美元,占中国对外投资总量的15.3%,拉美已成为仅次于亚洲的中国海外投资第二大目的地。

"一带一路"为中拉合作开启新的合作空间与机遇。根据联合国拉美经委会测算,中国经济每增长1%,将拉动拉美经济增长0.5%,中国已成为拉美国家经济增长的引擎,拉美国家希望搭上中国发展"顺风车"。浪漫奔放的拉美人眼中,"一带一路"的未来可以绽放多彩奇美的景象——如同智利总统巴切莱特所盼望的,是一条跨越太平洋的"新航路","不仅指传统的海洋、陆地和空中的道路,也将包括数字联通、电子商务、货币兑换金融机制等(虚拟道路)";又如乌拉圭驻华大使费尔南多所联想的,是未来的"牛肉之路""奶制品之路""羊毛之路",还承载着旅游、银行和其他服务贸易领域的发展希望……这一切,绝不是拉美式魔幻,而是生发于现实沃土的美好愿望,生机盎然。

扬帆,让世界和平、发展繁荣和人民幸福的共同梦想,正在为中拉合作开辟更加宽广的航道。携手,中拉并肩同行,正在不断为推动构建人类命运共同体作出更大贡献。

2018.01.24

踏上中阿全方位合作新征程

习近平主席出席中阿合作论坛部长级会议开幕式并发表重要讲话，必将推动中阿合作巨轮进一步借助共建"一带一路"的强劲东风扬帆起航，踏上中阿全方位合作的新征程

7月10日，中国—阿拉伯国家合作论坛第八届部长级会议将在北京举行，国家主席习近平将出席开幕式并发表重要讲话。中阿合作下阶段行动蓝图值得期待，推进"一带一路"建设，构建新型国际关系和构建人类命运共同体的重要实践值得期待。

和平合作、开放包容、互学互鉴、互利共赢的丝路精神，是中阿合作的根基。恰如本届论坛部长级会议宣传片中所呈现，悠悠驼铃、点点帆影，象征着2000多年前陆上丝绸之路和海上香料之路将中阿人民紧密相连，谱写了中阿两大民族商贸往来和文化交流的辉煌历史。遵循务实合作、互利共赢的原则，中阿合作论坛自2004年成立以来，逐步发展成为涵盖众多领域、建有10余项机制的集体合作平台，已经成为丰富中阿关系战略内涵、推进中阿务实合作的有效抓手。中阿双方在论坛框架内建立了全面合作、共同发展的战略合作关系，为中阿关系的长期持续发展提供了有力依托。在中阿整体关系的有力带动下，中国同阿拉伯国家关系不断刷新历史高度，已同9个阿拉伯国家建立了全面战略伙伴关系、

战略伙伴关系或战略合作关系。双方在涉及彼此重大和核心利益问题上也相互给予更多理解和支持。

丝路精神薪火相传，在中东、阿拉伯地区汇聚新的活力，为中阿合作论坛发展带来新的战略机遇。2014年6月，习近平主席在中阿合作论坛第六届部长级会议上提出中阿共建"一带一路"，构建以能源合作为主轴，以基础设施建设和贸易投资便利化为两翼，以核能、航天卫星、新能源三大高新领域为突破口的"1+2+3"合作格局，得到阿拉伯国家热烈响应。2016年1月，习近平主席访问阿盟总部并发表重要演讲，提出中阿共建"一带一路"，共同实施促进稳定、创新合作、产能对接、增进友好四大行动，揭开了中阿共建"一带一路"的新篇章。

"一带一路"倡议激活了中阿合作的巨大潜力，各国纷纷拓宽"向东看"视野，与中国进行发展战略对接，共同编织互利共赢的合作伙伴网络。埃及总统塞西表示要将埃及打造为"一带一路"建设的支点，沙特大力推动本国"2030年愿景"与"一带一路"倡议相对接，约旦表示愿与中方深化共建"一带一路"合作，推进能源、基础设施等领域大项目建设……目前，中国与9个阿拉伯国家签署了共建"一带一路"协议，"一带一路"建设逐渐成为中阿集体合作最鲜明的时代特色。

习近平主席指出："对阿拉伯朋友，我们坚持'四个不动摇'。"支持中东和平进程，维护阿拉伯民族合法权益的立场不动摇；全力推动政治解决，促进中东和平稳定的方向不动摇；支持自主探索发展道路，帮助阿拉伯国家发展的理念不动摇；推进文明对话，倡导文明新秩序的价值追求不动摇。"四个不动摇"，道出了中国珍视同阿拉伯国家关系，始终从战略高度和长远角度推动中阿关系发展的坚定意志。

今年恰逢"一带一路"倡议提出五周年，在中阿战略合作内涵与外延不断拓展的背景下，习近平主席出席中阿合作论坛部长级会议开幕式并发表重要讲话，必将推动中阿合作巨轮进一步借助共建"一带一路"的强劲东风扬帆起航，踏上中阿全方位合作的新征程。

2018.07.06

"一带一路"承载和平发展共同心愿

"一带一路"建设回应的是各国人民对促和平、谋发展的共同愿望，点亮的是未来世界共享繁荣的朗朗星空

春华秋实，五年有成。"一带一路"倡议，中国为全球提供的公共产品，5年来得到国际社会广泛认同和热情参与，共建"一带一路"取得显著成果。8月27日，习近平总书记在推进"一带一路"建设工作5周年座谈会上发表重要讲话。"向落地生根、持久发展的阶段迈进""聚焦重点、精雕细琢"……国际社会第一时间捕捉到中国同各国共同绘制好"一带一路""工笔画"的决心以及推进"一带一路"建设走深走实、造福人民的诚意。

5年来，越来越多的国家、国际组织和企业从"一带一路"合作的平等、开放和普惠中获益，对"一带一路"建设投出了"信任票"和"支持票"。托起共建"一带一路"倡议和共商共建共享原则的核心理念已经写入联合国等重要国际机制成果文件，103个国家和国际组织同中国签署118份"一带一路"方面的合作协议。2017年首届"一带一路"国际合作高峰论坛在北京成功举办，论坛279项成果中，到目前为止已有265项完成或转为常态工作，剩下的14项正在督办推进，落实率达95%。众多跨国公司高管表示，"一带一路"倡议意味着难得机遇，特别是在基础设施等领域催生大量新商机。

5年来，"一带一路"建设以战略眼光和全球视野在当今世界百年未有之大变局中把握航向，成为完善全球发展模式和全球治理、推进经济全球化健康发展的重要途径。回应当前世界经济增长动力不足的难题，"一带一路"建设与一些国家所奉行的单边主义、保护主义形成鲜明对比；倡导通过加强各国互联互通，进一步改进和完善全球供应链、价值链、产业链，让处在不利位置上的国家得以更好参与到全球分工中，更多地从全球价值链当中获益；面对和平赤字、发展赤字、治理赤字的挑战，中国同联合国有关机构签署"一带一路"合作协议，通过和联合国的合作更好地推动"一带一路"对接联合国2030年可持续发展议程，让各国得以从更加开放、包容、普惠、平衡、共赢的全球化进程中获益。日本前首相福田康夫就曾撰文称，"一带一路"建设让所有参与国乃至全世界都能从中受益，增进所有国家人民的福祉。

5年来，"一带一路"建设传承中华民族天下大同的理念，秉持中国人怀柔远人、和谐万邦的天下观，以扎实的行动回应外界的质疑与疑惑，成为占据国际道义制高点的中国方案。俄罗斯《导报》刊文指出，"一带一路"倡议展现了中国对全球治理新理念的思考，"对中国来说，'一带一路'与其说是路，更像是中国最重要的哲学范畴——道"。中国之道彰显了同舟共济、权责共担的命运共同体意识以及"计利当计天下利"的大国担当。在联合国副秘书长、联合国开发计划署代理署长盖图看来，中国不限制国别范畴，不搞封闭机制，不唱独角戏，更不搞一言堂，这正是"一带一路"朋友圈不断扩大的原因。

路在通，通则达，达则济天下。"一带一路"建设回应的是各国人民对促和平、谋发展的共同愿望，点亮的是未来世界共享繁荣的朗朗星空。从绘制总体布局的"大写意"到精雕细琢的"工笔画"，只要坚持一步一个脚印推进实施，一点一滴抓出成果，定能开创人类命运与共的美好明天。

2018.08.30

走共享机遇、共谋发展的阳光大道

共建"一带一路"是中国同世界共享机遇、共谋发展的阳光大道

11月17日，在巴布亚新几内亚莫尔兹比港举行的亚太经合组织工商领导人峰会上，习近平主席在主旨演讲中正式宣布，中国将于明年4月在北京举办第二届"一带一路"国际合作高峰论坛，引发了各界热烈反响。

"这个消息让我深感振奋""共建'一带一路'倡议是中国对世界的一个积极贡献，促进了发展中国家基础设施和互联互通建设""'一带一路'建设将使国际范围内的基础设施及相关金融领域迎来更大投资机遇"……面对中国的盛情邀请，世界的积极回应和热切期盼，体现了"一带一路"建设这一重大倡议顺应了世界大势和时代要求，顺应了各国加快发展的共同愿望。

5年来，已有140多个国家和国际组织同中国签署了共建"一带一路"合作协议；共建"一带一路"倡议和共商共建共享的核心理念已经写入联合国等重要国际机制成果文件；共建"一带一路"大幅提升了中国贸易投资自由化便利化水平，推动中国开放空间从沿海、沿江向内陆、沿边延伸，形成陆海内外联动、东西双向互济的开放新格局；中国同"一带一路"相关国家的货物贸易额累计超过5万亿美元，对外直接投资超过600亿美元，为当地创造20多万个就业岗位，中国对外投资成为拉动全

球对外直接投资增长的重要引擎……从理念、愿景转化为现实行动，"一带一路"建设的成绩单越来越亮眼，映照出中国同世界共享机遇、共谋发展的阳光大道。

"共建'一带一路'已经并正在开辟一个超大型的世界大市场。"来自学界的这一观点不无道理。一方面，中国近14亿人口的大市场是世界经济的增长之源、活力之源。改革开放40年来，中国坚持打开国门搞建设，已经成为世界第一大货物贸易国、最大的旅游市场、130多个国家的主要贸易伙伴。中国用行动证明了支持贸易自由化、主动向世界开放市场的决心。另一方面，"一带一路"引导着世界市场新的平衡，不断催生新需求，实现世界经济再平衡，共建"一带一路"对于挖掘新的经济增长点、增强各国内生发展动力、促进全球经济增长具有重要意义，发挥了重要作用。正因为看到了这些，荷兰国际关系研究所专家弗朗斯－保罗·范德博登预期，"'一带一路'将改变全球贸易模式，有助于将过去的边缘国家拉入全球经济贸易的核心"。

"共建'一带一路'是经济合作倡议，不是搞地缘政治联盟或军事同盟；是开放包容进程，不是要关起门来搞小圈子或者'中国俱乐部'；是不以意识形态划界，不搞零和游戏，只要各国有意愿，我们都欢迎。"正如习近平主席所强调的，共建"一带一路"之所以得到广泛支持，反映了各国特别是广大发展中国家对促和平、谋发展的愿望。

中国秉持共商共建共享理念，谋求的是共同的发展和繁荣，这愈发得到世界的理解和赞赏。英国剑桥大学政治与国际关系学院资深研究员马丁·雅克认为，中国倡导新形式的全球合作，"一带一路"倡议和人类命运共同体理念是中国这种世界观的最好诠释。

"'一带一路'不仅仅关乎实现中国梦，还关乎使世界成为一个和平、繁荣的星球。"保加利亚前总统罗森·普列夫内利耶夫的这一观点代表了一种视野。和平与发展，牵系各国人民的福祉，共建"一带一路"

就是造福于各国人民的选择。第二届"一带一路"国际合作高峰论坛，应各国人民的心愿而动，凝聚更广共识、汇聚更多力量，推动构建人类命运共同体，携手建设更加美好的世界。

2018.11.20

点燃共同发展繁荣的梦想

"一带一路"的未来值得期待，只要不断促进全球互联互通，形成联动发展新格局，就能为世界经济不断拓展新的增长空间

"我们要以共建'一带一路'为重点，同各方一道打造国际合作新平台，为世界共同发展增添新动力。"习近平总书记在庆祝改革开放40周年大会上的讲话，让世界看到共同发展的未来。

改革开放40周年，"一带一路"倡议提出5周年，在这具有特殊意义的年份，"一带一路"美丽画卷更加引人注目。从中巴经济走廊到中缅经济走廊，从中泰铁路、中老铁路到中欧班列，从汉班托塔港到比雷埃夫斯港，一大批重点合作项目全面推进，让人们更加坚信，只有携手合作，才更有机会去邂逅、去创造无限的发展机遇。2018年，50多个国家和国际组织与中国签署"一带一路"合作文件，签署文件总数达140多个。共建"一带一路"倡议和共商共建共享的核心理念已经写入联合国、中非合作论坛、上合组织、亚欧会议等重要国际机制成果文件，中阿合作论坛、中拉论坛就共建"一带一路"达成重要共识。

"'一带一路'倡议既是中国在改革开放过程中产生的重要构想，也是中国进一步扩大开放的重大举措。"日本前首相鸠山由纪夫的话，点明了"一带一路"与改革开放40周年同时在全球引起广泛共鸣的原因所

在。40年前，中国正是基于对时代潮流的深刻洞察，主动融入世界经济，最终走出了一条快速发展之路。开放发展、合作共赢，这是40年中国改革开放实践证明了的宝贵经验。改革开放让中国富起来、强起来的事实，让这一经验具有充分的说服力。如今，中国面向世界共建"一带一路"，正是携手各国构建开放型世界经济的主动作为，必将让更多国家走上共同发展的道路。

40年改革开放表明，中国的发展离不开世界，世界的繁荣也需要中国。正如埃及前总理伊萨姆·谢拉夫所指出："中国梦绝不仅仅是一个中国的梦，在某种意义上也是一个全人类的梦。"改革开放激发了全体中国人民追逐梦想的热情，凝聚起实现中国梦的前所未有的合力。"一带一路"让全球广大欠发达国家和地区看到了迎头赶上的新希望，燃起了沿线国家和地区人民共同的发展繁荣梦想。

世界聚焦中国改革开放，愈加能够认识到，中国积极推进共建"一带一路"，正是新时代中国全面深化改革、扩大开放的明证。党的十九大报告指出，"中国开放的大门不会关闭，只会越开越大。要以'一带一路'建设为重点，坚持引进来和走出去并重，遵循共商共建共享原则，加强创新能力开放合作，形成陆海内外联动、东西双向互济的开放格局"。在日本经济学家江原规由眼中，"一带一路"是中国改革开放进程更加国际化的标志，也是支撑和维护经济全球化的重要公共产品。

世界聚焦中国改革开放，愈加能够认识到，中国积极推进共建"一带一路"，正是中国加强国际合作、完善全球治理的切实行动。经济全球化遭遇逆风，开放合作面临挑战。中国发挥贸易和投资大国优势，以开放的胸怀持续向世界释放发展正能量，有力带动"一带一路"沿线国家实现贸易优化升级。英国财政部前副大臣利亚姆·伯恩指出，中国提出的"一带一路"倡议将是未来10年经济全球化的最重要推动力。

金沙月影驼铃远，碧海连天帆樯立。穿越历史时空眺望未来，人们愈加确信"一带一路"的未来值得期待，只要不断促进全球互联互通，形成联动发展新格局，就能为世界经济不断拓展新的增长空间。一条和平、繁荣、开放、绿色、创新、文明之路就在眼前，中国正与世界携手并进。

2018.12.25

瞩目共建"一带一路"盛事

第二届"一带一路"国际合作高峰论坛必将是一次全球瞩目的盛事，必将是一次凝聚共识、推动合作的盛会，必将在各方共同努力下取得丰硕成果

世界关注中国全国两会，也从中捕捉着"一带一路"建设的脉动。4月下旬，第二届"一带一路"国际合作高峰论坛将在北京举办，习近平主席将出席高峰论坛开幕式并发表主旨演讲，全程主持领导人圆桌峰会。以"共建'一带一路'，开创美好未来"为主题，来自100多个国家的数千名各界代表将深入交换意见，共商合作大计，推动"一带一路"合作实现高质量发展。

这一中国今年最重要的主场外交，受到各方热切期盼。早在2017年5月首届"一带一路"国际合作高峰论坛上，这一机制就受到各方充分肯定。去年11月习近平主席宣布中国今年4月将举办第二届"一带一路"国际合作高峰论坛。预定出席的外国国家元首和政府首脑人数将明显超过首届论坛。第二届论坛更高的规格、更大的规模、更丰富的活动，充分表明各方对"一带一路"合作的信任和支持，也预示着"一带一路"建设更加光明的前景。

信任和支持源自认同。秉持共商共建共享原则，传承和平合作、开

放包容、互学互鉴、互利共赢的丝路精神，遵循市场原则和国际通行规则，"一带一路"建设以其开放、多元、共赢的特质，日渐为世界认同。123个国家和29个国际组织已经与中方签署共建"一带一路"合作文件，"一带一路"朋友圈遍及全球。中国与巴基斯坦成立中巴经济走廊联委会，缅甸成立实施"一带一路"指导委员会，瑞士政府在外交部设立"一带一路"咨询协调办公室……"一带一路"建设得到越来越多国家的重视。花旗银行、汇丰银行、渣打银行以及德国西门子、美国通用电气、日本通运等跨国公司，正以不同形式参与"一带一路"合作。国际人士普遍认为，"一带一路"倡议是真正具有包容性的全球合作项目，已成为广受欢迎的国际公共产品。

信任和支持源自实效。截至2018年底，首届"一带一路"国际合作高峰论坛的成果落实率达96.4%；5年多来，中国与沿线国家货物贸易总额超过6万亿美元，为当地创造24万多个就业岗位和20多亿美元税收。中欧班列开行1.4万列，到达欧洲15个国家49个城市；中老铁路、中泰铁路、雅万高铁、匈塞铁路等项目扎实推进，柬埔寨额勒赛水电站、巴西美丽山特高压项目等一批惠民工程落地生根；中国港口与200多个国家和地区的600多个主要港口建立航线联系……共建"一带一路"的丰硕成果，让沿线国家发展潜力得到释放，人民生活便利了，工作好找了，笑脸也多了，获得感日益增加。

信任和支持源自共鸣。"共建'一带一路'之所以得到广泛支持，反映了各国特别是广大发展中国家对促和平、谋发展的愿望。"和平与发展依然是时代的主旋律、世界人民的共同心声。面对全球发展不平衡、发展不充分、发展动能不足的客观难题，面对保护主义、单边主义抬头的现实挑战，以共建"一带一路"为契机，广搭平台，力促合作，不仅能有效推动经济发展，也有助于完善全球治理，推动经济全球化朝着更健康方向发展。英国48家集团俱乐部主席斯蒂芬·佩里赞赏"一带一路"

用实现共同的可持续发展这一目标将人们紧紧团结了起来；埃及前总理伊萨姆·沙拉夫指出，"一带一路"倡议架起了缩小发展差距、连接不同文化的桥梁，将深刻影响人类价值观，使共存共享、求同存异的思想发扬光大。

继往开来，锐意进取。在"一带一路"建设从谋篇布局的"大写意"跨入精耕细作的"工笔画"阶段，第二届"一带一路"国际合作高峰论坛必将是一次全球瞩目的盛事，必将是一次凝聚共识、推动合作的盛会，必将在各方共同努力下取得丰硕成果。

2019.03.12

共同绘制精谨细腻的"工笔画"

——瞩望第二届"一带一路"国际合作高峰论坛①

把"一带一路"建设成为和平之路、繁荣之路、开放之路、绿色之路、创新之路、文明之路，就是为人类共同的家园擘画美好未来

正是一年春好时，八方宾朋来相聚。在各方热切期盼下，第二届"一带一路"国际合作高峰论坛将于本月下旬在北京举行。这是今年中国最重要的主场外交，也是全球瞩目的国际盛会。至少近40位外方领导人、100多个国家和国际组织的数千名各界代表与会，围绕"共建'一带一路'、开创美好未来"主题，凝心聚力，这是推动"一带一路"建设从"大写意"迈向"工笔画"的重要里程碑。

人们将带着对首届"一带一路"国际合作高峰论坛的美好记忆而来。2017年5月，同样是在北京，首届"一带一路"国际合作高峰论坛以其开创性、高规格和丰富成果，为全球参与者所深深铭记。首届高峰论坛明确了"一带一路"的未来合作方向，规划了"一带一路"建设的具体路线图，确定了一批"一带一路"将实施的重点项目，描绘了共建"一带一路"的美好未来。"'一带一路'建设是伟大的事业，需要伟大的实践。"习近平主席在首届高峰论坛开幕式上发表的主旨演讲，鼓舞人心，催人奋进。

自首届高峰论坛以来，"一带一路"倡议更加深入人心。越来越多国家看到了"一带一路"建设合作共赢的成果，看到了"一带一路"建设与各国发展战略的高度契合，看到了"一带一路"建设为世界经济增长挖掘新动力、开辟新空间的积极成效。迄今已有120多个国家和近30个国际组织与中国签署共建"一带一路"合作文件，其中在最近两年签署的占到了半数。联合国秘书长古特雷斯在首届高峰论坛上表示，"一带一路"倡议具有巨大的潜力，能够惠及整个世界。如今，这样的愿景正日益成为现实。

自首届高峰论坛以来，"一带一路"建设不断向高质量发展迈进。首届高峰论坛达成的五大类、七十六大项、270多项成果，已基本全部落实，在政策沟通、设施联通、贸易畅通、资金融通、民心相通等各领域，为共建"一带一路"注入充足动能。中国在首届高峰论坛上宣布的向丝路基金增资、建设"一带一路"自由贸易网络、启动"一带一路"科技创新行动计划等支持共建"一带一路"举措，已落实到位或正在有条不紊推进。包括中国在内的28国共同制定《"一带一路"融资指导原则》，中国与联合国环境规划署建立"一带一路"绿色发展国际联盟，以及中国提出的能源合作愿景与行动、海上合作设想等方案，不断为"一带一路"合作夯基垒台。

在单边主义、保护主义抬头的国际形势下，在世界经济增长预期一再下调的国际背景下，国际社会对加强"一带一路"合作寄予更高期待。正如巴基斯坦伊斯兰堡冲突解决研究所所长沙赫·阿斯拉姆所期许："世界急需良策通过经济和文化相互连通实现可持续发展，让世界共享经济红利的'一带一路'倡议将成为这一进程的火炬手。"

把"一带一路"国际合作高峰论坛机制化，为更多的国家参与"一带一路"建设提供机遇和平台，这是首届论坛峰会上各方的共同愿望。规格更高、规模更大、活动更丰富的第二届高峰论坛，充分表明国际社会对"一带一路"的支持是主流，合作是主基调，机遇论是主旋律。"第二届'一带一路'国际合作高峰论坛将进一步拓宽和深化国际合作和伙伴关系。"柬埔寨《高棉时报》的社论表达出沿线国家的共同期待。

道虽辽远，无不到者。建设"一带一路"是世纪工程，各方要秉承丝路精神，在共商共建共享的原则基础上共同努力。把"一带一路"建设成为和平之路、繁荣之路、开放之路、绿色之路、创新之路、文明之路，就是为人类共同的家园擘画美好未来。

2019.04.18

让和平发展道路越走越宽

——瞩望第二届"一带一路"国际合作高峰论坛②

"'一带一路'建设承载着我们对和平安宁的期盼，将成为拉近国家间关系的纽带，让各国人民守望相助，各国互尊互信，共同打造和谐家园，建设和平世界。"两年前，习近平主席在首届"一带一路"国际合作高峰论坛上阐述对和平发展的深邃思考。将"一带一路"建成和平之路，成为各方的共同心声。如今，第二届"一带一路"国际合作高峰论坛即将如约而至，上百个国家的数千名代表将齐聚北京，共绘和平发展蓝图，共商和平合作大计。世界共同瞩目，这是让和平声音传播得更远、让和平发展道路越走越宽的重大契机。

和平，人类永恒的追求。历史和现实反复告诉我们，只有坚持和平发展、携手合作，才能真正实现共赢、多赢。古丝绸之路跨越不同国度、不同文明，之所以繁荣兴盛，是因为开拓者使用的不是战马和长矛，而是驼队和善意；依靠的不是坚船和利炮，而是宝船和友谊。跨越千年，和平合作始终是丝路精神的一个重要内涵。中国提出"一带一路"倡议、推进"一带一路"国际合作，传承的是和平合作的精神，为的是共同打造和谐发展的家园。

共建"一带一路"，有利于以合作促进和平。国际形势正发生深刻复杂变化，冷战思维、零和博弈、单边主义等抬头，传统安全威胁与非传统安全威胁交织。国际社会迫切需要应对安全挑战、维护和平与发展的合力。毫无疑问，合力可以在共同的建设事业中生发、壮大。共建"一带一路"，走对话而不对抗、结伴而不结盟、互学互鉴的国与国交往新路，通过发展战略对接促进利益融合，催生国与国之间关系的润滑剂，从而减少对抗与博弈风险。恰如巴基斯坦前总理阿齐兹所言："构建长期的互联互通和相互依存，才是持久和平的真正推动力。"

共建"一带一路"，有利于以发展实现和平。没有和平，发展就无从谈起；没有发展，和平也难以持续。发展不均衡、发展不充分的挑战依然广泛存在，成为滋生冲突、隔阂、混乱的深层原因。美国库恩基金会主席罗伯特·库恩指出："对世界的和平与繁荣来说，没有什么比在发展中国家，特别是在最不发达国家建设急需的基础设施更重要的事项了。"共建"一带一路"为需要的国家和地区带去道路、贸易和发展的机遇，有助于减小贫富差距、南北差距，减少贫穷和闭塞带来的不安定风险。圭亚那前总统唐纳德·拉莫塔尔感慨：如果我们认为全球大部分冲突和争议都源于贫穷和不公平，那么就应该把"一带一路"视为一个促进共同繁荣与世界和平的倡议。

共建"一带一路"，有利于以共商共建共享维护和平。在合作过程中，出现差异和分歧在所难免，关键是在相互尊重的基础上，按照共同确认的原则，妥善沟通和处理分歧。共建"一带一路"是开放的合作平台，不打地缘博弈小算盘，不搞封闭排他小圈子，不做凌驾于人的强买强卖。从本质上讲，共商共建共享的"一带一路"本身就是多边主义进程，是国际关系民主化的实践，能够通过构建全球伙伴关系，给受单边主义威胁的国际社会带来更多安全感。

同声相应，同气相求。第二届"一带一路"国际合作高峰论坛，继续担当和平合作的大任。各方真心实意在和平之路上携手共进，汇聚共识的力量，壮大行动的力量，共建"一带一路"，必定能够造福各国人民。

2019.04.19

开辟共同繁荣的光明前景

——瞩望第二届"一带一路"国际合作高峰论坛③

中国倡议所召唤的集体行动，已成为人类历史上从未有过的、众多国家携手致力于共同发展、共享繁荣的壮举

发展是解决一切问题的总钥匙。聚焦发展这个根本性问题，释放各国发展潜力，"一带一路"建设担起时代使命。国际社会成员日益认同"一带一路"倡议、踊跃参与其中，一个重要原因，就是人们从近6年来的丰硕成果中获得了发展动能，拓宽了繁荣之路。

回望历史，放眼全球，人类最本原的渴望便是安居乐业、发展繁荣。国际金融危机之后，世界经济发展的列车驶入前景不甚明朗的隧道，全球发展亟须新动能。如同美国国际问题专家威廉·琼斯所说，"一带一路"倡议"为世界提供了希望"，"一带一路"国际合作带动了共同发展的热潮——对接发展战略，多点开花，多线并进，朝着经济大融合、发展大联动、成果大共享的目标迈进。

互联互通是"一带一路"建设的最醒目标志。以"政策沟通、设施联通、贸易畅通、资金融通、民心相通"为五大抓手，"一带一路"建设促进企业、市场和社会参与区域、国家和全球间的资源优化配置，实现包容性增长。东非第一条现代电气化铁路亚吉铁路为埃塞俄比亚等国

打通货物出海通道，塞尔维亚泽蒙—博尔察大桥为两岸过去10年间从未被开发过的数千公顷土地注入发展活力，中欧班列令世界最大的内河港口——德国杜伊斯堡港找回往日的繁忙与辉煌……铁路、公路、桥梁、港口的建设和完善，正在打通世界经济发展经脉。

"一带一路"建设顺应了经济全球化的历史潮流，推动世界经济朝着开放、包容、普惠、平衡、共赢的方向发展。世界银行等国际机构最新研究表明，"一带一路"合作将使全球贸易成本降低1.1%—2.2%，推动中国—中亚—西亚经济走廊上的贸易成本降低10.2%，还将使2019年世界经济增幅至少提高0.1%。美国学者分析地球夜间灯光分布卫星图发现，灯光不仅集中在中国企业建设的项目所在地，还随着时间的推移扩散到整个区域，呈现向外辐射的趋势，这说明中国参与的发展项目不仅推动了当地经济增长，而且带动了周边地区整体发展。

"只要肯努力，就一定能实现梦想""以前连摩托车都买不起的村民现在都赚了钱、盖了新房，村子的面貌也焕然一新""马普托跨海大桥将把投资者带到这里，我们欢迎这样一座美丽的桥梁，它把我们同外面的世界连接起来"……书不尽、道不完，"一带一路"建设带给各国人民满满的参与感、获得感、幸福感。有目共睹，中国倡议所召唤的集体行动，已成为人类历史上从未有过的、众多国家携手致力于共同发展、共享繁荣的壮举。

第二届"一带一路"国际合作高峰论坛召开在即，承载着共创繁荣的新希望。人们相信，"一带一路"建设将由此倍添动力，世界经济将因此增添活力。各国携手开辟更广阔的共同发展的空间，就是共同繁荣的光明前景。

2019.04.20

开放带来进步和新生

——瞩望第二届"一带一路"国际合作高峰论坛④

"'一带一路'建设要以开放为导向，解决经济增长和平衡问题。"在首届"一带一路"国际合作高峰论坛上，习近平主席向世界郑重表明，"一带一路"是开放之路。两年后的今天，在保护主义抬头、经济全球化遭遇逆风的背景下，人们更能认识到，"一带一路"建设正以引领开放发展的历史潮流这一鲜明特色，推动经济全球化健康发展。

开放不仅是古丝绸之路传承千年的基因，也是"一带一路"建设的基本属性。古丝绸之路上的声声驼铃、点点帆影，汇聚起开放包容的丝路精神重要内涵。如今，"一带一路"成为一个充满时代精神的开放包容的合作平台。共商共建共享，无论是促进双边合作机制趋于完善，还是欢迎各国共同在第三方市场开展合作，抑或拓展多边合作，"一带一路"建设的开放之风已经吹遍世界。

促进互联互通的"一带一路"建设，为经济全球化潮流注入了新的时代内涵。政策沟通能够有效对冲孤立主义情绪，共同打造惠及全球的发展愿景；设施联通织起基础设施网络，成为贸易、投资、人员、技术等生产要素流动的必要条件；贸易畅通、资金融通在政策沟通、设施联通带来的人和与地利基础上开展，为世界经济发展注入源源不断的动力；民心相通搭建起交流互鉴的桥梁，进一步凝聚和平发展的共识。

"一带一路"建设书写当今时代经济全球化故事的精彩篇章。世界最大内陆国哈萨克斯坦在中国连云港找到出海口，中老铁路助力老挝从"陆锁国"转变为"陆联国"，东非第一条电气化铁路亚吉铁路为埃塞俄比亚打通出海通道，日本横滨货物搭乘中欧班列运往德国全程节约15天……正如英国社会学家马丁·阿尔布劳所言，"'一带一路'倡议就是符合经济全球化趋势的决策"。"一带一路"上，无论是个人、企业还是国家，都在成就着同世界开放联通的生动故事。

"一带一路"建设形成的是共同发展网络，让各参与方在"一带一路"平台上同步发展。观察参与共建"一带一路"的主体，观察共建"一带一路"的内容、过程和成果分享，越来越多人明确感受到，"一带一路"上的实践表明，这是对传统的"中心与外围论"的重要超越。有国外媒体赞叹，通过互联互通促进贸易和投资自由化便利化，"一带一路"建设成为"建立在一个物理基础设施一体化系统基础上的新全球化"。联合国贸易和发展会议秘书长穆希萨·基图伊指出，"一带一路"建设是"中国对经济全球化发展理念与方法的创新"。

以开放为导向应对发展面临的挑战，让开放带来进步和新生。中国向所有"一带一路"建设参与方表示，欢迎各国结合自身国情，积极发展开放型经济，参与全球治理和公共产品供给，携手构建广泛的利益共同体。瞩望第二届"一带一路"国际合作高峰论坛，人们听到了更加强劲的支持多边主义、建设开放型世界经济的共同声音。共建"一带一路"的开放之路，必将为各国共同发展繁荣带来更多机遇。

2019.04.21

携手打造绿色国际公共产品

——瞩望第二届"一带一路"国际合作高峰论坛⑤

携手打造绿色国际公共产品，在推动发展、改善民生的同时保护生态环境，是"一带一路"建设向高质量发展的应有之义

"中国致力于将绿色发展理念落实到'一带一路'建设实践的做法值得肯定""绿色发展已经成为'一带一路'建设的共识"……来自世界各地对第二届"一带一路"国际合作高峰论坛的寄语，表达着信心和期待。放眼"一带一路"建设的壮阔景象，人们愈加感到这是为构筑尊崇自然、绿色发展的生态体系而进行的卓有成效的努力，为共建清洁美丽的世界注入了强大动力。

作为目前规模最大的国际合作平台，"一带一路"建设始终兼顾生态保护与经济发展，体现出绿色发展的先进理念。早在2016年6月，习近平主席就提出，要着力深化环保合作，践行绿色发展理念，加大生态环境保护力度，携手打造绿色丝绸之路；在2017年举办的首届"一带一路"国际合作高峰论坛上，习近平主席再次强调，要践行绿色发展的新理念，倡导绿色、低碳、循环、可持续的生产生活方式，加强生态环保合作，建设生态文明，共同实现2030年可持续发展目标，并提出设立生态环保大数据服务平台，倡议建立"一带一路"绿色发

展国际联盟。

"一带一路",彰显可持续发展的初心和坚守。环境问题归根到底是发展理念的问题。世界上许多国家现代化过程中都走过"先污染后治理"的老路,但这条路的环境代价过大。中国高度重视生态文明建设,并在总结国内外发展经验的基础上,努力破解经济发展与环境保护之间的矛盾。联合国环境规划署前执行主任施泰纳曾评价,中国的生态文明建设是对可持续发展理念的有益探索和具体实践,为其他国家提供了有益借鉴。人们公认,中国积极推动共建绿色"一带一路",让各国共享绿色发展机遇,这是真正的担当。

良好的生态环境是最公平的公共产品,是最普惠的民生福祉。携手打造绿色国际公共产品,在推动发展、改善民生的同时保护生态环境,是"一带一路"建设向高质量发展的应有之义。"火车驶过一群正在水坑边纳凉的大象,附近还有一些长颈鹿伸着脖子吃树梢的叶子。"外国记者描述的蒙内铁路沿线的和谐景象,正是得益于中国公司修建了大型动物通道,长颈鹿穿过铁路桥也不需要弯腰。老挝南欧江水电站工程为周边居民提供树苗、组织植树并普及绿植养护知识,库区因此成为观光景点;在巴基斯坦旁遮普太阳能电站,光伏板下可以长草种瓜。一个个生动故事,满满承载着共建绿色"一带一路"的积极成果。

精心呵护绿色"一带一路",成为各参与方的广泛共识。中国与联合国环境规划署共同启动组建"一带一路"绿色发展国际联盟,已有100多家机构确定成为合作伙伴。中国与联合国合作建立"一带一路"防治荒漠化合作机制,同英国相关机构携手发布《"一带一路"绿色投资原则》,与美国保尔森基金会合作开展长江流域借鉴国际经验推进环境保护项目……在各方共同参与下,本着公开、透明原则,绿色"一带一路"建设如火如荼。

第二届"一带一路"国际合作高峰论坛首次举行以绿色为主题的平

行分论坛，寄托着共建绿色"一带一路"的共同梦想。人们确信，将"一带一路"建成绿色之路的信念和行动，必将不断为建设清洁美丽的世界作出新贡献。

2019.04.22

播撒科技创新的种子

——瞩望第二届"一带一路"国际合作高峰论坛⑥

变革创新是推动人类社会向前发展的根本动力。2017年5月14日，习近平主席在"一带一路"国际合作高峰论坛开幕式上发表主旨演讲时提出要将"一带一路"建成创新之路，并倡议启动"一带一路"科技创新行动计划，开展科技人文交流、共建联合实验室、科技园区合作、技术转移4项行动。共建"一带一路"这一创新性国际合作平台，日益成为各参与方共享创新机遇和创新成果的捷径。

从巴基斯坦的交通运输、港口管理，到印度尼西亚的土地规划、海岸线测绘，再到中俄的农业自动化，北斗卫星为"一带一路"建设等中外合作"导航"；在安哥拉，中国的大数据和人工智能技术与应用服务商为政府建起国家级的人口库大数据平台，彻底结束了当地用纸笔记录人口信息的时代；在肯尼亚的中非联合研究中心，中非科学家利用当地人常用的磨牙棒开发出牙膏……随着中国成为具有全球影响力的科技大国，中国稳步推进对外科技创新合作，"一带一路"日益迸发出创新活力。

中国已组织了500多名共建"一带一路"国家的青年科学家来华开展短期科研，发展中国家技术培训班招收共建"一带一路"国家学员超过1200人次；由中国科学院发起的"数字丝路"国际科学计划已在摩洛哥、赞比亚、泰国、巴基斯坦等国设立8个国际卓越中心。此外，中国在东盟、南亚、阿拉伯国家、中亚、中东欧构建了5个技术转移平台，在非洲启动并推进建设了一批联合科研平台，积极布局技术转移合作网络……中国与沿线国家和地区积极拓宽科技创新互联互通的渠道和方式，为"一带一路"建设播撒科技创新的种子。联合国贸易和发展会议秘书长穆希萨·基图伊指出，"一带一路"建设为沿线国家和地区融入全球价值链、实现区域融合发展、促进科技和人才交流作出卓越贡献。联合国教科文组织前总干事博科娃认为，"一带一路"建设的发展，将有助于联合国2030年可持续发展议程的实现，有助于释放民众个人的创新潜能。

惟创新者进，惟创新者强，惟创新者胜。"一带一路"建设本身就是一个创举，搞好"一带一路"建设也在向创新要动力。纵观人类发展历史，科技创新始终是推动一个国家、一个民族向前发展的重要力量，也是推动整个人类社会向前发展的重要力量。放眼全球，世界经济面临的一个现实问题是增长动力不足，必须在创新中寻找出路。"一带一路"框架内的科技创新合作，不仅能够促进国际间科技创新资源的互补共享，更好地整合优化全球科技资源和要素，形成强大的创新源，而且可以充分利用各国的比较优势，降低科技创新的成本和风险，提高创新整体效率和水平。

创新正在为"一带一路"建设打开广阔空间，创造无限可能，将让"一带一路"建设成为引领国际科技创新合作、推动世界经济共同繁荣的中坚力量。第二届"一带一路"国际合作高峰论坛首次举行以创新为主题的平行分论坛，聚焦创新合作，释放科技魅力，无疑将有效推动"一带一路"建设向高质量发展的目标迈进。

2019.04.24

文明之光照耀人类命运共同体的未来

——瞩望第二届"一带一路"国际合作高峰论坛⑦

将"一带一路"建成文明之路,这是智慧与心愿的集成,更是抉择与行动的指南

"'一带一路'建设要以文明交流超越文明隔阂、文明互鉴超越文明冲突、文明共存超越文明优越,推动各国相互理解、相互尊重、相互信任。"两年前,习近平主席在首届"一带一路"国际合作高峰论坛上提出将"一带一路"建成文明之路,为当今世界开启一片开阔的文明视野。今天,人们迎来第二届"一带一路"国际合作高峰论坛,期待文明互鉴的乐章更加响亮,让人类文明的大花园随着"一带一路"建设的持续深耕而愈发繁茂。

追溯历史脚步,可见人类文明发展蕴含的深邃哲理。2000多年前,中国开辟出横贯东西、连接欧亚的丝绸之路,开启了人类文明史上的大交流时代,留下弥足珍贵的人类文明共同记忆。古镜今鉴,人们从"一带一路"建设的伟大进程中获得更多启迪。"伴随'一带一路'倡议在世界许多国家和地区深入人心,跨越大洲的文明交往史将被再次激活。"如同法国学者所言,"一带一路"正架设起新时代的"文明之路",引领人类文明迈向更加绚烂多彩的未来。

"一带一路",孕育着百花齐放、兼收并蓄的人文交流的生动局面。中国国家博物馆内,以"殊方共享"为主题的外国文物展吸引观众无数,尽显美美与共的多元文明画卷;"去中国留学是我的第一选择",俄罗斯姑娘尤里耶夫娜的话,道出了"一带一路"沿线国家众多年轻人的心声;"朋友你看,老地方架起了新桥梁,亲眼见证这奇迹,心情多舒畅",肯尼亚人民传唱的《蒙内铁路之歌》,是对中国朋友发自内心的感念;中国文物专家长年在柬埔寨保护、修复吴哥古迹,让精美绝伦的历史建筑瑰宝重现于世;多个中亚国家联合推出"丝路签证",为欢迎中国游客敞开大门……民心相通、文化相知,成为"一带一路"沿线各国人民之间紧密的情感纽带。

"一带一路",呈现着海纳百川、包容互鉴的文明荟萃的绚丽图景。当今世界,有些人依然顽固秉持陈旧迂腐的"文明优越论",抱着征服型文明心态不放,而中国在"一带一路"建设中积极倡导"多彩、平等、包容"的文明观,呼吁传承和平合作、开放包容、互学互鉴、互利共赢的丝路精神,让文明交流互鉴成为增进各国人民友谊的桥梁、推动人类社会进步的动力、维护世界和平的纽带。世界公认,中国发挥了负责任大国作用,担当起时代使命。"当古丝绸之路沿线的阿富汗巴米扬大佛被炸毁,叙利亚古城巴尔米拉被破坏,亚欧多国被极端主义蹂躏的时候,我们认识到,塑造多元包容的世界是多么重要。"在联合国教科文组织前总干事博科娃眼中,中国正在通过"一带一路"倡议"发挥关键作用"。还有外国学者赞叹,增进文明的对话与理解,已成为"一带一路"建设对世界和未来最重要的意义。

"一带一路",联通着美美与共、和合共生的人类共同的美好明天。首届高峰论坛以来,20大项旨在深化民心相通的成果加速落实,不断夯实"一带一路"建设的人文根基。设立"一带一路"专项奖学金,实施科技人文交流、共建联合实验室,建立音乐教育联盟、"一带一路"新闻合作联盟，加强国际反腐合作、携手开辟廉洁之路……"文明因交流而多彩，文明因互鉴而丰富"的道理，在"一带一路"建设的大进程中得到最好的论证，激发起愈加广泛的共识。展望第二届"一带一路"国际合作高峰论坛，以"共促民心相通，共话民生合作，共创美好生活"为主题的平行分论坛，又为来自150多个国家和90多个国际组织的贵宾搭建起交流互鉴的平台，令人期待。

将"一带一路"建成文明之路，这是智慧与心愿的集成，更是抉择与行动的指南。"一带一路"的延伸，就是多样文明和谐共兴的纵横延伸；"一带一路"的前景，就是文明之光照耀的人类命运共同体的光明前景。

2019.04.25

以更高水平对外开放同世界更加良性互动

中国更高水平开放的道路将更加宽广，中国同世界更加良性互动的局面将更加欣欣向荣，这是值得世界各国欢迎和期待的美好未来

"我们坚信，一个更加开放的中国，将同世界形成更加良性的互动，带来更加进步和繁荣的中国和世界。"4月26日，习近平主席在第二届"一带一路"国际合作高峰论坛开幕式上发表主旨演讲，国际社会共同倾听铿锵有力的开放之音。

作为"一带一路"建设这一承载着开放合作信念的伟大事业的首倡者、推动者，中国持续根据自身改革发展客观需要自主作出扩大开放的选择。中国的每一次宣示、每一项行动，无不展现计天下之利、兼善天下的志气和胸怀。这就是中国"朋友圈"不断扩大的原因，这也是"一带一路"建设焕发益然生机的原因。

发展是解决一切问题的总钥匙，开放是推动发展的能量棒。40多年来，中国稳扎稳打一步步采取改革开放举措，在"赶上时代"的进程中同世界紧密联系起来。实践出真知。越是主动融入经济全球化大潮，越有能力推动经济全球化朝着更加开放、包容、普惠、平衡、共赢的方向发展，越有机会深化合作、共创繁荣。当前，中国决心加强制度性、结构性安排，促进更高水平对外开放，展现出审时度势、驾驭时代潮流的

勇气和能力。

"世界好，中国才能好；中国好，世界才更好！"中国用实实在在的行动、确凿无疑的事实向世界解读这个道理。"更广领域扩大外资市场准入"，中国推动现代服务业、制造业、农业全方位对外开放，让公平竞争带来更高效率、更多繁荣。"更大力度加强知识产权保护国际合作"，中国追求高质量发展，着力营造尊重知识价值的营商环境。"更大规模增加商品和服务进口"，中国欢迎来自世界各国的高质量产品进入中国大市场，满足人民日益增长的物质文化生活需要。"更加有效实施国际宏观经济政策协调"，中国诚心诚意为促进世界经济强劲、可持续、平衡、包容增长作出更多贡献。"更加重视对外开放政策贯彻落实"，中国坚守"一诺千金"的传统价值，言出必信，行之必果。

历史发展有其客观规律和基本逻辑，只有把握住历史发展大势，抓住历史变革时机，奋发进取，方能让共同发展的空间天高地阔。中国履行着同各国达成的多边和双边经贸协议，建立起有约束的国际协议履约执行机制，按照扩大开放的需要完善着市场化、法治化、便利化的营商环境……这是当今中国同世界日益深度互动的样貌，彰显中国凭借实力和自信走向未来的从容和稳健。国际观察家纷纷赞叹，随着"一带一路"建设而构建全球互联互通伙伴关系，正在成为当今时代经济全球化的新内涵。

"天行健，君子以自强不息；地势坤，君子以厚德载物。"随着改革开放伟大进程继续向前推进，中国更高水平开放的道路将更加宽广，中国同世界更加良性互动的局面将更加欣欣向荣。这是值得世界各国欢迎和期待的美好未来。

2019.04.27

走深走实　行稳致远

以第二届"一带一路"国际合作高峰论坛的成功举行为新起点，携手共建"一带一路"势将为各国人民创造更多福祉，为构建人类命运共同体作出更大贡献

4月25日至27日，第二届"一带一路"国际合作高峰论坛在京成功举行。与会各国领导人和国际组织负责人围绕"共建'一带一路'、开创美好未来"的主题深入讨论，完善了合作理念，明确了合作重点，强化了合作机制，擘画了高质量共建"一带一路"的新蓝图。

时空流转，雁栖湖畔见证"一带一路"的朋友圈日益扩大。2017年5月，首届"一带一路"国际合作高峰论坛圆桌峰会在此举行，习近平主席同29国领导人及联合国、世界银行、国际货币基金组织三大国际机构负责人环桌而坐，共商推进国际合作、实现共赢发展大计。两年后的春天，第二届圆桌峰会如约而至，40个国家和国际组织的领导人与会，达成6000余字的联合公报、发布逾9000字的成果清单。在本届论坛筹备进程中和举办期间，各方达成了283项务实成果，论坛期间举行的企业家大会签署了总额640多亿美元的项目合作协议……一组组亮眼的数据充分说明，共建"一带一路"是一项应潮流、得民心、惠民生、利天下的宏伟工程。

初心不改，雁栖湖畔见证"一带一路"合作再启新征程。两年前，习近平主席呼吁，以雁栖湖为新的起点，张开双翼，一起飞向辽阔的蓝天，飞向和平、发展、合作、共赢的远方。而今，一起思考如何让共建"一带一路"走深走实，更好造福各国人民。习近平主席提出三点"期待"：期待同各方一道，完善合作理念，着力高质量共建"一带一路"；期待同各方一道，明确合作重点，着力加强全方位互联互通；期待同各方一道，强化合作机制，着力构建互联互通伙伴关系。三点期待，昭示美好未来。让"一带一路"腾飞的双翼更加强劲有力，助力各方合作行稳致远，为世界经济增长注入新动力，为全球发展开辟新空间。

第二届"一带一路"国际合作高峰论坛的成功举办，彰显了中国以绘制"工笔画"的精神领航"一带一路"建设乘势而上、顺势而为的责任担当。习近平主席宣布中国将在更广领域扩大外资市场准入、更大力度加强知识产权保护国际合作、更大规模增加商品和服务进口、更加有效实施国际宏观经济政策协调、更加重视对外开放政策贯彻落实五项举措。习近平主席强调的共商共建共享原则，开放、绿色、廉洁理念，努力实现高标准、惠民生、可持续目标等重要倡议写入联合公报、成为国际共识。有口皆碑，中国为"一带一路"建设提供了具有统筹性和长远性的思想指引，付出了持之以恒、久久为功的实干行动。

第二届"一带一路"国际合作高峰论坛的成功举办，展现了站在世界百年未有之大变局的当口，中国弘扬伙伴精神、致力于同各方合作共赢的积极作为。在全球范围内单边主义、保护主义抬头，多边主义遭遇挑战，发展不均衡的问题仍然十分突出的背景下，推动共建"一带一路"顺应经济全球化的历史潮流，顺应全球治理体系变革的时代要求，顺应各国人民过上更好日子的强烈愿望。联合公报中，各方重申加强多边主义对应对全球挑战至关重要、支持开放型经济以及包容和非歧视的全球市场、决心促进贸易投资自由化和便利化……一系列共识向世界传递了追求合作共赢、促进共同繁荣的明确信号。

"面对当今世界的各种挑战，我们应该从丝绸之路的历史中汲取智慧，从当今时代的合作共赢中发掘力量，发展全球伙伴关系，开创共同发展的光明未来。"以第二届"一带一路"国际合作高峰论坛的成功举行为新起点，携手共建"一带一路"势将为各国人民创造更多福祉，为构建人类命运共同体作出更大贡献。

2019.04.29

和音

共同把这条造福世界的

幸福之路铺得更宽更远

健康丝绸之路为生命护航

从打造健康丝绸之路，到打造人类卫生健康共同体，中国愿同全球伙伴携起手来，推动完善全球公共卫生治理，提升卫生健康水平

近日，习近平主席应邀同意大利总理孔特通电话时指出，"中方愿同意方一道，为抗击疫情国际合作、打造健康丝绸之路作出贡献"。在全球抗击新冠肺炎疫情的关键时期，习近平主席强调打造健康丝绸之路，对于强化全球战"疫"信心，加强协调与合作具有重要引领作用。

面对新冠肺炎疫情在全球范围内蔓延，中意两国以实际行动诠释了打造健康丝绸之路的题中之义。在中国疫情最严重之时，意大利政府向中方捐赠防护物资，意大利总统府举办特别音乐会，并通过国家电视台现场直播，向中国人民传达意大利人民对中国抗疫努力的支持和友好情谊；当前意大利疫情严重，中国政府和多个地方政府都向意大利提供了医疗物资援助，第三批医疗专家组即将派出。此外，中国丝路基金决定向意大利民事保护局和伦巴第大区政府捐赠2万只N95口罩、2万人份检测试剂，第一批物资已经运抵。正如意大利前总理、欧盟委员会前主席普罗迪所言："你们的捐赠发出了团结和友谊的信号，我们不能忘记。我期待大家更加明白在这个世界上我们命运与共。"

携手打造健康丝绸之路，为共建"一带一路"开辟了新的合作空间。

2017年，习近平主席在日内瓦访问世界卫生组织时提出，中国欢迎世界卫生组织积极参与"一带一路"建设，共建健康丝绸之路。时任世界卫生组织总干事陈冯富珍回应称，世界卫生组织赞赏中国在全球卫生安全和卫生治理领域的领导能力，愿加强同中方在"一带一路"框架下合作。中国同世卫组织签署《中华人民共和国政府和世界卫生组织关于"一带一路"卫生领域合作的谅解备忘录》，促进与"一带一路"沿线国家等重点合作伙伴开展合作，携手打造健康丝绸之路。意大利是七国集团中首个与中国签署"一带一路"谅解备忘录的国家，中意共建"一带一路"原本就有良好合作基础。中意在抗击新冠肺炎疫情的战斗中团结合作，书写了共建健康丝绸之路的感人一页。

携手打造健康丝绸之路，也为完善全球公共卫生治理提供了新思路。抗击新冠肺炎疫情的实践再次表明，筑墙于事无补，独善其身是不可能的，各国惟有团结协作，着眼长远，提升全球公共卫生治理水平，才可能在与病毒的战斗中赢得先机。中方从疫情一开始就高度重视国际卫生合作，本着公开、透明、负责任态度，及时向各方通报疫情信息，与世卫组织和有关国家密切合作。中国支持联合国、世卫组织动员国际社会加强政策协调，加大资源投入，特别是帮助公共卫生体系薄弱的发展中国家做好防范和应对准备，并向世卫组织捐款2000万美元，帮助发展中国家提升应对疫情的能力，加强公共卫生体系建设。与此同时，中国已经宣布向82个国家和世卫组织、非盟提供援助，多批援助物资已经送达受援方，充分展现了中国人民与世界各国人民加强抗击疫情国际合作、共同打造人类命运共同体的大国担当。

新冠肺炎疫情带给世界的影响是深刻的，人类不仅需要应对一时挑战，而且需要切实着眼、布局人类卫生健康事业的长远。"中方愿同法方共同推进疫情防控国际合作，支持联合国及世界卫生组织在完善全球公共卫生治理中发挥核心作用，打造人类卫生健康共同体。"习近平主席近日向法国总统马克龙致慰问电时首次提出"打造人类卫生健康共同体"，这是关乎全人类未来的重要倡议。

从打造健康丝绸之路，到打造人类卫生健康共同体，中国愿同全球伙伴携起手来，推动完善全球公共卫生治理，提升卫生健康水平。当此之时，疫情蔓延，警钟在耳，各国必须作出正确抉择，团结再团结，行动再行动，共商共建共享，为生命护航。

2020.03.24

促进互联互通　坚持开放包容

促进互联互通、坚持开放包容，是应对全球性危机和实现长远发展的必由之路。疫情没有逆转"一带一路"合作的势头，反而凸显了"一带一路"合作所具有的强大韧性和旺盛活力

"我们愿同合作伙伴一道，把'一带一路'打造成团结应对挑战的合作之路、维护人民健康安全的健康之路、促进经济社会恢复的复苏之路、释放发展潜力的增长之路。"习近平主席近日向"一带一路"国际合作高级别视频会议发表书面致辞，表达与合作伙伴高质量共建"一带一路"的坚定信心，增强了各国合作战胜新冠肺炎疫情的信心。

疫情促使各国思考应对全球性危机、实现长远发展的有效对策。各国命运紧密相连，人类是同舟共济的命运共同体。无论是应对疫情，还是恢复经济，都要走团结合作之路，都应坚持多边主义。促进互联互通、坚持开放包容，是应对全球性危机和实现长远发展的必由之路。"一带一路"倡议提出近7年来，签署的政府间合作文件总数达200份，共同开展2000多个项目，解决了成千上万人的就业。"一带一路"合作大家庭持续扩大，经贸合作水平持续提高，互联互通持续加强，民意基础日益牢固，可以为全球抗疫注入正能量，为世界经济复苏发展带来信心。

疫情没有逆转"一带一路"合作的势头，反而凸显了"一带一路"

合作所具有的强大韧性和旺盛活力。面对疫情,"一带一路"合作伙伴守望相助,向中国提供了宝贵帮助。中国也已经向122个"一带一路"合作伙伴提供抗疫援助,向25个国家派出医疗队,毫无保留同各国全面分享防控和诊疗经验。今年前5个月,中欧班列开行数量和发送货物量同比分别增长28%和32%,累计运送防疫物资达12524吨,成为欧亚大陆之间名副其实的"生命通道"和"命运纽带",既为全球抗疫贡献了宝贵力量,也极大缓解了疫情对全球产业链、供应链的冲击。正如埃及前总理伊萨姆·沙拉夫所指出,世界正面临前所未有的挑战,必须通过全球合作机制协同努力,"一带一路"倡议可以发挥这个作用。

疫情拖累全球发展步伐,必须以更大的合作力度促进共同发展,才能更好地增进各国人民福祉。"一带一路"是全球最大的国际合作平台,将之打造成促进经济社会恢复的复苏之路,符合各国人民切身利益。今年前5个月,"一带一路"沿线国家实际投入外资金额同比增长6%;中国对"一带一路"沿线国家和地区非金融类直接投资逆势增长16%。中老铁路、匈塞铁路等项目稳步推进,大批暂时停工的项目及时复工复产,中国还建立了运输、清关和与"一带一路"沿线国家经贸人员往来的"绿色通道"。逆势前行的"一带一路"合作体现了各国共同发展的坚定决心。

共建"一带一路"的前景来自于不断开辟新的合作领域。早在2016年6月,习近平主席就提出携手打造健康丝绸之路。新冠肺炎疫情发生后,公共卫生领域的合作需求大幅上升。推进"一带一路"卫生合作,共建健康丝绸之路,将进一步丰富高质量共建"一带一路"的内涵。此外,推动绿色丝绸之路、数字丝绸之路建设,将为各国经济发展创造更多新增长点,为全球经济复苏提供更多动力源。世界卫生组织总干事谭德塞表示,共建"一带一路"有利于加速实现全民健康覆盖和可持续发展目标,中国对健康丝绸之路和数字丝绸之路的倡导,表明了创新合作形式应对共同面临的挑战是何等重要。

　　疫情改变不了经济全球化发展的大势，阻挡不了开放合作的脚步。"一带一路"国际合作高级别视频会议达成广泛共识，充分表明各方都寄望于将"一带一路"打造成合作之路、健康之路、复苏之路、增长之路的愿景。秉持共商共建共享原则，持续加强战略对接、高质量共建"一带一路"，一定能够助力各国应对全球性危机、实现长远发展，为构建人类命运共同体作出新的贡献。

2020.06.23

开辟大家携手前进的阳光大道

共建"一带一路"征程上坚实有力的足音，正是各国合作共赢的强音，承载着共同发展繁荣、共创美好未来的希望

"共建'一带一路'追求的是发展，崇尚的是共赢，传递的是希望。"4月20日，习近平主席在博鳌亚洲论坛2021年年会开幕式上以视频方式发表主旨演讲，为高质量共建"一带一路"指明方向，擘画出沿线各国建设更紧密的卫生合作伙伴关系、互联互通伙伴关系、绿色发展伙伴关系、开放包容伙伴关系的美好前景。

建设更紧密的卫生合作伙伴关系，有利于护佑各国人民生命安全和身体健康。面对新冠肺炎疫情，携手打造健康丝绸之路，符合各国人民利益。国际人士在本届论坛年会上呼吁动员一切可以动员的力量，为人类健康和可持续发展制定综合规划。携手打造健康丝绸之路的行动，正是响应各国人民的呼声，为共同抵制"疫苗民族主义"、彻底战胜疫情、构建人类卫生健康共同体作出实质性贡献。

建设更紧密的互联互通伙伴关系，有利于开辟区域经贸融合发展的光明前景。博鳌亚洲论坛发布的《亚洲经济前景及一体化进程》报告指出，面临百年未有之大变局叠加全球疫情的新形势，"一带一路"相关国家加强了政策沟通和规则对接，使得"一带一路"合作朝着制度化方向发展。各国通过加

强基础设施"硬联通"以及规则标准"软联通"，畅通贸易和投资合作渠道，打造更多经贸合作新引擎，将为后疫情时代各国经济复苏提供坚实保障。

建设更紧密的绿色发展伙伴关系，有利于共谋全球生态文明建设。中国一贯强调，把绿色作为底色，推动绿色基础设施建设、绿色投资、绿色金融，保护好我们赖以生存的共同家园。近年来，中国与联合国环境规划署签署关于建设绿色"一带一路"的谅解备忘录，成立"一带一路"绿色发展国际联盟，启动"一带一路"绿色供应链平台，发布"一带一路"绿色投资原则……中国推动共建绿色"一带一路"的行动，为全球实现低碳转型和绿色复苏注入了重要动力。

建设更紧密的开放包容伙伴关系，有利于推动全球长远可持续发展。联合国日前发布的报告显示，新冠肺炎疫情预计将使全球损失1.14亿个工作岗位，约1.2亿人陷入极端贫困。"一带一路"建设给沿线国家人民带来的是稀缺的抗疫物资，是有保障的工作，是更有希望的明天。中国提出把"一带一路"建成"减贫之路""增长之路"，为人类走向共同繁荣作出积极贡献，彰显道义力量和大国担当。

令人印象深刻的是，在博鳌亚洲论坛2018年年会开幕式上，习近平主席明确指出，共建"一带一路"倡议源于中国，但机会和成果属于世界，中国不打地缘博弈小算盘，不搞封闭排他小圈子，不做凌驾于人的强买强卖；在今年的年会开幕式上，习近平主席强调，"一带一路"是大家携手前进的阳光大道，不是某一方的私家小路。所有感兴趣的国家都可以加入进来，共同参与、共同合作、共同受益。

高质量共建"一带一路"，践行共商共建共享原则，弘扬开放、绿色、廉洁理念，努力实现高标准、惠民生、可持续目标……共建"一带一路"征程上坚实有力的足音，正是各国合作共赢的强音，承载着共同发展繁荣、共创美好未来的希望。

2021.04.22

建设更紧密的绿色发展伙伴关系

放眼世界，可持续发展是各方的最大利益契合点和最佳合作切入点，共建绿色"一带一路"的丰硕成果就是明证

新冠肺炎疫情严重冲击世界经济，各国迫切期盼迎来"绿色复苏"，步入可持续发展轨道。"人类需要一场自我革命，加快形成绿色发展方式和生活方式，建设生态文明和美丽地球"，习近平主席阐释的主张，已经成为国际共识。全球生态文明建设，需要知行合一的行动派。中国在行动，参加共建"一带一路"的国家在行动。

共建绿色"一带一路"，是中国着眼长远提出的重要倡议。2016年6月，习近平主席提出携手打造绿色丝绸之路的倡议。2019年4月26日，习近平主席在第二届"一带一路"国际合作高峰论坛开幕式上强调，"把绿色作为底色，推动绿色基础设施建设、绿色投资、绿色金融，保护好我们赖以生存的共同家园"。近日，在博鳌亚洲论坛2021年年会开幕式上，在领导人气候峰会上，习近平主席进一步倡导携手推动绿色发展——"建设更紧密的绿色发展伙伴关系""让绿色切实成为共建'一带一路'的底色""将生态文明领域合作作为共建'一带一路'重点内容"……中国推动共建绿色"一带一路"的真诚努力，得到国际社会高度评价。

倡导共建绿色"一带一路",映射出致力于共建清洁美丽世界的天下情怀。中华文明历来崇尚天人合一、道法自然,追求人与自然和谐共生。中国将生态文明理念和生态文明建设写入宪法,坚持走生态优先、绿色低碳的发展道路。中国主动践行大国责任,深度参与全球生态环境治理,成为全球生态文明建设的重要参与者、贡献者、引领者。

放眼世界,可持续发展是各方的最大利益契合点和最佳合作切入点,共建绿色"一带一路"的丰硕成果就是明证。中方发起了系列绿色行动倡议,采取绿色基建、绿色能源、绿色交通、绿色金融等一系列举措,各国人民积极响应。柬埔寨额勒赛水电站把河水奔腾的能量转化为源源不断的绿色动力,哈萨克斯坦扎纳塔斯风电项目预计每年可发电3.5亿千瓦时、节约标煤10.95万吨,埃塞俄比亚索马里州光伏电站让2000多户家庭、近6000人用上了"清洁电"……携手行进在共建"一带一路"的征程上,各国大力推进经济社会发展绿色转型、积极开辟可持续发展前景,各国人民的获得感、幸福感和安全感与日俱增。

共建绿色"一带一路"征程上的雄心和行动,正在不断汇聚为建设全球生态文明的重要力量。"一带一路"绿色发展国际联盟覆盖40多个国家的150余家中外方伙伴,"一带一路"生态环保大数据服务平台纳入100多个国家的生物多样性相关数据,120多个国家的环境官员、研究学者和技术人员2000余人次参加了绿色丝路使者计划……这些平台机制获得国际社会越来越多的支持,通过丰富的信息共享、扎实的互动交流,力促绿色发展合作,进一步彰显"一带一路"合作的强大生命力、创造力和感召力。

建设更紧密的绿色发展伙伴关系,这是高质量共建"一带一路"的应有之义,也是共同构建人与自然生命共同体的应有之义。各方携起手来，共谋人与自然和谐共生之道，践行创新、协调、绿色、开放、共享的新发展理念，定能为推动疫情后世界经济"绿色复苏"、助力全球生态文明建设作出重要贡献。

2021.04.26

建设更加紧密的"一带一路"伙伴关系

中国愿同各方携手努力，共同建设更加紧密的"一带一路"伙伴关系，共同打造携手前进的阳光大道，为促进世界经济可持续复苏、加强和完善全球治理作出更大贡献

6月23日，国家主席习近平向"一带一路"亚太区域国际合作高级别会议发表书面致辞，强调中国进入新发展阶段、贯彻新发展理念、构建新发展格局，为"一带一路"合作伙伴提供了更多市场机遇、投资机遇、增长机遇，表达了中方愿同各方一道，建设更加紧密的"一带一路"伙伴关系，坚持走团结合作、互联互通、共同发展之路，共同推动构建人类命运共同体的坚定决心。

共建"一带一路"追求的是发展，崇尚的是共赢，传递的是希望。2013年，习近平主席提出共建"一带一路"倡议，旨在传承丝绸之路精神，携手打造开放合作平台，为各国合作发展提供新动力。8年来，"一带一路"的朋友圈不断扩大，140个国家和32个国际组织加入"一带一路"大家庭；"一带一路"从理念变为实践，从蓝图变为现实，为世界各国带来巨大机遇和红利。世界银行报告认为，"一带一路"倡议全面实施将使全球贸易额和全球收入分别增长6.2%和2.9%。事实表明，"一带一路"已成为当今世界范围最广、规模最大的国际合作平台。

面对突如其来的新冠肺炎疫情，中国同各方守望相助，共克时艰，加强健康丝绸之路、绿色丝绸之路、数字丝绸之路建设，推动共建"一带一路"继续前行，向国际社会传递了信心和力量，为全球抗疫合作和经济复苏作出了重要贡献。中国与各方举行100多场疫情防控经验交流会，向世界提供大量医疗防护物资，向90多个国家提供超过4亿剂疫苗和原液。据统计，2020年，中国与"一带一路"沿线国家货物贸易额达1.35万亿美元，创历史新高。博鳌亚洲论坛2021年年会发布的年度报告指出，面对疫情考验，"一带一路"建设相关项目持续推进，合作成果亮点颇多，贸易和投资逆势增长，成为疫情阴霾中的一抹亮色。

今年4月，习近平主席在博鳌亚洲论坛2021年年会开幕式上发表视频主旨演讲，提出建设更紧密的卫生合作伙伴关系、更紧密的互联互通伙伴关系、更紧密的绿色发展伙伴关系、更紧密的开放包容伙伴关系，为新形势下继续高质量共建"一带一路"指明了方向。亚太国家是"一带一路"国际合作的先行者、贡献者、示范者。"一带一路"亚太区域国际合作高级别会议期间，与会29国共同发起"一带一路"疫苗合作伙伴关系倡议和"一带一路"绿色发展伙伴关系倡议，正是中国与各方建设更加紧密的"一带一路"伙伴关系的具体举措，将有力支持全球抗疫合作，有力促进后疫情时代低碳、有韧性和包容性经济增长。

今年是中国共产党成立100周年。在中国共产党领导下，中国即将全面建成小康社会，并乘势而上开启全面建设社会主义现代化国家新征程。新的历史起点上，高质量共建"一带一路"面临新的历史机遇。中国愿同各方携手努力，共同建设更加紧密的"一带一路"伙伴关系，共同打造携手前进的阳光大道，为促进世界经济可持续复苏、加强和完善全球治理作出更大贡献。

2021.06.25

通向共同繁荣的机遇之路

紧紧抓住发展这个最大公约数，共建"一带一路"造福沿线各国人民，成为全球开放合作、促进共同发展繁荣的中国方案

"通过共建'一带一路'，提高了国内各区域开放水平，拓展了对外开放领域，推动了制度型开放，构建了广泛的朋友圈，探索了促进共同发展的新路子，实现了同共建国家互利共赢。"11月19日，习近平总书记在北京出席第三次"一带一路"建设座谈会并发表重要讲话，系统总结共建"一带一路"取得的重要成就和经验启示，科学分析共建"一带一路"面临的新形势，对继续推动共建"一带一路"高质量发展提出明确要求，展现新时代中国通过共建"一带一路"继续扩大高水平开放、同世界分享发展机遇、推动构建人类命运共同体的坚定决心和大国担当。

凡益之道，与时偕行。2013年秋天，顺应和平、发展、合作、共赢的时代潮流，习近平主席提出共建"一带一路"重大倡议。8年多来，中国坚持共商共建共享原则，把基础设施"硬联通"作为重要方向，把规则标准"软联通"作为重要支撑，把同共建国家人民"心联通"作为重要基础，推动共建"一带一路"高质量发展，取得实打实、沉甸甸的成就。如今，"一带一路"成为广受欢迎的国际公共产品和规模最大的合作平台。截至2021年11月，中国已与140个国家、32个国际组织签署200

多份共建"一带一路"合作文件；与日本、意大利等14国签署第三方市场合作文件；有关合作理念和主张写入联合国、二十国集团、亚太经合组织、上海合作组织等重要国际机制的成果文件。"一带一路"的"朋友圈"越来越大，合作质量越来越高，发展前景越来越好。联合国秘书长古特雷斯指出："各国应当抓住'一带一路'合作带来的机遇，实现互利共赢。"

紧紧抓住发展这个最大公约数，共建"一带一路"造福沿线各国人民，成为全球开放合作、促进共同发展繁荣的中国方案。面对新冠肺炎疫情肆虐，中国与沿线国家拉紧命运与共的纽带，共同打造健康丝绸之路，为抗击疫情凝聚合力；中国与沿线国家共享互利共赢的机遇，深化经贸投资合作，为世界经济复苏增添助力；中国与沿线国家坚定共同发展的信心，释放经济发展动能，为造福各国人民激发活力。"一带一路"已成为团结应对挑战的合作之路，维护人民健康安全的健康之路，促进经济社会恢复的复苏之路，释放发展潜力的增长之路。"我们的生活有了翻天覆地的变化""创造了数以万计的就业岗位""让我们从靠天吃饭的农民转变为技术工人和管理人才"……沿线国家人民的心声，是对共建"一带一路"价值与意义的最佳诠释。

百年变局叠加世纪疫情，世界进入动荡变革期。如何继续推动共建"一带一路"高质量发展，中国给出的答案坚定而响亮："要夯实发展根基""要稳步拓展合作新领域""要更好服务构建新发展格局""要全面强化风险防控""要强化统筹协调"。踏上全面建设社会主义现代化国家新征程的中国，将继续坚持共商共建共享原则，与沿线各国深化政治互信、深化互联互通、深化贸易畅通、深化资金融通、深化人文交流，推动共建"一带一路"高质量发展，以中国的新发展为世界提供新机遇。

海纳百川，大道致远。根植于历史厚土、顺应时代大势，"一带一路"倡议凝聚起沿线国家人民求和平、谋发展的共同心愿，传递出中国坚定扩大开放、促进合作共赢的时代强音。中国将通过共建"一带一路"，与各国携手开拓出一条通向共同繁荣的机遇之路，共同推动历史车轮向着光明的目标前进。

2021.11.21

打造更加紧密的"一带一路"伙伴关系

中老铁路是两国互利合作的旗舰项目,是高质量共建"一带一路"的标志性工程,将对区域互联互通和发展合作产生积极带动效应

12月3日下午,中共中央总书记、国家主席习近平在北京同老挝人民革命党中央总书记、国家主席通伦通过视频连线共同出席中老铁路通车仪式。随着两国领导人下达发车指令,中国昆明站内的复兴号"绿巨人"、老挝万象站内的"澜沧号"动车组列车缓缓开动,标志着连接昆明和万象、全长1035公里的中老铁路全线开通运营。这是中老关系史上具有里程碑意义的大事喜事,是中老友谊历久弥坚的生动写照,将为持续构建牢不可破的中老命运共同体注入强大动力,为区域互联互通和互利共赢作出积极贡献。

今年是中老两国建交60周年暨中老友好年。作为中老友谊的标志性项目,中老铁路建设得到双方领导人的关心关怀和有力指导。2015年,习近平总书记同老挝领导人一道,作出了共建中老铁路的重大决策。开工5年来,习近平总书记多次同老挝领导人交换意见,强调"确保中老铁路建设顺利推进","拓展中老铁路等大项目的辐射和示范效应",为中老铁路建设指明了前进方向、提供了根本遵循。中老双方齐心协力、紧密配合,逢山开路、遇水搭桥,高水平、高质量完成建设任务,以实际

行动诠释了中老命运共同体精神的深刻内涵，展现了两国社会主义制度集中力量办大事的特殊优势。

中老铁路是两国互利合作的旗舰项目。正如习近平总书记所指出的，铁路一通，昆明到万象从此山不再高、路不再长。中老铁路使两国互联互通实现跨越式发展，将有力拉动老挝经济增长，惠及两国民生。世界银行2020年报告显示，中老铁路的开通将使万象至昆明之间的运输价格下降40%至50%，中老铁路将使老挝的总收入提升21%。铁路工程建设带动老挝实现就业11万人次，帮助当地修建近2000公里的道路水渠，为老挝培养了一批批技术人才和管理人才……老挝《万象时报》评论指出，老中铁路正式通车这一历史性事件，不仅使老挝摆脱内陆束缚，成为地区大陆桥的重要枢纽，也将为老挝未来几十年蓬勃发展创造大量机遇。

中老铁路是高质量共建"一带一路"的标志性工程。中老铁路建成通车，是"一带一路"倡议同老挝"陆锁国"变"陆联国"战略深入对接取得的重大成果。中老铁路是连心路，也是发展路，以这条铁路为依托，中老双方将统筹互联互通和产能与投资合作，打造高质量、可持续、惠民生的沿线经济带。正如通伦总书记所指出的，老中铁路是老挝现代化基础设施建设的一个重要里程碑，将极大促进老挝国家经济社会发展。

中老铁路将对区域互联互通和发展合作产生积极带动效应。作为地区路网的关键枢纽，中老铁路是泛亚铁路的重要组成部分，将成为老挝连通中国和泰国、马来西亚等东盟国家的重要通道，对中国—东盟自由贸易区、大湄公河次区域经济合作产生积极影响，进一步拓展中国与东盟国家在经贸、旅游、文化和人员交流等多方面合作。随着"一带一路"建设的稳步推进，越来越多合作项目将在区域国家落地生根、开花结果，为促进地区经济发展、社会进步和民生改善作出贡献。

老挝人说"一根柴棍烧不成旺火，一根木棍围不成篱笆"；中国人讲"众志成城""众人拾柴火焰高"。面对开放融通的滚滚时代潮流，中国愿同老挝等沿线国家一道，加快打造更加紧密的"一带一路"伙伴关系，共同推动构建人类命运共同体，共创世界美好未来。

2021.12.05

充满活力的机遇之路

中欧班列打开了供需互促、优势互补的共赢大门，开辟了守望相助、携手抗疫的生命通道，搭建了开放合作、共同发展的友谊桥梁

"双方要扩大双边贸易规模，加强创新、绿色、数字发展等领域合作，确保中欧班列稳定运营和可持续发展。"习近平主席近日在同白俄罗斯总统卢卡申科通电话时强调。2021年，中欧班列在逆风中开出加速度，以稳定、可靠、高效的物流服务有力支撑全球产业链供应链"大动脉"，贯通疫情防控"生命线"，彰显了韧性和担当，也传递了信心和力量。新的一年，中国与沿线国家继续深化中欧班列合作，有利于全球抗疫和世界经济复苏，将不断增进沿线国家人民的福祉。

作为"一带一路"的重要合作纽带，中欧班列的欣欣向荣充分彰显共建"一带一路"的强大韧性和旺盛活力。2011年3月，首趟中欧班列从重庆发出开往德国杜伊斯堡，开启了中欧班列创新发展的序章。2014年3月，习近平主席在杜伊斯堡港参观，见证从重庆始发的列车满载着货物抵达；2016年6月，习近平主席在波兰华沙出席统一品牌中欧班列首达欧洲（波兰）仪式。10年多来，中欧班列年开行数量由最初不到20列发展到2021年的1.5万列，目前已铺画运行线78条，通达欧洲23个国家的180个城市。美国有线电视新闻网刊文指出，越来越多欧洲企业选

择中欧班列，中欧班列未来将发挥更大作用。

中欧班列打开了供需互促、优势互补的共赢大门。从根本上说，中欧班列开通运行并不断开出加速度，关键在于顺应了中欧经贸合作的需要，开启了一条充满活力的机遇之路。2011年中欧贸易额为5672.1亿美元，同比增长18.3%；2021年，中欧贸易额有望突破8000亿美元，同比增长30%。中欧两大市场的合作潜力，激发了中欧班列的发展活力。中欧班列线路不断增加，联通的国家和城市不断增多，企业参与的积极性不断提升，运送产品种类不断丰富，凸显了市场的需求与信任，彰显了中欧合作带来的巨大发展机遇。

中欧班列开辟了守望相助、携手抗疫的生命通道。在疫情持续冲击国际海运和空运的背景下，中欧班列昼夜穿梭，将防疫及生产生活物资及时送达，有力保障了国际产业链供应链稳定畅通。中方将防疫物资运输纳入中欧班列重点保障范围，实行优先承运、优先装车、优先挂运。截至2021年11月底，中欧班列累计运送防疫物资1343万件，共计10.3万吨，为守护全球抗疫合作的"生命线"作出重要贡献。"疫情防控期间，中欧班列的重要性和可靠性凸显""中国用实际行动传递了守望相助、共克时艰的力量"……沿线国家人民纷纷点赞"钢铁驼队"展现的中国担当。

中欧班列搭建了开放合作、共同发展的友谊桥梁。作为跨大洲、大运量、全天候、绿色低碳的运输方式，中欧班列的成功是各方推动实现更加强劲、绿色、可持续发展，构建全球发展命运共同体的积极成果。在中欧班列沿线，新的物流、工业和商业中心拔地而起，新业态、新规划应运而生，创造了成千上万的就业机会。杜伊斯堡如今已发展成为颇具影响力的综合性洲际物流中心，每天抵达这里的货运列车有4/5来自中国，约5万人从事相关业务，占全市劳动人口的15%。这一欧洲内陆传统物流枢纽重新焕发青春，成为中欧班列助力沿线国家催生新经济、实现新发展的一个缩影。

丝路迢迢，车轮铿锵。中欧班列的第一个10年，为促进中欧贸易畅通、深化沿线国家合作发挥了重要作用。进入新的10年，不断扩大开放的中国愿与更多合作伙伴一道，乘着中欧班列的东风，携手高质量共建"一带一路"，为世界经济可持续复苏贡献更多力量。

2022.01.14

大家的事大家商量着办

——解码共建"一带一路"的强大生命力①

共建"一带一路"始终坚持各方都是平等的参与者、贡献者、受益者。通过持续不断的集思广益、沟通协调，共建"一带一路"的合作共识逐步扩大，合作规划更加贴近各方需求，合作成效有了更切实保障

希腊比雷埃夫斯港业务经受住新冠肺炎疫情考验，2021年全年营收创下历史新高；蒙内铁路通车运营5年，对肯尼亚国民生产总值贡献率超过2%；中老铁路开通运营9个月，国际货运总值突破100亿元人民币……在世界经济复苏脆弱乏力之际，共建"一带一路"点亮沿线国家的发展梦想，为全球发展注入宝贵动力。

"万物得其本者生，百事得其道者成。"2013年9月7日，习近平主席在哈萨克斯坦提出共同建设丝绸之路经济带倡议，同年10月3日在印度尼西亚提出共同建设21世纪海上丝绸之路倡议。9年来，从夯基垒台、立柱架梁到落地生根、持久发展，共建"一带一路"取得实打实、沉甸甸的成就，成为当今世界范围最广、规模最大的国际合作平台。149个国家、32个国际组织共同参与，共建"一带一路"展现出强大生命力。

正如习近平主席在第二届"一带一路"国际合作高峰论坛开幕式上

所指出的："我们要秉持共商共建共享原则，倡导多边主义，大家的事大家商量着办，推动各方各施所长、各尽所能，通过双边合作、三方合作、多边合作等各种形式，把大家的优势和潜能充分发挥出来，聚沙成塔、积水成渊。"回望共建"一带一路"走过的不平凡历程，共商共建共享原则是其具有强大生命力的根源所在。

共商共建共享原则中的"共商"，就是"大家的事大家商量着办"，强调平等参与、充分协商，以平等自愿为基础，通过充分对话沟通找到认识的相通点、参与合作的交汇点、共同发展的着力点。不同于一些国家提出的所谓经济合作倡议参与主体不平等，且往往附带政治条件，共建"一带一路"始终坚持各方都是平等的参与者、贡献者、受益者。

为将"大家的事大家商量着办"落到实处，中国主动作为，积极打造共商国际化平台与载体，举办两届"一带一路"国际合作高峰论坛，并通过中国国际进口博览会、丝绸之路国际博览会、中国—东盟博览会等各类大型展会，持续加强与沿线各国的合作对接。中国不断强化多边机制在共商中的作用，充分利用二十国集团、亚太经合组织、上海合作组织、中国—东盟（10+1）、中非合作论坛、中阿合作论坛、中拉论坛等现有多边合作机制，同各国开展共建"一带一路"实质性对接与合作。中国同沿线各国建立各类二轨对话机制，通过政党、议会、智库、地方、民间、工商界、媒体、高校等各类交往渠道，围绕共建"一带一路"开展形式多样的沟通、对话、交流、合作。通过持续不断的集思广益、沟通协调，共建"一带一路"的合作共识逐步扩大，合作规划更加贴近各方需求，合作成效有了更切实保障。

"大家的事大家商量着办"充分彰显中国外交一以贯之的理念和原则。与个别国家总是将所谓"领导世界"挂在嘴边，动辄要"从实力地位出发"与他国打交道不同，中国充分理解相互尊重、平等协商的重要性，始终坚持国家不分大小、强弱、贫富，都是国际社会平等一员，始终主张国际关系应当实现民主化，国际上的事应该由大家共同商量着办。中国携手各方共建"一带一路"，目的是构建团结、平等、均衡、普惠的全球发展伙伴关系，推动各国共同实现繁荣发展。正是因为共建"一带一路"坚持平等协商，越来越多国家和国际组织主动将其发展规划与共建"一带一路"对接，寻找联动发展的最大公约数。

共建"一带一路"凝聚的广泛合作共识、取得的丰硕合作成果充分表明，只有坚持"大家的事大家商量着办"，才能有效因应时代挑战、共同开创美好未来。在百年变局和世纪疫情相互交织的当下，中国将持续加强与沿线各国的对话协商、规划对接，进一步扩大利益汇合点，不断推动把政治共识转化为具体行动、把理念认同转化为务实成果，让高质量共建"一带一路"为沿线各国人民带来更大福祉。

2022.09.07

各方共同参与的"交响乐"

——解码共建"一带一路"的强大生命力②

"一带一路"是大家携手前进的阳光大道，不是某一方的私家小路。共建，体现的是开放包容的胸怀、携手前行的智慧、共谋发展的担当

在印度尼西亚，为建设全长142公里的雅万高铁，1万多名当地工人和大批当地工程师、技术人员参与打通一条条隧道、铺下一根根钢轨；在阿联酋，中国企业与当地企业组成联营体，共同承建该国东西交通"大动脉"——阿联酋铁路二期项目建设；在非洲第一大悬索桥——莫桑比克马普托跨海大桥建设过程中，先后有来自德国、丹麦、美国、英国、葡萄牙、南非、津巴布韦等国家的公司参与项目设计和施工……9年来，"一带一路"始终是各方共同参与的"交响乐"。

共建"一带一路"顺应经济全球化的历史潮流，自倡议提出之日起就具有开放包容的属性。中国始终主张用创新的合作模式推进"一带一路"建设，其中最鲜明的特征之一就是"共建"，即所有感兴趣的国家都可以加入进来，共同参与、共同合作、共同受益，各方既是平等的参与者和建设者，也是责任和风险的共同担当者。正是因为这种开放包容属性，共建"一带一路"越来越被视为引领经济全球化的新引擎。

2017年5月，习近平主席在"一带一路"国际合作高峰论坛开幕式

上指出："'一带一路'建设植根于丝绸之路的历史土壤，重点面向亚欧非大陆，同时向所有朋友开放。不论来自亚洲、欧洲，还是非洲、美洲，都是'一带一路'建设国际合作的伙伴。'一带一路'建设将由大家共同商量，'一带一路'建设成果将由大家共同分享。"9年来的实践充分证明，"一带一路"是大家携手前进的阳光大道，不是某一方的私家小路。

共建，体现的是开放包容的胸怀。共建"一带一路"以打造命运共同体和利益共同体为合作目标。中国推进"一带一路"建设不会重复地缘博弈的老套路，而将开创合作共赢的新模式；不会形成破坏稳定的小集团，而将建设和谐共存的大家庭。在个别国家大搞单边主义和保护主义、试图打造割裂经济联系的"小圈子"之际，共建"一带一路"所体现的开放包容胸怀弥足珍贵。联合国前副秘书长盖图指出："中国不限制国别范畴，不搞封闭机制，不唱独角戏，更不搞一言堂，这正是'一带一路'朋友圈不断扩大的原因。"

共建，体现的是携手前行的智慧。当今世界，全球性挑战层出不穷，迫切需要全球合作、全球应对。共建"一带一路"，破解全球发展赤字，需要各方共同绘制精谨细腻的"工笔画"。中国同各方携手努力，推动各国政府、企业、社会机构、民间团体开展形式多样的互利合作，增强企业自主参与意愿，吸收社会资本参与合作项目，共同打造"一带一路"沿线国家多主体、全方位、跨领域的互利合作新平台，汇聚起广泛的发展合力。共建"一带一路"三方、多方市场合作的不断扩大，促进中国企业和各国企业优势互补，实现合作共赢。中国设立丝路基金、倡导成立亚洲基础设施投资银行，也是为了带动更多国家、更多主体参与共建"一带一路"，以"共建"的智慧应对全球发展挑战。

共建，体现的是共谋发展的担当。一起播撒合作的种子，必将收获共同发展的果实。在"一带一路"沿线国家，越来越多的普通民众参与到共建"一带一路"中，提升了当地的自主发展能力，为解决全球发展不平衡问题带来了希望。在黑山，莫祖拉风电站工程师佐朗·米洛舍维奇开心地说："每天看到大风机在转动，感觉很自豪，它为我的家乡提供着源源不断的电能，转动的风机送来希望。"在老挝，中老铁路开通运营以来，先后有600余名老挝籍学员掌握了机车驾驶、车辆检修、调度等知识。学员汕第素为实现职业梦想感到无比开心："能为老挝建设发展出一份力，我感到很自豪。"

大道致远，海纳百川。共建"一带一路"顺应时代发展的潮流，正以开放包容的胸怀，扬起合作共赢的风帆，推动各方共同迈向更加繁荣美好的未来。

2022.09.08

造福沿途各国人民的大事业

——解码共建"一带一路"的强大生命力③

一条条铁路、一座座工厂、一张张笑脸，勾勒出共建"一带一路"合作共赢的绚丽画卷。沿着这条中国同各方共享机遇、共谋发展的阳光大道不断前行，就能走向幸福安宁和谐美好的远方

在巴基斯坦，中巴经济走廊建设稳步推进，电力项目让成千上万个家庭亮起了灯；在乌兹别克斯坦，"安格连—帕普"铁路卡姆奇克隧道贯通，让当地人摆脱了境内运输需要绕道他国的窘境；在非洲之角，亚吉铁路让内陆国埃塞俄比亚有了出海口，企业做生意更方便了，工业园门口求职者络绎不绝……9年来的实践充分证明，共建"一带一路"是一项造福沿途各国人民的大事业。

中国提出"一带一路"倡议，归根结底是为了让各国人民过上更好日子。正如习近平主席在第二届"一带一路"国际合作高峰论坛开幕式上所指出："要坚持以人民为中心的发展思想，聚焦消除贫困、增加就业、改善民生，让共建'一带一路'成果更好惠及全体人民，为当地经济社会发展作出实实在在的贡献，同时确保商业和财政上的可持续性，做到善始善终、善作善成。"

共商、共建，目的在于共享。共享就是兼顾合作方利益和关切，寻

求利益契合点和合作最大公约数，使合作成果福及双方、惠泽各方。共建"一带一路"不是"你输我赢"或"你赢我输"的零和博弈，而是双赢、多赢、共赢，让所有参与方获得实实在在的好处，让发展成果更多更好地惠及沿线各国。

共建"一带一路"增进沿线国家民生福祉。埃塞俄比亚贝雷斯糖厂、印度尼西亚巨盾镍铁冶炼厂等，为当地创造数以万计的就业岗位；种植中国杂交水稻的莫桑比克农民喜获丰收，出产的大米被当地人命名为"好味道"；柬埔寨西哈努克港工商学院、阿尔及利亚中企工人培训中心、吉布提鲁班工坊，帮助当地工人更好地实现个人发展……9年来，一项项共建"一带一路"的民生工程，让越来越多沿线国家人民喝上了干净的水，用上了安全的电，找到了稳定的工作，过上了幸福的生活。只要各方不懈努力，共建"一带一路"就能够让沿线国家更多人口摆脱贫困，让全球发展更加平衡。

共建"一带一路"增加沿线国家发展活力。中马友谊大桥开通时，马尔代夫民众高兴地说"大桥给了我们迈向更美好未来的机会"；克罗地亚佩列沙茨大桥正式通车，克总理普连科维奇感叹"这是克罗地亚历史性的一天！大桥通车实现了几代人的梦想"；中欧班列铺画了82条运行线路，通达欧洲24个国家200个城市，打通亚欧物流大通道……9年来，"一带一路"沿线国家商品、资金、信息、技术等交易成本大大降低，有效促进了跨区域资源要素的有序流动和优化配置，帮助"被遗忘的角落"更好地融入全球产业链、供应链、价值链，实现了共赢发展。美国未来学家奈斯比特夫妇感叹："历史上从来没有谁尝试通过一系列政策的实施，在经济领域将那么多国家和大洲连接起来。"

共建"一带一路"增添全球发展动力。世界银行的研究报告显示，共建"一带一路"将使共建国家贸易增长2.8%至9.7%、全球贸易增长1.7%至6.2%、全球收入增加0.7%至2.9%；若共建"一带一路"框架下的交通基础设施项目全部得以实施，到2030年，每年将有望为全球产生1.6万亿美元的收益，占全球经济总量的1.3%，其中90%的收益都由伙伴国分享，低收入国家和中低收入国家受益最多。事实表明，共建"一带一路"是一条通向共同繁荣的机遇之路。

一条条铁路、一座座工厂、一张张笑脸，勾勒出共建"一带一路"合作共赢的绚丽画卷。沿着这条中国同各方共享机遇、共谋发展的阳光大道不断前行，就能走向幸福安宁和谐美好的远方。

2022.09.09

共建"一带一路"促进共同发展繁荣

老挝人民的铁路梦成为现实,柬埔寨进入"高速公路时代",马尔代夫有了跨海大桥,白俄罗斯有了自己的轿车制造业,非洲有了电气化铁路和轻轨……一个个互利共赢的故事,正是共建"一带一路"促进共同发展繁荣的生动写照。

2013年金秋,习近平主席提出共建"一带一路"倡议。历经9年耕耘,从夯基垒台、立柱架梁到落地生根、持久发展,共建"一带一路"取得实打实、沉甸甸的成就。习近平主席指出:"中国的发展得益于国际社会,也愿为国际社会提供更多公共产品。我提出'一带一路'倡议,旨在同沿线各国分享中国发展机遇,实现共同繁荣。"9年来,世界日益清晰地看到,"一带一路"是大家携手前进的阳光大道,共建"一带一路"倡议源于中国,机会和成果属于世界。

共建"一带一路"是促进全球开放合作、完善全球经济治理的中国方案,标注了国际经济合作的新高度。共建"一带一路"坚持"拉手"而不是"松手",坚持"拆墙"而不是"筑墙",不断推进政策沟通、设施联通、贸易畅通、资金融通和民心相通,持续为构建开放型世界经济注入动力。在保护主义抬头、经济全球化遭遇逆风的背景下,中国主动扩大对外开放,携手各方共建"一带一路",充分展现引领开放合作的大国格局和担当。在和平赤字、发展赤字、信任赤字、治理赤字有增无减,人类社会面临严峻挑战的当下，共建"一带一路"所展现的天下情怀、开放气度、共赢精神，更加凸显其时代价值。

"六廊六路多国多港"的互联互通架构基本形成，中欧班列成为贯通亚欧大陆的国际运输大动脉，促进沿线各国经济深度融合的规则标准"软联通"不断推进。数据显示，2013年至2021年，中国同"一带一路"沿线国家累计货物贸易额近11万亿美元，双向投资超过2300亿美元，加强联通带来的发展机遇充分显现。在世界贸易组织前总干事帕斯卡尔·拉米看来，当前全球化面临各种问题和挑战，中国提出的"一带一路"倡议将成为全球化未来的引擎。

共建"一带一路"是促进共同发展繁荣、推动构建人类命运共同体的重要实践，书写了全球发展史的新篇章。人类社会越来越朝着安危与共、荣损相依的命运共同体迈进。共建"一带一路"顺应这一历史大势，秉持共商共建共享原则，摒弃制度模式偏见，超越意识形态藩篱，想的是自己要过好、也要让别人过好，信的是众人拾柴火焰高、互帮互助走得远。新冠肺炎疫情发生后，各方守望相助，共克时艰，推动共建"一带一路"继续前行，向国际社会传递了信心和力量，为全球抗疫合作和经济复苏作出了重要贡献。如今，共建"一带一路"倡议核心理念已被写入联合国、二十国集团、亚太经合组织、上合组织等国际组织和多边机构重要文件，充分说明这是一个凝聚广泛合作共识的国际公共产品。

知者行之始，行者知之成。共建"一带一路"跨越不同地域、不同发展阶段、不同文明，迄今已有140多个国家和30多个国际组织共同参与。从数字丝绸之路、创新丝绸之路到绿色丝绸之路、健康丝绸之路，共建"一带一路"合作的内涵不断丰富，互利合作的活力不断释放。在共建"一带一路"合作框架下，大批项目落地，让越来越多共建国家的民众从中受益，靠双手改变了自己和家人的命运；中国与共建国家启动50多家"一带一路"联合实验室建设，不少国家开始拥有当地"制造"

和"智造"……共建"一带一路"紧紧抓住发展这个最大公约数，用实实在在的行动助力打造一个更加美好的未来。国际人士认为，共建"一带一路"是中国推动构建人类命运共同体的具体行动，是中国为人类走向共同发展繁荣作出的重大贡献。

共建"一带一路"承载着人们对文明交流的渴望、对和平安宁的期盼、对共同发展的追求、对美好生活的向往，将继续担当文明沟通的使者，成为拉近国家间关系的纽带，帮助各国共享发展成果，打造甘苦与共、命运相连的发展共同体。中国将继续与各方一道，推动共建"一带一路"高质量发展，打造造福各国人民的世纪工程，为构建人类命运共同体作出新的更大贡献。

2022.10.11

共建"一带一路"朋友圈越来越大

从"大写意"到"工笔画",从落地生根到持久发展,共建"一带一路"朋友圈越来越大,好伙伴越来越多,合作质量越来越高,发展前景越来越好

今年是习近平主席提出共建"一带一路"倡议10周年。新年伊始,中国与菲律宾续签共建"一带一路"谅解备忘录,与土库曼斯坦签署共建"一带一路"谅解备忘录。这充分表明,共建"一带一路"符合世界发展需求,顺应国际社会期待,始终保持强大韧性和旺盛活力。

中菲是一衣带水的近邻,合作潜力巨大。双方高度重视基础设施建设,愿持续深化共建"一带一路"倡议和"多建好建"规划对接,高质量推进基建项目合作,促进经济增长。双方续签"一带一路"合作谅解备忘录,签署帕西格河桥梁项目框架协议和中方援菲基建项目交接证书。双方将进一步深化基础设施建设合作,打造达沃—萨马尔大桥等重点工程,在商定的地点探讨开展经贸创新发展合作,共同维护产供链稳定。中土签署共建"一带一路"谅解备忘录,有利于全方位深化两国互利合作。双方将加紧推进共建"一带一路"倡议和"复兴丝绸之路"战略对接,推动两国各领域合作齐头并进,全面发展。

共建"一带一路"顺应经济全球化的历史潮流,顺应全球治理体系

变革的时代要求，顺应各国人民过上更好日子的强烈愿望，这是其始终保持强大韧性和旺盛活力的根本所在。目前已有151个国家、32个国际组织与中国签署200余份共建"一带一路"合作文件。1月10日，世界银行发布最新一期《全球经济展望》报告，将2023年全球经济增长预期下调至1.7%，较去年6月预测下调1.3个百分点。在经济全球化遭遇逆风、世界经济复苏陷入低迷的背景下，共建"一带一路"对促进有关国家和地区经济增长、推动全球共同发展的作用更加重要。世界银行2019年的研究报告显示，若共建"一带一路"框架下的交通基础设施项目全部得以实施，到2030年每年有望为全球产生1.6万亿美元的收益，占全球经济总量的1.3%。未来，更多国家携手高质量共建"一带一路"是大势所趋。

共建"一带一路"倡议源于中国，机会和成果属于世界。共建"一带一路"搭建起国际贸易和投资新平台。数据显示，2013年至2021年，中国同"一带一路"沿线国家累计货物贸易额近11万亿美元、双向投资超过2300亿美元。共建"一带一路"促进设施联通。一条条"幸福路"、一座座"连心桥"、一个个"繁荣港"，成为缩小发展鸿沟的助推器、推动共同繁荣的发动机，为增进各国民生福祉作出了新贡献。高质量共建"一带一路"顺应第四次工业革命发展趋势，把握数字化、网络化、智能化发展机遇，探寻新的增长动能和发展路径，建设数字丝绸之路、创新丝绸之路，为古老的丝绸之路注入新活力。英国社会学家、全球化概念首倡者之一马丁·阿尔布劳指出，"一带一路"将中国的和平发展与整个世界的繁荣幸福连接了起来。

作为中国为完善全球治理提供的重要公共产品，高质量共建"一带一路"继承创新、主动作为，强调求同存异、兼容并蓄，促进现有国际秩序、国际规则增量改革。共建"一带一路"倡议及其共商共建共享的核心理念被写入联合国、二十国集团、亚太经合组织以及其他区域组织等有关文件中，成为全球治理的重要共识。亚洲基础设施投资银行、丝路基金等多边开发机构和合作平台的设立，推动全球治理体系朝着更加公正合理的方向发展。南非大学姆贝基非洲领导力研究所高级研究员谭哲理表示，共建"一带一路"倡议为完善全球治理贡献了重要力量。

从"大写意"到"工笔画"，从落地生根到持久发展，共建"一带一路"朋友圈越来越大，好伙伴越来越多，合作质量越来越高，发展前景越来越好。今年，中方将考虑举办第三届"一带一路"国际合作高峰论坛，为全球发展繁荣注入新动力。站在新的起点，中国将继续与各方共建和平、繁荣、开放、绿色、创新、文明之路，让共建"一带一路"这一世纪工程更好造福各国人民。

2023.01.12

发展路　幸福路　友谊路

作为高质量共建"一带一路"的标志性工程，中老铁路的欣欣向荣展现了高质量共建"一带一路"的旺盛活力，也展现了构建人类命运共同体的光明前景

最新数据显示，自2021年12月3日全线开通运营以来，中老铁路已累计发送旅客超过1000万人次。安全、绿色、快捷、舒适的"复兴号""澜沧号"动车组，大幅缩短了沿线城市的往来时间，深受两国民众青睐。中老铁路国际物流大通道的作用也日益凸显。截至去年12月初，中老铁路累计运输货物1120万吨，跨境运输货值超130亿元人民币。这条连接中国和老挝的黄金线路，已经成为中老人民的发展路、幸福路、友谊路。

中老铁路充分体现高质量共建"一带一路"促发展、惠民生。在老挝万象火车站不远处的哈赛丰县东蓬禾村，以前靠天吃饭、农闲时无事可做的村民，如今很多靠向中老铁路旅客售卖当地传统美食补贴家用，有的还开起了小饭馆、小旅馆。"老中铁路彻底改变了我们的生活。"东蓬禾村副村长的话，代表了老挝人民的心声。中老铁路让老挝从"陆锁国"变为"陆联国"，给当地人民带来了更多发展致富的希望。老挝巴特寮通讯社评论说，老中铁路促进了老中两国人员往来，推动了跨境贸易

和区域发展,如同一条"黄金通道",给老挝人民带来发展希望,为老挝经济注入澎湃动能。老挝《万象时报》指出,老中铁路是真正促进互利共赢的民生工程。

中老铁路充分体现高质量共建"一带一路"促联通、惠各国。中老铁路不仅带动沿线经济发展,也为区域共同繁荣铺设了快车道。截至去年12月初,中老铁路跨境货物运输已覆盖老挝、泰国、缅甸、马来西亚、柬埔寨、越南、孟加拉国、新加坡等共建"一带一路"国家,运输货物由开通初期的10多种扩展至1200多种,黄金线路成色越来越足。中国超大规模市场和经济发展红利,正通过这条铁路源源不断分享给地区国家。泰国开泰银行相关负责人表示,中老铁路促进区域贸易快速发展,为周边国家带来了立竿见影的经济效益。老挝国家主席通伦期待:"将来,老中铁路还将延伸到东盟各国。到那时,中国和老挝的互利共赢关系将取得更大发展。"

中老铁路的欣欣向荣展现了高质量共建"一带一路"的旺盛活力。近年来,中方以高标准、可持续、惠民生为目标,不断提升共建"一带一路"水平,实现了共建国家的互利共赢,为世界经济发展开辟了新空间。一个个互利共赢的合作项目,不断为区域发展和世界经济复苏注入正能量。新冠疫情发生后,"一带一路"合作非但没有按下暂停键,反而展现出强大韧性和活力。中欧班列跑出加速度,克罗地亚佩列沙茨大桥建成通车,雅万高铁、匈塞铁路、中泰铁路等重点项目建设稳步推进。老挝驻华大使坎葆·恩塔万指出,无论是"一带一路"倡议,还是全球发展倡议等,都为老挝和其他发展中国家带来实实在在的利益,"中国始终心系广大发展中国家,真心帮助其他国家发展,通过合作实现互利共赢"。

中老铁路的欣欣向荣展现了构建人类命运共同体的光明前景。中老铁路是高质量共建"一带一路"的标志性工程,共建"一带一路"是构建人类命运共同体的伟大实践。习近平总书记强调，2019年4月关于构建中老命运共同体行动计划签署以来，中老双方凝心聚力，推动中老命运共同体建设取得丰硕成果，特别是将中老铁路打造成为中老人民的发展路、幸福路、友谊路，不仅为两国人民带来巨大福祉，也为共建"一带一路"和推动构建人类命运共同体提供了示范。去年12月发表的《关于进一步深化中老命运共同体建设的联合声明》指出，中老命运共同体建设实践证明，人类命运休戚与共、各国利益紧密相连，构建人类命运共同体是世界各国人民前途所在。相信只要各国人民携手努力，坚持对话协商、共建共享、合作共赢、交流互鉴、绿色低碳，就一定能开拓人类社会更加美好的未来。

中老铁路已成为区域互联互通、共同发展的样本典范，成为中国与沿线国家高质量共建"一带一路"的生动写照。面对充满不稳定性不确定性的国际形势，中方将同所有合作伙伴一道，继续推动共建"一带一路"高质量发展，为实现各国共同发展、推动构建人类命运共同体作出更大贡献。

2023.02.05

继续做共建"一带一路"的先行者

中亚地区是"一带一路"的首倡之地，是高质量共建"一带一路"示范区。中国—中亚峰会将为中国和中亚国家高质量共建"一带一路"注入强劲动力

"我的家乡陕西，就位于古丝绸之路的起点。站在这里，回首历史，我仿佛听到了山间回荡的声声驼铃，看到了大漠飘飞的袅袅孤烟。"2013年9月，习近平主席在哈萨克斯坦发表演讲，提出共同建设丝绸之路经济带，中亚地区成为"一带一路"的首倡之地。10年来，中国和中亚国家积极推进发展战略对接，高质量共建"一带一路"取得丰硕成果。即将在陕西省西安市举行的中国—中亚峰会，将进一步凝聚中国和中亚国家高质量共建"一带一路"的共识，助力双方继续做共建"一带一路"的先行者。

中亚地区是高质量共建"一带一路"示范区。各方积极推进共建"一带一路"倡议同本国发展战略对接，开展高效合作，成功建成中哈原油管道、中国—中亚天然气管道、中吉乌公路、中乌鹏盛工业园、中塔乌公路等一大批互利共赢的合作项目，广泛惠及地区各国人民。中哈霍尔果斯国际边境合作中心与中哈连云港物流合作基地建成，打开了中亚国家通向太平洋的大门；中国企业承建的中亚第一长隧道"安格连—帕

普"铁路隧道顺利贯通，结束了当地民众出行需要翻山越岭或绕行他国的历史；一座座产业园在中亚拔地而起，不仅创造大量就业岗位、培养众多专业人才，还带动当地产业升级发展……中国和中亚国家共建"一带一路"的生动实践，让"空口袋立不起来""只有结满果实的大树才会引人注意"等中亚谚语有了最鲜活的注释。

中国同中亚国家关系高水平发展，为双方共建"一带一路"提供重要政治保障。10年来，习近平主席多次到访中亚国家，通过多种方式同中亚国家领导人保持密切互动，推动中国同中亚国家关系实现跨越式发展。在去年1月举行的中国同中亚五国建交30周年视频峰会上，双方宣布打造中国—中亚命运共同体，开启相互关系的新时代。如今，中国同中亚五国均已建立全面战略伙伴关系，均已签署共建"一带一路"合作文件。在此基础上，中方共建"一带一路"倡议同哈萨克斯坦"光明之路"新经济政策、塔吉克斯坦2030年前国家发展战略、吉尔吉斯斯坦"2040年发展战略"、乌兹别克斯坦"新乌兹别克斯坦"2022—2026年发展战略、土库曼斯坦"复兴丝绸之路"战略的对接不断推进。

民心相通是"一带一路"建设的重要内容，也是"一带一路"建设的人文基础。10年来，中国同中亚国家不断加强人民友好往来，增进相互了解和传统友谊。双方结成62对友好省州市，每年数十万民众常来常往；孔子学院和孔子课堂带动"中文热""中国文化热"在中亚国家持续升温；中亚首家鲁班工坊在塔吉克斯坦首都杜尚别投入运营；"中国—哈萨克斯坦传统医学中心""中国—中亚农业合作中心""中国—中亚综合农业科技示范园区"揭牌，"教育培训计划"和"减贫惠农计划"正式启动……中国与中亚国家延续千年的友好情谊更加深入人心，双方共建"一带一路"的民意基础和社会基础愈加深厚。

中国—中亚峰会将为中国和中亚国家高质量共建"一带一路"注入强劲动力。"共建'一带一路'已经成为推动构建人类命运共同体的重要引擎，哈方将继续积极支持和参与""塔方愿积极参与共建'一带一路'合作，在此框架下推进经贸、工业、能源、基础设施等各领域合作""土方愿积极推进'复兴丝绸之路'战略同'一带一路'倡议对接，进一步扩大两国经贸合作"……当前，中亚国家携手中国高质量共建"一带一路"的愿望更为强烈。在继续提升贸易和投资便利化水平，扩大相互投资和贸易规模的同时，中国同中亚国家将不断深化产能、能源、农业、数字经济等领域合作，确保重点合作项目顺利推进，积极培育双方合作新增长点，为双方人民创造更多福祉。

在古丝绸之路的起点西安，中国和中亚国家将乘着中国—中亚峰会的东风，继续携手打造高质量共建"一带一路"的金字招牌，为构建更加紧密的中国—中亚命运共同体作出新的更大贡献。

2023.05.15

共同把造福世界的幸福之路铺得更宽更远

——瞩望第三届"一带一路"国际合作高峰论坛①

金秋时节，备受瞩目的第三届"一带一路"国际合作高峰论坛将在北京举办。这不仅是纪念"一带一路"倡议提出10周年最隆重的活动，也是各方共商高质量共建"一带一路"合作的重要平台。各方一道总结经验、擘画蓝图，将引领高质量共建"一带一路"持续向前发展；各方一道登高望远、携手前行，将展现团结合作应对时代挑战、推动构建人类命运共同体的强大力量。

"今年是我提出'一带一路'倡议10周年，中方将举办第三届'一带一路'国际合作高峰论坛，欢迎各方参加论坛活动，共同把这条造福世界的幸福之路铺得更宽更远。"今年7月，习近平主席在上海合作组织成员国元首理事会第二十三次会议上向各方发出诚挚邀请。"共建'一带一路'与亚欧大陆发展进程相契合，俄方对第三届'一带一路'国际合作高峰论坛充满期待""越方坚定支持习近平总书记提出的重大全球倡议，支持中方举办第三届'一带一路'国际合作高峰论坛""匈方将积极参与第三届'一带一路'国际合作高峰论坛"……截至9月下旬，已有来自130多个国家和众多国际组织的代表确认参会，充分表明国际社会对高质量共建"一带一路"充满信心和期待。

10年来，"一带一路"倡议从谋篇布局的"大写意"发展为精谨细腻的"工笔画",已经成为最受欢迎的国际公共产品和最大规模的国际合作平台。截至今年7月,全球超过3/4的国家和30多个国际组织与中国签署共建"一带一路"合作文件。"一带一路"倡议迄今已形成3000多个合作项目,拉动近万亿美元投资规模。10年来,各方一起播撒合作的种子,共同收获发展的果实,走出了一条互利共赢的康庄大道。亚洲基础设施投资银行、丝路基金等已为数百个项目提供投融资支持,中老铁路实现了老挝人民"变陆锁国为陆联国"的夙愿,雅万高铁成为东南亚国家首条实现350公里时速的铁路,蒙内铁路拉动当地经济增长超过2个百分点……共建"一带一路"取得的丰硕成果充分表明,坚持共商共建共享原则,秉持开放、绿色、廉洁理念,以高标准、可持续、惠民生为目标,沿着高质量发展方向不断前进,这条造福世界的"发展带"、惠及人类的"幸福路"就能变得更加繁荣、更加宽广,给共建国家人民不断增添获得感、幸福感。

本届高峰论坛将进一步汇聚各方共识和力量,推动"一带一路"合作不断走深走实。当前,世界进入新的动荡变革期,正在经历大调整、大分化、大重组,不确定、不稳定、难预料因素增多。世界经济复苏道阻且长,单边主义、保护主义明显上升,特别是个别国家以"去风险"之名行脱钩断链之实,给国际产业链供应链安全稳定造成威胁。面对共同挑战,各方更需要深化政治互信、深化互联互通、深化贸易畅通、深化资金融通、深化人文交流,积极开展健康、绿色、数字、创新等新领域合作,培育新增长点,展现共享机遇、共克时艰、共创未来的意愿和能力。本届高峰论坛期间的活动包括开幕式,互联互通、绿色发展、数字经济3场高级别论坛,以及关于贸易畅通、民心相通、智库交流、廉洁丝路、地方合作、海洋合作的6场专题论坛,同时还将举办企业家大会。志同道合的伙伴共商合作大计、共绘发展蓝图,共同践行真正的多边主义,将在"一带一路"合作进程中树立起新的里程碑,为应对时代挑战、实现全球可持续发展注入信心。

　　"无论是顺境还是逆境，无论前方是坦途还是荆棘，我们都要弘扬伙伴精神，不忘合作初心，坚定不移前进。"瞩望第三届"一带一路"国际合作高峰论坛，各方应坚定这样一个信念：各国人民都应该拥有一个更加美好的未来，共建"一带一路"一定会迎来一个更加美好的世界。

2023.10.09

共同为促进全球互联互通做增量

——瞩望第三届"一带一路"国际合作高峰论坛②

共建"一带一路"把基础设施"硬联通"作为重要方向，把规则标准"软联通"作为重要支撑，把同共建国家人民"心联通"作为重要基础，为全球互联互通、共同发展注入活力

今年中秋国庆假期，一列列满载榴莲、山竹等东南亚农产品的中老铁路国际货运列车通过云南磨憨铁路口岸入境中国。今年以来，中老铁路已累计运输货物1400多万吨，货物运输覆盖老挝、泰国、越南、缅甸等国家。中老铁路物流活力不断上升，是共建"一带一路"推动互联互通、促进联动发展的生动写照。10年来，共建"一带一路"把基础设施"硬联通"作为重要方向，把规则标准"软联通"作为重要支撑，把同共建国家人民"心联通"作为重要基础，为全球互联互通、共同发展注入活力，为完善全球经济治理、推动经济全球化健康发展积极担当。

"共建'一带一路'，关键是互联互通""如果将'一带一路'比喻为亚洲腾飞的两只翅膀，那么互联互通就是两只翅膀的血脉经络""我们愿同国际社会加强高质量共建'一带一路'合作，共同为促进全球互联互通做增量，让更多国家、更多民众共享发展成果"……习近平主席提出的共建"一带一路"倡议，核心内涵就是促进基础设施建设和互联互通，加强经济政策协调和发展战略对接，促进协同联动发展，实现共同

繁荣。

10年来，基础设施"硬联通"不断加强。互联互通是一条脚下之路，无论是公路、铁路、航路还是网路，路通到哪里，中国同各国的合作就在哪里。六大国际经济合作走廊建设和周边基础设施互联互通扎实推进，雅万高铁、蒙内铁路、亚吉铁路、比雷埃夫斯港等一批标志性项目成功建设，中欧班列铺画运行线路84条、通达欧洲25个国家的211个城市，西部陆海新通道覆盖全球120个国家和地区的465个港口……得益于共建"一带一路"，许多国家打破长期制约发展的基础设施瓶颈，更好融入全球供应链、产业链、价值链。美国未来学家奈斯比特夫妇感叹："历史上从来没有谁尝试通过一系列政策的实施，在经济领域将那么多国家和大洲连接起来。"

10年来，规则标准"软联通"显著提升。互联互通是一条规则之路，多一些协调合作，少一些规则障碍，物流就会更畅通、交往就会更便捷。10年来，中国与共建国家在工作制度对接、技术标准协调、检验结果互认、电子证书联网等方面取得积极进展，《区域全面经济伙伴关系协定》红利逐步显现，"经认证的经营者"协议签署数量位居全球首位。2013年至2022年，中国与共建国家货物贸易进出口额、非金融类直接投资额年均分别增长8.6%和5.8%，与共建国家双向投资累计超过2700亿美元。世界银行发布的《"一带一路"经济学》报告认为，"一带一路"倡议的全面实施将使参与国间的贸易往来增加4.1%。

10年来，共建国家人民"心联通"精彩纷呈。互联互通是一条心灵之路，你了解我，我懂得你，道理就会越讲越明白，事情就会越来越好办。马拉维的600眼水井成为润泽当地15万民众的"幸福井"，鲁班工坊帮助塔吉克斯坦等国年轻人掌握职业技能，来自中国的菌草技术在100多个国家落地生根，成为名副其实的"致富草"……共建"一带一路"坚持以人民为中心的发展思想，聚焦消除贫困、增加就业、改善民生，让共建成果更好惠及各国人民。共建"一带一路"促进发展经验共享，让更多国家坚定了走符合本国国情的发展道路的信心。共建"一带一路"促进民心相通，正逐步在共建国家民众中形成相互欣赏、相互理解、相互尊重的人文格局。

习近平主席强调："我们应该构建全球互联互通伙伴关系，实现共同发展繁荣。我相信，只要大家齐心协力、守望相助，即使相隔万水千山，也一定能够走出一条互利共赢的康庄大道。"当前，经济全球化遭遇逆风，全球贸易不振，加强互联互通建设的重要性更为凸显。在即将举办的第三届"一带一路"国际合作高峰论坛上，中国将同各方擘画互联互通新蓝图，更好地促进协同联动发展，为世界经济复苏注入新动力。

2023.10.10

实现更高质量的共商、共建、共享

——瞩望第三届"一带一路"国际合作高峰论坛③

一带一路"以构建人类命运共同体为最高目标，并为实现这一目标搭建了实践平台、提供了实现路径，推动美好愿景不断落实落地

10月10日，国务院新闻办公室发布《共建"一带一路"：构建人类命运共同体的重大实践》白皮书。在第三届"一带一路"国际合作高峰论坛举办前发布该白皮书，介绍共建"一带一路"10年来取得的成果，增进国际社会对共建"一带一路"的认识理解，有助于在新起点上推进共建"一带一路"高质量发展，让"一带一路"惠及更多国家和人民。

将共建"一带一路"置于宏阔历史坐标，才能更深刻理解其时代价值和世界意义。当今时代，随着科技革命和生产力的发展，经济全球化成为历史潮流，但少数国家主导的经济全球化，并没有实现普遍普惠的发展。随着世界多极化、经济全球化、社会信息化、文化多样化深入发展，人类越来越成为你中有我、我中有你的命运共同体，但全球和平赤字、发展赤字、安全赤字、治理赤字有增无减。站在历史发展的关键当口，推动构建人类命运共同体是人类社会发展进步的希望所在。共建"一带一路"以构建人类命运共同体为最高目标，并为实现这一目标搭建了实践平台、提供了实现路径，推动美好愿景不断落实落地，是完善全球治理的重要公共产品。

共建"一带一路"走过10年，给世界带来引人注目的深刻变化，成为人类社会发展史上具有里程碑意义的重大事件。10年来，共建"一带一路"，既发展了中国，也造福了世界。共建"一带一路"激活共建国家发展动力，增强共建国家减贫能力，民生项目成效显著，为共建国家带来实实在在的好处。共建"一带一路"增强全球发展动能，深化区域经济合作，促进全球贸易发展，维护全球供应链稳定，为经济全球化增添活力。共建"一带一路"秉持共商共建共享原则，倡导并践行真正的多边主义，增强了发展中国家和新兴经济体在世界市场体系中的地位和作用，对改革完善全球治理意义重大。共建"一带一路"促进人文交流和文明互鉴，为人类社会进步汇聚文明力量。事实充分说明，共建"一带一路"应潮流、得民心、惠民生、利天下，是各国共同走向现代化之路，也是人类通向美好未来的希望之路，具有强劲的韧性、旺盛的生命力和广阔的发展前景。

回望10年，共建"一带一路"之所以能汇聚起改变世界的强大力量，是因为始终坚持以共商共建共享为原则，积极倡导合作共赢理念与正确义利观，坚持各国都是平等的参与者、贡献者、受益者，推动实现经济大融合、发展大联动、成果大共享。

共建"一带一路"坚持共商原则，不是中国一家的独奏，而是各方的大合唱。从蓝图规划到具体项目设计与实施，共建"一带一路"强调平等参与、沟通协商、集思广益，不附带任何政治或经济条件。共建"一带一路"坚持共建原则，不是中国的对外援助计划和地缘政治工具，而是联动发展的行动纲领；不是现有地区机制的替代，而是与其相互对接、优势互补。中国与五大洲的150多个国家、30多个国际组织签署了200多份共建"一带一路"合作文件，不断加强发展战略对接，促进联动发展。共建"一带一路"坚持共享原则，秉持互利共赢的合作观，寻求各方利益交汇点和合作最大公约数，对接各方发展需求、回应人民现实诉求，实现各方共享发展机遇和成果，不让任何一个国家掉队。共建国家大多属于发展中国家，各方聚力解决发展中国家基础设施落后、产业发展滞后、工业化程度低、资金和技术缺乏、人才储备不足等短板问题，促进经济社会发展。正是在共商共建共享的基础上，"一带一路"实现了真正的合作共赢。

在当前不确定、不稳定的世界中，各国迫切需要以对话弥合分歧、以团结反对分裂、以合作促进发展，共建"一带一路"的意义愈发彰显、前景更加值得期待。中国愿与各方一道，以第三届"一带一路"国际合作高峰论坛为契机，坚定信心、保持定力，实现更高质量的共商、共建、共享，让共建"一带一路"越来越繁荣、越走越宽广。

2023.10.11

为推动实现各国共同发展繁荣擘画蓝图

——瞩望第三届"一带一路"国际合作高峰论坛④

习近平主席对"一带一路"建设的指导原则、丰富内涵、目标路径等进行深刻阐述，为推动"一带一路"建设走深走实、行稳致远，指明了正确方向，提供了重要遵循

第三届"一带一路"国际合作高峰论坛将于10月17日至18日在北京举行。习近平主席将出席高峰论坛开幕式发表主旨演讲，并为来华出席高峰论坛的嘉宾举行欢迎宴会和双边活动。高峰论坛是"一带一路"框架下最高规格的国际活动，寄托着各方高质量共建"一带一路"、携手实现共同发展繁荣的期待。中国将同各方一道，为高质量共建"一带一路"指明未来前进方向，注入新的丰富内涵。

2013年秋天，习近平主席深刻洞察世界百年未有之大变局，创造性提出共建丝绸之路经济带和21世纪海上丝绸之路。10年来，在习近平主席的亲自谋划、亲自部署、亲自推动下，"一带一路"从理念转化为行动，从愿景转变为现实，从谋篇布局的"大写意"到精耕细作的"工笔画"，在高质量发展中成为推动构建人类命运共同体的重要实践平台，为各国开拓出一条通向更美好未来的光明大道。

习近平主席对"一带一路"建设的指导原则、丰富内涵、目标路径等进行深刻阐述，为推动"一带一路"建设走深走实、行稳致远，指明

了正确方向，提供了重要遵循。主持中共中央政治局集体学习，总结历史经验，为新形势下推进"一带一路"建设提供借鉴；三次出席"一带一路"建设座谈会并发表重要讲话，为共建"一带一路"把脉定向；在中阿合作论坛第六届部长级会议开幕式上集中阐述共商、共建、共享原则；在"加强互联互通伙伴关系"东道主伙伴对话会上阐释"五通"内涵；在乌兹别克斯坦最高会议立法院的演讲中明确"一带一路"建设原则、精神指引和合作目标；在首届"一带一路"国际合作高峰论坛开幕式上阐释丝路精神，提出将"一带一路"建成和平、繁荣、开放、创新、文明之路；在第二届"一带一路"国际合作高峰论坛开幕式上阐述如何推动共建"一带一路"沿着高质量发展方向不断前进……邀请习近平主席在印尼国会发表重要演讲的印尼国会时任议长马祖基认为，共建"一带一路"倡议是一种"创新的合作模式"，习近平主席"为推动实现各国共同发展繁荣擘画了蓝图"。

习近平主席始终心系"一带一路"这一造福全人类的世纪工程，全力推动倡议落地生根、取得实效。从主持召开会议，研究丝绸之路经济带和21世纪海上丝绸之路规划、发起建立亚洲基础设施投资银行和设立丝路基金，到出席"一带一路"国际合作高峰论坛，与来自各国和国际组织的嘉宾深入探讨高质量共建"一带一路"，再到积极开展全方位元首外交，欢迎各方参与"一带一路"建设，在各类外交场合向世界阐明共建"一带一路"的中国理念……在习近平主席引领下，共建"一带一路"国际影响力、合作吸引力不断释放。国际人士称赞共建"一带一路"倡议务实高效，在推动人类未来发展的方案中堪称典范。

习近平主席以人民之心为心、以天下之利为利，始终关心共建"一带一路"合作成效。参观德国杜伊斯堡港，为苏伊士经贸合作区二期揭牌，参观河钢集团塞尔维亚斯梅代雷沃钢厂，出席统一品牌中欧班列首达欧洲（波兰）仪式，参观中远海运比雷埃夫斯港项目，通过视频连线出席中老铁路通车仪式，视频观摩雅万高铁试验运行……老挝摇滚歌手阿提萨·拉达那冯被习近平主席的远见卓识打动，创作了一首"一带一路"同名歌曲；比雷埃夫斯集装箱码头有限公司商务经理塔索斯·瓦姆瓦吉迪斯难忘见到习近平主席的激动心情，"对每一名员工和整个比港来说，习近平主席的到来都意义重大"。

"我们正走在一条充满希望的道路上。我相信，只要我们相向而行，心连心，不后退，不停步，我们终能迎来路路相连、美美与共的那一天。我相信，我们的事业会像古丝绸之路一样流传久远、泽被后代。"第三届"一带一路"国际合作高峰论坛必将集众智、聚合力，在新起点上推进高质量共建"一带一路"，为构建人类命运共同体注入新的强劲动力。

2023.10.12

坚守开放本色、绿色底色、廉洁亮色

——瞩望第三届"一带一路"国际合作高峰论坛⑤

中国将继续同各方一道，坚持开放包容，推进绿色发展，建设廉洁丝绸之路，推动共建"一带一路"在高质量发展的道路上稳步前行

"我们要坚持开放、绿色、廉洁理念，不搞封闭排他的小圈子，把绿色作为底色，推动绿色基础设施建设、绿色投资、绿色金融，保护好我们赖以生存的共同家园，坚持一切合作都在阳光下运作，共同以零容忍态度打击腐败。"习近平主席在第二届"一带一路"国际合作高峰论坛开幕式上发表主旨演讲时指出。坚持开放、绿色、廉洁理念，是共建"一带一路"结出硕果的重要成功密码，是推动共建"一带一路"高质量发展的必然要求。

共建"一带一路"始终坚守开放的本色。"我多次说过，'一带一路'是大家携手前进的阳光大道，不是某一方的私家小路。所有感兴趣的国家都可以加入进来，共同参与、共同合作、共同受益。"习近平主席反复强调共建"一带一路"的开放性。从理念到行动，共建"一带一路"超越国界阻隔、超越意识形态分歧、超越发展阶段区别、超越社会制度差异、超越地缘利益纷争，是开放包容的合作进程。加强政策沟通、设施联通、贸易畅通、资金融通、民心相通，本质上都是为了通过扩大开放促进联动发展。近年来，单边主义、保护主义抬头，给世界经济制造分

裂风险，维护开放型世界经济的重要性更加凸显。第三届"一带一路"国际合作高峰论坛期间将举办互联互通高级别论坛，进一步推进互联互通建设，加强共建"一带一路"同各国发展战略、区域和国际发展议程有效对接、协同增效，做大共同利益的蛋糕，对于促进世界经济复苏发展具有重要意义。

共建"一带一路"始终坚守绿色的底色。共建"一带一路"倡导尊重自然、顺应自然、保护自然，尊重各方追求绿色发展的权利，响应各方可持续发展需求，形成共建绿色"一带一路"共识。中方与超过40个国家的150多个合作伙伴建立"一带一路"绿色发展国际联盟，与31个国家共同发起"一带一路"绿色发展伙伴关系倡议。哈萨克斯坦札纳塔斯风电项目将戈壁滩转变为发展前沿，阿根廷高查瑞光伏电站项目成为南美地区装机容量最大、海拔最高的光伏电站项目，巴基斯坦卡洛特水电站助力缓解巴基斯坦能源短缺局面……中国充分发挥在可再生能源、节能环保、清洁生产等领域优势，运用中国技术、产品、经验等，推动绿色"一带一路"合作蓬勃发展。本届高峰论坛期间将举办绿色发展高级别论坛，进一步汇聚各方绿色合作共识，推动建设更加紧密的绿色发展伙伴关系，助力全球可持续发展。

共建"一带一路"始终坚守廉洁的亮色。共建"一带一路"将廉洁作为行稳致远的内在要求和必要条件，始终坚持一切合作在阳光下运行。各方一道完善反腐败法治体系建设和机制建设，深化反腐败法律法规对接，务实推进国际反腐合作。中国与有关国家、国际组织以及工商学术界代表共同发起了《廉洁丝绸之路北京倡议》，呼吁各方携手共商、共建、共享廉洁丝绸之路。中国"走出去"企业坚持合规守法经营，既遵守中国的法律，也遵守所在国当地法律和国际规则，提升海外廉洁风险防范能力，加强项目监督管理和风险防控。本届高峰论坛期间将举办廉洁丝路专题论坛，各方将共商建设更加紧密的廉洁共建伙伴关系，让资金、项目在廉洁中高效运转，让各项合作更好地落地开展，让"一带一路"成为风清气正的廉洁之路。

共建"一带一路"成为深受欢迎的国际公共产品和国际合作平台，充分展现开放、绿色、廉洁理念的生命力与吸引力。展望未来，中国将继续同各方一道，坚持开放包容，推进绿色发展，建设廉洁丝绸之路，推动共建"一带一路"在高质量发展的道路上稳步前行。

2023.10.13

共同迈向和平、发展、合作、共赢的光明未来

——瞩望第三届"一带一路"国际合作高峰论坛⑥

高标准、可持续、惠民生，是共建"一带一路"高质量发展的应有之义。10年来，共建"一带一路"锚定高标准、可持续、惠民生目标，以高标准推动各领域合作和项目建设，走经济、社会、环境协调发展之路，让合作成果更好惠及全体人民，努力实现更高合作水平、更高投入效益、更高供给质量、更高发展韧性，推动高质量共建"一带一路"不断走深走实。

规则标准是促进互联互通的重要桥梁和纽带。共建"一带一路"引入各方普遍支持的规则标准，推动企业在项目建设、运营、采购、招投标等环节执行普遍接受的国际规则标准，以高标准推动各领域合作和项目建设。中国与"一带一路"共建国家稳步扩大规则、规制、管理、标准等领域合作，《区域全面经济伙伴关系协定》（RCEP）已对15个签署国全面生效，中国与28个国家和地区签署21个自贸协定，与65个国家标准化机构以及国际和区域组织签署107份标准化合作文件，与112个国家和地区签署避免双重征税协定。第三届"一带一路"国际合作高峰论坛期间，与会各方将就加强规则标准"软联通"进行深入探讨，有利于推进更高质量的协调合作，让物流更畅通、交往更便捷，更好地促进联动发展。

共建"一带一路"是实现可持续发展的"加速器"。共建"一带一路"聚焦发展这个根本性问题，努力打破发展瓶颈、缩小南北发展差距、摆脱发展困局，为世界各国铺就了共同发展繁荣之路，展现了中国的大国责任和担当。在日前发布的《共建"一带一路"：构建人类命运共同体的重大实践》白皮书中，"发展"一词出现200多次，成为最高频关键词。当前，百年变局加速演进、全球性挑战交织叠加，发展中国家如期实现可持续发展目标困难重重。共建"一带一路"对接联合国2030年可持续发展议程，努力消除制约发展的根源和障碍，增强了共建国家自主发展的内生动力，有利于各国实现持久、包容和可持续的经济增长。来自140多个国家、30多个国际组织的代表已确认参加本届高峰论坛，他们是为合作而来，为推动共同发展而来，将共同提振全球发展信心，为全球增长注入新动能，为国际社会如期实现可持续发展目标带来新希望。

共建"一带一路"坚持以人民为中心，聚焦消除贫困、增加就业、改善民生，让合作成果更好惠及全体人民。建起一座座工厂，解决人们就业难题；修建一条条道路，方便工农业产品运输；建设一座座桥梁，解决居民出行难题；打出一眼眼水井，满足村民饮水需求……从亚洲到非洲，从大洋洲到拉丁美洲，一个个民生工程、民心工程，帮助共建国家民众解决了燃眉之急、改善了生活条件，为各国人民带来实实在在的获得感、幸福感、安全感。本届高峰论坛将明确下阶段推进高质量共建"一带一路"的合作方向及重点领域，发布有关合作项目清单，为增进各国民生福祉作出新贡献。

10年实践充分证明，共建"一带一路"顺潮流、惠民生、得民心、利天下，不仅开辟繁荣之路，更点亮希望之光，是各方共商共建共享的和平之路、繁荣之路、开放之路、创新之路、文明之路。再过几天，"一带一路"合作伙伴将相聚北京，共同总结共建"一带一路"成就和经验，共同擘画高质量共建"一带一路"新蓝图。相信高质量共建"一带一路"将不断取得新成果，助力各方共同迈向和平、发展、合作、共赢的光明未来。

2023.10.14

共建"一带一路"走的是人间正道

——推动共建"一带一路"进入高质量发展的新阶段①

10年的历程证明，共建"一带一路"站在了历史正确一边，符合时代进步的逻辑，走的是人间正道。共建"一带一路"给世界带来的，永远是稳定性，永远是正能量

"共建'一带一路'坚持共商共建共享，跨越不同文明、文化、社会制度、发展阶段差异，开辟了各国交往的新路径，搭建起国际合作的新框架，汇集着人类共同发展的最大公约数。"10月18日，习近平主席在第三届"一带一路"国际合作高峰论坛开幕式上发表主旨演讲，回顾共建"一带一路"10年成就，总结成功经验，宣布中国支持高质量共建"一带一路"八项行动，为深化"一带一路"国际合作明确了新方向、开辟了新愿景、注入了新动力。

十年栉风沐雨，十年春华秋实。从亚欧大陆延伸到非洲和拉美，从"大写意"进入"工笔画"阶段，从硬联通扩展到软联通……10年来，中国与共建"一带一路"国家坚守初心、携手同行，推动"一带一路"国际合作从无到有，蓬勃发展，取得丰硕成果，为建设开放包容、互联互通、共同发展的世界提供了重要平台，积累了宝贵经验。出席本届高峰论坛的俄罗斯总统普京表示，"一带一路"倡议旨在推动构建一个更加公正的多极世界，是面向未来的重要全球性计划。

　　"一带一路"国际合作充分证明，人类是相互依存的命运共同体。正如印度尼西亚媒体日前刊文指出的，自共建"一带一路"倡议提出以来，构建人类命运共同体的愿望已经从概念发展为具体行动，从富有远见的理想发展为实实在在的成就。通过共建"一带一路"，中国对外开放的大门越开越大，中国市场同世界市场的联系更加紧密。中国已经是140多个国家和地区的主要贸易伙伴，是越来越多国家的主要投资来源国。无论是中国对外投资，还是外国对华投资，都彰显了友谊和合作，体现着信心和希望。率庞大政府代表团来华出席本届高峰论坛的塞尔维亚总统武契奇表示，中国的帮助和合作，使塞尔维亚经济保持了良好发展，给人民带来巨大福祉。

　　"一带一路"国际合作充分证明，只有合作共赢才能办成事、办好事、办大事。习近平主席深刻指出："只要各国有合作的愿望、协调的行动，天堑可以变通途，'陆锁国'可以变成'陆联国'，发展的洼地可以变成繁荣的高地。"10年来，中国同各方合作伙伴一道，致力于构建以经济走廊为引领，以大通道和信息高速公路为骨架，以铁路、公路、机场、港口、管网为依托，涵盖陆、海、天、网的全球互联互通网络，有效促进了各国商品、资金、技术、人员的大流通，推动绵亘千年的古丝绸之路在新时代焕发新活力。"为帮助发展中国家实现可持续发展提供了非常重要和有效的途径，树立了南南合作的典范""已经成为世界各国开展互利合作的重要平台和实现共同发展的重要机遇"……外国政要高度评价共建"一带一路"取得的丰硕成果。

　　"一带一路"国际合作充分证明，和平合作、开放包容、互学互鉴、互利共赢的丝路精神，是共建"一带一路"最重要的力量源泉。共建"一带一路"注重的是众人拾柴火焰高、互帮互助走得远，崇尚的是自己过得好、也让别人过得好，践行的是互联互通、互利互惠，谋求的是共同发展、合作共赢。国际人士指出，共建"一带一路"吸引越来越多国家参与其中，正是因为面对当今世界存在激烈地缘政治竞争和局部冲突风险，共建"一带一路"秉持的丝路精神得到国际社会广泛认可。

10年的历程证明，共建"一带一路"站在了历史正确一边，符合时代进步的逻辑，走的是人间正道。共建"一带一路"给世界带来的，永远是稳定性，永远是正能量。怀着乱云飞渡仍从容的定力，本着对历史、对人民、对世界负责的态度，中国将继续与各方携手应对各种全球性风险和挑战，为子孙后代创造和平、发展、合作、共赢的美好未来。

2023.10.20

实现和平发展、互利合作、共同繁荣的世界现代化

——推动共建"一带一路"进入高质量发展的新阶段②

"一带一路"打造了共同发展的合作平台，助力许多发展中国家加快了迈向现代化的步伐，将以更高质量、更高水平的新发展描绘各国共同实现现代化的宏伟画卷

在第三届"一带一路"国际合作高峰论坛开幕式上，习近平主席首次提出，各国应当携起手来，实现和平发展、互利合作、共同繁荣的世界现代化。这一宏伟愿景同构建人类命运共同体理念一脉相承，为高质量共建"一带一路"明确了努力方向。"一带一路"打造了共同发展的合作平台，助力许多发展中国家加快了迈向现代化的步伐，将以更高质量、更高水平的新发展描绘各国共同实现现代化的宏伟画卷。

"中国正在以中国式现代化全面推进强国建设、民族复兴伟业。我们追求的不是中国独善其身的现代化，而是期待同广大发展中国家在内的各国一道，共同实现现代化。"习近平主席的讲话，道出"中国好，世界会更好"的深刻内涵，揭示了中国推动共建"一带一路"谋求的是合作共赢、共同发展。实现现代化是世界各国人民的共同梦想，任何一个国家都不应在世界现代化进程中掉队。共建"一带一路"以构建人类命运共同体为最高目标，是各国共同走向现代化之路，也是人类通向美好未

来的希望之路。通过共建"一带一路",各国可以探索符合本国国情的现代化道路,可以分享中国式现代化的机遇。正如英国学者马丁·雅克所言,中国式现代化本质上是向世界开放机会,特别是向发展中国家开放机会。

共建"一带一路"为实现世界现代化愿景注入发展动能。10年来,"一带一路"合作从无到有,从规划图转化为实景图,开展了数千个务实合作项目,收获了实打实、沉甸甸的成果。从激活共建国家发展动力的大批基础设施建设项目,到通过"授人以渔"增强共建国家减贫能力的众多产业合作项目,"一带一路"合作着力破解制约共建国家发展的瓶颈,为各国共同走向现代化作出了贡献。在本届高峰论坛开幕式上,习近平主席宣布了中方支持高质量共建"一带一路"的八项行动,既有具体举措,也有长效机制,以高效务实的行动导向为世界现代化进程注入新动能。"共建'一带一路'有力促进了埃及经济发展""共建'一带一路'等重要倡议为发展中国家创造了重要机遇""高质量共建'一带一路'八项行动能够进一步助力非洲实现工业化、农业现代化和经济一体化"……外国政要高度评价"一带一路"合作为本国发展带来的机遇,期待高质量共建"一带一路"持续为本国现代化进程提供动力。

共建"一带一路"为实现世界现代化愿景提供实践路径。任何国家追求现代化,都应该秉持团结合作、共同发展的理念,走共建共享共赢之路。共建"一带一路"始终秉持共商共建共享原则,搭建起国际合作的新框架,为推进和平发展、互利合作、共同繁荣的世界现代化开辟了重要实践路径。本届高峰论坛期间,各方共形成458项成果,进一步拓展了"一带一路"合作领域。中方还宣布将以项目合作促进当地就业,实施1000个小型民生援助项目。这些重要举措的落实,必将为世界各国的现代化拓展更广空间。巴基斯坦智库全球丝绸之路研究联盟创始主席泽米尔·阿万认为,共建"一带一路"倡议强调包容性和开放性,有助于全球南方国家实现经济社会增长目标和可持续增长，帮助发展中国家加快迈向现代化的步伐。

共建"一带一路"追求的是发展，崇尚的是共赢，传递的是希望。推进这样一项造福共建国家人民的大事业，必须坚持目标导向、行动导向，咬定青山不放松，一张蓝图绘到底。中方将同各方不断深化"一带一路"合作伙伴关系，持续推动共建"一带一路"高质量发展，为实现世界各国的现代化作出不懈努力。

2023.10.23

坚定做高质量共建"一带一路"的行动派

——推动共建"一带一路"进入高质量发展的新阶段③

共建"一带一路"既要凝聚合作理念，更要采取实际行动。习近平主席在第三届"一带一路"国际合作高峰论坛开幕式上发表主旨演讲，宣布中国支持高质量共建"一带一路"的八项行动，为深化"一带一路"合作明确了新方向、开辟了新愿景、注入了新动力，再次证明中国既是共建"一带一路"倡议的提出者，也是共建"一带一路"的行动派。

"构建'一带一路'立体互联互通网络""支持建设开放型世界经济""开展务实合作""促进绿色发展""推动科技创新""支持民间交往""建设廉洁之路""完善'一带一路'国际合作机制"……习近平主席宣布的中国支持高质量共建"一带一路"的八项行动既有具体目标，也有重要合作倡议和制度性安排，为共同开创繁荣发展前景注入了信心和力量。"振奋人心，鼓舞着每一名共建'一带一路'的参与者和建设者""充分感受到中国对务实合作的坚持、对共享机遇的承诺""为深化'一带一路'国际合作提供了思想和路径指引"……八项行动符合推动共建"一带一路"高质量发展的需要，符合共建国家可持续发展的需要，引起各方的强烈共鸣。

八项行动凝聚高质量共建"一带一路"的合力。共建国家通过开展"一带一路"国际合作，形成政策协调、规划对接的合力，努力实现高标准、惠民生、可持续目标，让共建"一带一路"成果更好惠及全体人民，为共建国家经济社会发展作出实实在在的贡献。加快推进中欧班列高质量发展，积极推进"丝路海运"港航贸一体化发展；创建"丝路电商"合作先行区，同更多国家商签自由贸易协定、投资保护协定；全面取消制造业领域外资准入限制措施，将每年举办"全球数字贸易博览会"；中方将统筹推进标志性工程和"小而美"民生项目；中方将举办"良渚论坛"，深化同共建"一带一路"国家的文明对话……践行互联互通、互利互惠，谋求共同发展、合作共赢，共建"一带一路"不断汇聚发展的正能量。国际人士表示，这些举措将进一步促进国际贸易投资，为全球经济增长开辟新空间，为完善全球经济治理作出新贡献。

八项行动聚焦高质量共建"一带一路"的新发展。坚持开放、绿色、廉洁理念，是推动共建"一带一路"高质量发展的必然要求。中方将持续深化绿色基建、绿色能源、绿色交通等领域合作，加大对"一带一路"绿色发展国际联盟的支持；落实"一带一路"绿色投资原则；继续实施"一带一路"科技创新行动计划，举办首届"一带一路"科技交流大会，未来5年把同各方共建的联合实验室扩大到100家；提出全球人工智能治理倡议，愿同各国加强交流和对话，共同促进全球人工智能健康有序安全发展；会同合作伙伴发布《"一带一路"廉洁建设成效与展望》，推出《"一带一路"廉洁建设高级原则》。国际舆论认为，共建"一带一路"合作在数字、绿色等领域的发展为各国经济增长、合作共赢和共同繁荣描绘了"一幅充满希望的图景"。

八项行动完善高质量共建"一带一路"国际合作机制。中方将同共建"一带一路"各国加强能源、税收、金融、绿色发展、减灾、反腐败、智库、媒体、文化等领域的多边合作平台建设；继续举办"一带一路"国际合作高峰论坛，并成立高峰论坛秘书处。《第三届"一带一路"国际合作高峰论坛主席声明》显示，中国已与合作伙伴在20多个领域建立了多边对话合作平台。这些举措将为推动机制建设和项目落地发挥重要作用。俄罗斯科学院中国与现代亚洲研究所所长基里尔·巴巴耶夫表示，习近平主席宣布中国支持高质量共建"一带一路"的八项行动，将令"共建'一带一路'未来成绩单更加亮眼"。

"共建'一带一路'走过了第一个蓬勃十年，正值风华正茂，务当昂扬奋进，奔向下一个金色十年！"只要各方坚持做行动派，共建"一带一路"必将迎来更高质量、更高水平的新发展，为推动世界经济增长、促进全球共同发展提供源源不断的动能。

2023.10.24

建立利在千秋、福泽万民的长久之功

——推动共建"一带一路"进入高质量发展的新阶段④

共建"一带一路"合作伙伴坚守合作初心，牢记发展使命，不断深化"一带一路"合作伙伴关系，定能建立利在千秋、福泽万民的长久之功

在高质量共建"一带一路"的道路上，每一个共建国家都是平等的参与者、贡献者、受益者。习近平主席在第三届"一带一路"国际合作高峰论坛开幕式上发表主旨演讲，强调中方愿同各方深化"一带一路"合作伙伴关系，推动共建"一带一路"进入高质量发展的新阶段，得到各方积极呼应支持。不断深化"一带一路"合作伙伴关系，实现更高质量的共商、共建、共享，共建"一带一路"必将越来越繁荣、越走越宽广。

在变乱交织的百年变局之中，共建"一带一路"传承和平合作、开放包容、互学互鉴、互利共赢的丝路精神，坚持共商、共建、共享，构建起广泛的"一带一路"合作伙伴关系。10年来，150多个国家、30多个国际组织与中国签署230多份共建"一带一路"合作文件，共建"一带一路"合作伙伴遍布全球。第三届"一带一路"国际合作高峰论坛吸引来自151个国家和41个国际组织的代表来华参会，再次唱响合作共赢、共同发展的主旋律。共建"一带一路"进入高质量发展的新阶段，需要

不断深化"一带一路"合作伙伴关系，以更高质量的合作凝聚更大的合力。中国与各方建设更加紧密的卫生合作伙伴关系、互联互通伙伴关系、绿色发展伙伴关系、开放包容伙伴关系、创新合作伙伴关系、廉洁共建伙伴关系，将为高质量共建"一带一路"注入源源不断的动力。

不断深化"一带一路"合作伙伴关系有助于凝聚更多合作共识。世界进入新的动荡变革期，全球性挑战层出不穷，世界最需要的是合作。正如习近平主席所指出的，只有合作共赢才能办成事、办好事、办大事。只要大家把彼此视为朋友和伙伴，相互尊重、相互支持、相互成就，赠人玫瑰则手有余香，成就别人也是帮助自己。把别人的发展视为威胁，把经济相互依存视为风险，不会让自己生活得更好、发展得更快。共建"一带一路"给世界带来的，除了实打实、沉甸甸的成果，还有对"合作共赢才能办成事、办好事、办大事"的深刻理解和认同。这种理解和认同正在全世界播撒更多合作的种子，不断巩固"一带一路"合作伙伴关系。智利总统博里奇表示："共建'一带一路'倡议源自中国5000多年传统文化，基于平等和相互尊重原则，已经成为世界各国开展互利合作的重要平台和实现共同发展的重要机遇，智方高度评价并将继续积极参与。"

不断深化"一带一路"合作伙伴关系有助于汇聚更大发展动能。共建"一带一路"跨越不同文明、文化、社会制度、发展阶段差异，开辟了各国交往的新路径，搭建起国际合作的新框架，汇集着人类共同发展的最大公约数。实现共同发展是共建"一带一路"合作伙伴走到一起的初衷。在联合国2030年可持续发展议程落实进程受阻、南北鸿沟继续拉大的关键时刻，共建"一带一路"合作伙伴继续践行互联互通、互利互惠，谋求共同发展、合作共赢，有助于开创普惠平衡、协调包容、合作共赢、共同繁荣的发展格局，助力更多国家实现可持续发展目标。联合国秘书长古特雷斯表示，在共建"一带一路"倡议推动下，各国在基础设施领域获得更多机遇，加速落实可持续发展目标，"这为数十亿民众以及我们共享的地球带来希望和进步"。

第三届"一带一路"国际合作高峰论坛巩固了共建"一带一路"的国际共识，丰富了共建"一带一路"的合作成果，拓展了共建"一带一路"的光明前景，在共建"一带一路"进程中树立起又一个重要里程碑。展望未来，和平、发展、合作、共赢的历史潮流不可阻挡，人民对美好生活的向往不可阻挡，各国实现共同发展繁荣的愿望不可阻挡。共建"一带一路"合作伙伴坚守合作初心，牢记发展使命，不断深化"一带一路"合作伙伴关系，定能建立利在千秋、福泽万民的长久之功。

2023.10.27

大使随笔

弘扬丝路精神
携手共同发展

丝路结友谊　合作续新篇

李瑞宇

中意全面战略伙伴关系新十年的大幕已缓缓拉开。中国和意大利将以更深厚的友谊和更密切的合作，带动丝绸之路经济带舞出更多彩的旋律

古罗马有句成语："距离愈远，敬仰益深"。中国和意大利悠久的交往历史正是这句话的真实体现。2000年前，横贯亚欧大陆的古丝绸之路让中国和古罗马了解到对方的存在，双方的文明交流横跨万里，绵绵不绝，在中西方交往史上留下无数华丽篇章，也让两国人民结下了深厚友谊。

如今，浸润了千年历史的中意友谊焕发出勃勃生机。意大利的建筑、雕塑、绘画、歌剧等早已为中国人所熟识，饮食和时尚亦为中国人津津乐道。我出使意大利刚半年，已切身感受到"中国风""汉语热"正在意大利悄然兴起。中意两国互办的文化年和《秦汉—罗马文明展》等精品文物互换展览大获成功，成为增进两国人民了解的重要桥梁。两国人民由相识相敬到相知相亲，为中意关系的长期稳定发展奠定了坚实的基础。

去年，习近平主席提出共同建设丝绸之路经济带的战略构想。位于丝绸之路两端的中国和意大利再度携手，共同参与建设这条惠及30亿人的经济大走廊。今年3月，习近平主席访欧期间倡议，将中欧两大力量、

两大市场、两大文明结合起来，共同打造中欧和平、增长、改革、文明四大伙伴关系。意大利是欧盟创始成员国之一，今年下半年将担任欧盟轮值主席国，中意关系必将随着建设更具全球影响力的中欧全面战略伙伴关系，不断提升合作规模和水平，为中欧友好合作发展作出积极贡献。

中意关系发展的核心是互利双赢的务实合作。近年来，两国双边贸易规模不断扩大，相互投资增长迅速，合作模式不断创新，进入高端引领、强强联合的新阶段。众多中意企业合作开拓两国市场和国际市场，实现优势互补、互利共赢。中意科技创新合作树立了国际典范，双方目前建有技术转移、设计创新、电子政务三大中心，技术转移中心启动一年多来已促成50余个项目。

放眼未来，中意深化务实合作面临难得的机遇。中国正在全面深化改革，推进新型工业化、信息化、城镇化、农业现代化，打造中国经济升级版；意大利正在努力推进制度改革，发挥节能环保、高端制造、现代农业、食品安全和时尚设计等领域的传统优势，优化经济结构。双方的优势和现实需求高度契合，可分享巨大的改革与创新红利。随着双方合作领域日益拓展、内涵不断丰富，一个全面深入、生气蓬勃、互利共赢的合作局面将为双边关系可持续发展提供重要支撑。

今年是中意全面战略伙伴关系建立十周年。今年10月，第十届亚欧首脑会议将在意大利米兰召开，明年米兰还将举办世博会……中意全面战略伙伴关系新十年的大幕已缓缓拉开。中国和意大利将以更深厚的友谊和更密切的合作，汇入丝绸之路经济带的华彩乐章。

（作者为中国驻意大利大使）

2014.06.11

中埃把握机遇共筑梦想

宋爱国

随着新苏伊士运河的建成和"一带一路"建设的推进，中埃双方将把握历史机遇，开拓进取，铸就两国关系新的辉煌

位于埃及东北部的苏伊士运河，连通地中海和红海，扼亚、非、欧交通咽喉，是埃及经济大动脉，也是世界航运要道。今年8月5日，埃及总统塞西宣布将开凿一条总长为72公里的新苏伊士运河。这项工程被誉为埃及"国家的新骄傲"。它的建成将全面带动苏伊士运河沿线地区的开发，再次巩固和加强埃及在全球航运格局中的枢纽地位。

与此同时，中国加快了向西开放的步伐。不久前，习近平主席提出了中国和阿拉伯国家共建"一带一路"、构建"1+2+3"合作格局的倡议。对中国而言，埃及拥有独特的区位优势，是推进"一带一路"建设的重要合作伙伴。对埃及来说，当前正在推行平衡的外交方针，中国是其"东向"政策的一个重要对象。目前，埃及正开启新的历史时期。中国的改革开放道路、发展方式、经济特区建设等都具有重要的借鉴意义。苏伊士运河是埃及拓展对外合作之途，"一带一路"是中国加强与亚非国家关系之路。中埃发展理念和奋斗目标遥相呼应，呈现许多相通之处。

2013年，中埃双边贸易额首次突破百亿美元大关，中国成为埃及第一大贸易伙伴。同时，中埃苏伊士经贸合作区拓展区建设顺利推进，呈

现蓬勃的发展活力。事实证明，中埃在许多领域可以实现优势互补和产业对接，在经贸投资、能源电力、铁路交通、港口物流、航天科技等方面孕育着巨大合作潜力。两国在"一带一路"框架内不断拓展合作内涵，提升合作水平，是大势所趋，更是人心所向。

作为发展中国家，振兴经济、改善民生是中埃共同的发展目标，实现民族振兴、国家富强是两国共同的历史使命。中国人民为之奋斗的中国梦和埃及人民昂首期盼的埃及梦心意相通，紧密相连。在历史机遇面前，中埃都秉持改革、发展、稳定的相似施政理念，努力在合作共赢中实现各自的远大理想与抱负。

回溯历史，2000多年前的古丝绸之路将中埃两大文明古国紧密联系在一起。半个多世纪前，正当亚非民族解放运动风起云涌之时，中埃老一辈领导人高瞻远瞩，揭开了两国关系的新篇章。埃及是第一个与新中国建交的阿拉伯和非洲国家，也是第一个和中国建立战略合作关系的阿拉伯和非洲国家。一路走来，两国相互支持，同舟共济，始终是彼此信赖的好朋友、好伙伴、好兄弟。展望未来，两国走在改革发展和民族振兴的道路上，必将不断汇聚合作的正能量，释放共赢的闪亮点，继续成为中阿、中非、南南合作的典范。

塞西总统即将对中国进行国事访问，这是他就任总统后不久的一次重要出访，对中埃关系在新时期的发展具有重要意义。"长风破浪会有时，直挂云帆济沧海。"中埃关系站在新的历史起点上，将乘风破浪，一路向前。我深信，随着新苏伊士运河的建成和"一带一路"建设的推进，中埃双方将把握历史机遇，开拓进取，铸就两国关系新的辉煌。

（作者为中国驻埃及大使）

2014.12.22

志同道合的发展伙伴

常 华

中国同阿联酋正跨越山海，走上共建"一带一路"这条合作共赢的
阳光大道

一句阿拉伯谚语说得好：择路先择伴。中国同阿联酋便是志同道合
的发展伙伴。在过去30多年时间里，中阿两个不同社会制度的国家都创
造了举世瞩目的发展奇迹。2012年，阿联酋成为首个同中国建立战略伙
伴关系的海湾阿拉伯国家，双边关系发展提挡加速，内涵更加丰富。中
国的"十三五"规划建议与阿联酋政府提出的"2020愿景"高度契合，
两国在实现创新发展、协调发展、绿色发展等领域规划趋近，在推进结
构性改革等方面的顶层设计趋同，为引导两国关系在更大范围、更高水
平、更深层次实现对接发展提供了无限可能。

不久前，中国驻阿联酋大使馆同阿经济部联合主办"新丝路、新思
路"研讨会，邀请知名专家同阿工商界人士就中阿共建"一带一路"交
流探讨、建言献策。许多阿联酋朋友告诉我，共建"一带一路"契合阿
联酋利益和关切，为发展带来新机遇、新动力。阿联酋是地区重要的交
通枢纽和金融、贸易中心，愿同中方一道创新合作模式，完善合作渠道，
做中国在地区推进"一带一路"建设的重要伙伴。中阿两国如今正跨越
山海，走上共建"一带一路"这条合作共赢的阳光大道。

阿联酋已连续多年成为中国在西亚北非地区的第二大贸易伙伴和第一大出口市场，2014年两国双边贸易额已达548亿美元。今年阿联酋加入亚投行并成为创始成员国。两国商品贸易结构不断优化升级，在产能合作、基础设施、能源化工、装备制造、通信技术等领域合作成果丰硕，在航天、新能源等领域合作潜力巨大。习近平主席去年在中阿合作论坛第六届部长级会议开幕式上提出的中国同阿拉伯国家构建"1+2+3"合作格局，在中国和阿联酋间已率先初见雏形。

两国人文领域交流更加密切。在阿联酋约有20多万中国侨民，今年春节阿联酋许多高端酒店、商场、游乐场纷纷举办庆祝活动，年味十足、热闹非凡。现在，中国公民赴阿旅游越来越火爆。与此同时，"汉语热""中国热"正在阿联酋悄然兴起，无论是王室成员还是普通百姓，学习汉语不仅是兴趣所在，更成为阿高层培养青年一代、发展对华关系的战略选择。中国已在阿布扎比和迪拜设立了两所孔子学院，阿布扎比哈姆丹学校是中东地区唯一一所正式使用中文教学的公立小学。此外，今年在北京举行了"迪拜周"、在阿布扎比举行了"中国人眼中的阿联酋"摄影展等一系列文化交流活动。

再过几天，阿联酋阿布扎比王储穆罕默德殿下将对中国进行正式访问。中阿两国领导人将共同为新时期双边关系发展谋长远、定路线、画蓝图，推进两国共建"一带一路"取得更多实实在在的成果，推动中阿战略伙伴关系走向更加美好的明天。

（作者为中国驻阿联酋大使）

2015.12.11

共拓合作路　乘风到天方

李成文

中国愿同沙特共建"一带一路"、推进中阿"1+2+3"合作布局，进一步深化双方政治互信和利益融合，推动中沙关系乘风破浪，开启新的航程

说起沙特阿拉伯，人们就会想到广袤无垠的黄沙瀚海、星罗棋布的清真寺、一掷千金的石油富豪、全球穆斯林向往的麦加天方和身着白色长袍、热情好客的阿拉伯人。古道驼铃，宝船浩荡，中沙人民自古以来就通过陆上和海上丝绸之路相互交流往来，明朝郑和船队曾赴天方（即今麦加）朝觐，随行的航海家、翻译马欢盛赞天方是"极乐之国"，天方国王也曾派使臣访华。

中国与沙特1990年正式建交，沙特在阿拉伯国家中与我国建交最晚，但建交后双边关系突飞猛进、后来居上。沙特人保持着沙漠游牧民族热情淳朴、豪爽仗义的文化传统，对中国朋友十分"够意思"。2008年中国汶川特大地震发生后，沙特政府第一时间向我国提供5000万美元现金和1000万美元物资援助，是对我国援助最多的国家，当时年过六旬的沙特驻华大使叶海亚先生带头，使馆40余名工作人员为灾区人民献血。2010年上海世博会期间，沙特耗资1.5亿美元修建独具匠心的"月亮船"展馆，并在世博会结束后无偿赠予中方。中国也重情谊、讲信义，始终坚

定支持沙特的稳定与发展。

在双方共同努力下，中沙各领域务实合作全面开花，两国人民友谊不断加深。沙特是中国在西亚非洲地区第一大贸易伙伴和第一大原油供应国。中沙基础设施建设、投资、劳务合作稳步扩大，在产业产能、航天卫星、科技、核能与可再生能源、金融等新兴领域合作不断拓展。中国2013年担任沙特"杰纳第利亚民族文化遗产节"主宾国，沙特担任北京国际书展主宾国。中沙互派留学生不断增加，中国赴沙朝觐的穆斯林持续增多。特别值得一提的是，沙特热情支持中方提出的共建"一带一路"倡议，并已成为亚投行创始成员国。

展望未来，在中东地区持续动荡、全球能源格局深度调整的大背景下，中沙利益契合点不断增多，相互借重和需求日益增大，合作前景更加广阔。历史上丝绸之路曾推动了中国与包括沙特在内各国友好交流往来，今天中方提出的共建"一带一路"倡议为中沙关系发展提供了新的机遇。沙特作为阿拉伯大国，在以能源合作为主轴，以基础设施建设、贸易和投资便利化为两翼，以核能、航天卫星、新能源三大高新领域为突破口的中国与阿拉伯国家"1+2+3"合作格局中，中沙合作更是大有可为。

问渠哪得清如许，为有源头活水来。中国国家主席习近平即将对沙特进行国事访问，这是习近平担任国家主席以来首次出访中东国家，也是萨勒曼国王登基以来中国领导人首次访沙，具有重要历史性意义。沙特人民热切期待习近平主席来访。中方愿以此访为契机，同沙方共建"一带一路"、推进中阿"1+2+3"合作布局，进一步深化双方政治互信和利益融合，推动中沙关系乘风破浪，开启新的航程。

（作者为中国驻沙特大使）

2016.01.16

"一带一路"唱响联合国舞台

刘结一

"一带一路"倡议是中国为实现世界和平稳定、发展繁荣提供的公共产品，是大家携手前进的阳光大道

前不久，第七十一届联合国大会协商一致通过关于阿富汗问题第A/71/9号决议。决议明确欢迎"一带一路"重要倡议，敦促各国通过参与"一带一路"，促进阿富汗及地区经济发展，呼吁国际社会为开展"一带一路"建设提供安全保障环境。这是今年3月安理会第2274号决议首次纳入"一带一路"倡议内容后，联合国193个会员国一致赞同"一带一路"倡议载入联大决议。

中国提出的"一带一路"倡议，唱响联合国舞台，转化为国际共识，得到所有会员国的认可和支持，充分表明"一带一路"倡议与联合国当前工作和未来发展方向高度契合，与联合国所承载的多边主义精神高度契合，与联合国会员国的共同利益高度契合。

联合国是最具普遍性、权威性和代表性的政府间国际组织，在维护国际和平安全、推动共同发展方面发挥着不可替代的重要作用。2015年9月，联合国发展峰会通过2030年可持续发展议程，确定了未来15年国际社会共同发展的蓝图。习近平主席在峰会上宣布，中国愿意同有关各方一道，继续推进"一带一路"建设。中国将以落实

发展议程为己任，推动全球发展事业不断向前发展。"一带一路"倡议确定的政策沟通、设施联通、贸易畅通、资金融通、民心相通五大国际合作方向，与2030年可持续发展议程17项可持续发展目标紧密相关。联合国倡导共建"一带一路"，将助力2030年可持续发展议程顺利实施。

联合国作为政府间合作组织，推进多边务实合作是精髓。不久前，习近平主席在会见候任联合国秘书长古特雷斯时表示，中方将继续参与和支持联合国各领域合作，做联合国事业的坚定支持者、多边主义的坚定践行者，以《联合国宪章》宗旨和原则为核心的国际秩序的坚定维护者。"一带一路"倡议以共商、共建、共享为原则，以和平合作、开放包容、互学互鉴、互利共赢为指引，以打造命运共同体和利益共同体为合作目标。这些原则和目标，使联合国和各会员国体会到"一带一路"倡议是中国为实现世界和平稳定、发展繁荣提供的公共产品，是大家携手前进的阳光大道。

"一带一路"倡议提出3年来，由点及面，稳步推进，已取得一系列重要早期收获。100多个国家和国际组织积极参与其中，30多个国家同中国签署了合作协议，一批重要基础设施和互联互通项目得到落实。有关各方共同利益的蛋糕越做越大。这使更多国家看到中国倡议带来的广阔合作前景和丰硕成果。这次联合国全体会员国一致以决议形式为"一带一路"倡议点赞，呼吁沿线各国积极参与其中，便是鲜明体现。

当前，国际形势复杂演变，全球治理深入推进，和平与发展仍是时代主题。联合国在维护世界和平，促进共同发展方面任务更加艰巨，国际社会对同中国开展合作的意愿更加强烈。我们将抓住机遇，与联合国广大会员国共同落实好"一带一路"倡议，使"一带一路"倡议实实在在惠及各国人民，推动构建以合作共赢为核心的新型国际关系，打造人类命运共同体，为建设持久和平、共同繁荣的世界作出更大贡献。

（作者为中国常驻联合国代表、特命全权大使）

2016.12.08

"非洲屋脊"上的丝路情缘

腊翊凡

埃塞总统穆拉图说，"一带一路"是令人振奋的倡议，有助于促进中国同世界各国更好地开展务实合作

在遥远的"非洲屋脊"，有个与中国拥有同样悠久历史的文明古国，那就是人类的发源地——埃塞俄比亚。在古代丝绸之路推动下，纵使相隔万里，中埃塞2000多年来往来不绝、心意相通；在"一带一路"倡议引领下，任凭斗转星移，两国关系蒸蒸日上、历久弥坚。

早在秦汉时期，中埃塞两国民间即有贸易往来。公元前1世纪左右，阿克苏姆帝国（今埃塞）依靠红海繁华的东西方贸易逐步崛起，曾以象牙、乳香、黄金大量换取中国丝绸转售欧洲。唐朝人杜环曾随阿拉伯使团经埃及、苏丹至阿克苏姆。杜环自埃塞回国后，著《经行记》详记其闻。随着陆路和海上丝绸之路日益繁荣，两国交往更为密切。在埃塞东部迪雷达瓦地区曾发掘出土中国北宋时期的"元丰通宝"，足见两国贸易往来之密切。

近代以来，中埃塞两国人民在世界反法西斯战争中肝胆相照、相互激励，结下深厚情谊。毛泽东主席在《论持久战》中分析了埃塞顽强抗击意大利侵略者的经验，鼓舞了中国人民抗击日本侵略者的斗志。1971年，海尔·塞拉西皇帝访华时自豪地说，我和毛泽东主席都是反法西斯

战士。2015年9月，海尔马里亚姆总理专程来华出席了中国人民抗日战争暨世界反法西斯战争胜利70周年纪念活动。

新时期的"一带一路"倡议，为打造中埃塞命运共同体、助力两国实现各自伟大复兴梦发挥着重要推动作用。当前，埃塞是中非产能合作先行先试示范国家，也是"一带一路"延伸方向取得早期收获最多的国家之一。中国已成为埃塞第一大投资来源国、第一大贸易伙伴国和第一大工程承包方，中国还融资建设了埃塞第一条高速公路、第一条城市轻轨、第一条电气化铁路、第一座风电站和第一个现代化工业园。中埃塞合作的快速发展带动埃塞成为非洲交通枢纽和门户，每年经亚的斯亚贝巴转机的中国旅客达百万人次。埃塞总统穆拉图说，"一带一路"是令人振奋的倡议，有助于促进中国同世界各国更好地开展务实合作。

蓬勃发展的中埃塞合作不仅促进了埃塞经济社会发展，也带动了中国装备、技术、资金乃至标准、规范、理念等走进埃塞、深入非洲，为国内经济结构调整和产业转型升级作出了重要贡献。得益于埃塞劳动力富集、区位优势突出等特点，中埃塞合作日益拓展深化，使双方受益，已成为中非合作和南南合作的典范。日前，中国驻埃塞使馆与埃塞外交战略研究所联合举办"'一带一路'研讨会：非洲视角"，与会者踊跃发言，盛赞"一带一路"倡议对包括埃塞、非洲等相关国家和地区带来的难得发展机遇。

近悦远来，共襄盛举。海尔马里亚姆总理即将应邀出席"一带一路"国际合作高峰论坛。两国领导人将再叙中埃塞人民深厚情谊，共商两国发展大计，为"一带一路"建设贡献智慧、擘画蓝图。

（作者为中国驻埃塞俄比亚大使）

2017.05.07

做"一带一路"上的亲朋好友

段洁龙

对大多数中国人而言，匈牙利虽相距遥远但并不陌生。匈牙利著名诗人裴多菲的《自由与爱情》、著名音乐家李斯特的《匈牙利狂想曲》、匈牙利电影《牧鹅少年马季》等，曾给许多年长的中国人留下深刻记忆。2014年，匈牙利魅影歌舞团的影子舞在春晚舞台上大放异彩，使更多中国人对匈牙利留下了美好印象。

出使匈牙利近两年来，在繁忙的工作之余，我抽时间走访了该国20多个城市，对这个国家和民族的认识日益深入。匈牙利人是欧洲鲜有的烙着"东方印记"的民族，他们的祖先来自东方，其民族文化和习俗与中华民族有很多相通相似之处，比如姓名、地名、日期的书写顺序与中国的习惯相同，匈牙利传统民歌与中国甘肃裕固族的西部民歌惊人相似。到任以来，我结交了许多匈牙利朋友，听到最多的是："我们在历史上曾经是亲戚，现在是好朋友。"

中匈两国是传统友好国家，匈牙利是最早承认新中国的国家之一。目前，两国关系处于历史最好时期。特别是中国提出的"一带一路"倡议与匈方的"东向开放"政策高度契合。匈牙利是第一个同中国签署"一带一路"合作文件的欧洲国家，也是首个同中国建立和启动"一带一路"工作组机制的国家。"一带一路"倡议提出以来，双方在对接和推进"一带一路"建设方面取得一批重要合作成果，为双边关系发展注入新动能。

目前，中国是匈牙利在欧洲以外的第一大贸易伙伴，匈牙利是中国在中东欧地区的第三大贸易伙伴。在双方共同努力下，"一带一路"建设框架下的重要项目匈塞铁路正在稳步推进。中东欧地区首个人民币业务清算中心业已落户布达佩斯，匈牙利在中东欧国家中率先发行了10亿元人民币主权债券，两国金融领域合作不断取得新突破。

双方在人文领域交流方兴未艾，4所孔子学院在匈牙利运行良好。去年3月，首个中国驻中东欧地区的旅游办事处在匈挂牌成立，布达佩斯这一多瑙河上的璀璨明珠，吸引着越来越多的中国游客前来游览观光。近期，作为首家在欧洲独立注册智库的中国—中东欧研究院在匈成立，将有力促进中国与中东欧国家智库交流与合作。最让我引以为傲的是，就在上个月，《习近平谈治国理政》匈牙利文版成功发行，这是在中东欧国家出版的首个版本。这不仅增进了匈牙利各界对中国发展理念的认识和理解，而且引起中东欧许多国家的关注和期待。

此外，匈牙利政府专门设立了一所同时使用母语和汉语双语教学的匈中双语学校，并于去年10月扩建了高中部，成为十二年制"全贯通"的双语学校。现在，已有200多名匈牙利孩子和约百名中国孩子在该校就学。中国还专门设立了"中国大使奖学金"。首批获奖的8名孩子十分激动，让我和许多出席颁奖活动的人们都深深感动。

本月，匈牙利总理欧尔班将应邀出席在北京举办的"一带一路"国际合作高峰论坛并正式访华，这是中匈关系中的一件大事，将进一步提升两国战略互信和双边关系发展，并推进两国在共建"一带一路"方面的务实合作和共同发展。今年下半年，匈牙利还将举办第六次中国—中东欧国家领导人会晤，为推进中国与中东欧国家合作提供平台并作出积极贡献。我相信，随着"一带一路"建设以及中国—中东欧

国家合作的不断推进，中匈友好合作将取得更多丰硕成果，双边关系
必将翻开新的历史篇章。

（作者为中国驻匈牙利大使）

2017.05.08

扬帆海丝路　加鞭更奋蹄

谢　锋

当前，印尼各界对"一带一路"倡议的认识更加积极务实，对印尼扮演的关键角色更加乐观期待

2013年10月3日注定载入史册。习近平主席应邀在印尼国会发表题为《携手建设中国—东盟命运共同体》的演讲，首次向世界发出共建21世纪海上丝绸之路的倡议。现场聆听演讲的一位印尼议员说："这是继1955年万隆会议后，印尼见证的又一重大里程碑事件！"短短3年，"一带一路"建设从无到有、由点及面，进度和成果超出预期，已成为中国特色大国外交的一面旗帜、广受世界欢迎的国际公共产品，成为以中国智慧和中国方案应对全球化挑战、完善全球治理的新路径。

中印尼因海结缘。历史上，"千岛之国"印尼就是古代海上丝绸之路的重要枢纽。郑和七下西洋，每次都到访印尼群岛。印尼扼守两洋两洲，文化多元，资源富饶，潜力巨大，人口、国土面积和经济总量均占东盟40%左右，是"一带一路"建设的支点国家和国际产能合作的优先方向。

中国驻印尼使馆全体同志身在印尼，胸怀祖国，放眼世界。在中央和国务院坚强领导下，在国家发改委、外交部等部门有力协调下，我们和中铁总、国家开发银行等企业团结奋战，致力于21世纪海上丝绸之路

倡议和印尼"全球海洋支点"战略深入对接，持之以恒推进雅加达—万隆高铁项目。中国高铁首次全系统、全要素、全产业链落地海外，创造了"雅万奇迹"。拿下雅万高铁项目后，我们继续发扬习近平主席倡导的"钉钉子精神"，一步一步将雅万高铁项目建设推向前进，变不可能为可能，打造"雅万精神"。

我们充分发挥"雅万效益"，本着共商共建共享原则，推动"一带一路"建设在印尼全面开花。中国连续6年保持印尼最大贸易伙伴，由第九大投资来源地跃升为第三大投资来源地。2016年中国首次成为印尼最大海外游客来源国。两国经济合作方式从单纯商品贸易、工程承包，向投资运营、合作生产、技术转移、人员培训方向延伸，领域从传统基建、能源等，向财金、通信、电子商务、房地产等新兴行业拓展，新动能不断涌现，新亮点层出不穷。

雅万高铁是新时期中印尼互利合作的标志性工程，也是"一带一路"建设的重大早期收获之一。它由中印尼合资公司共同建设和运营，双方收益共享，风险共担，结成了紧密的利益共同体和命运共同体。它不仅将极大缓解雅加达至万隆的交通拥堵，还将带动沿线地区制造、电力、基建、旅游、物流、冶炼等产业发展，创造就业，增加税收，普惠民生，形成雅万高铁经济走廊。作为东南亚首条高铁，雅万高铁将成为"一带一路"沿线国家"修路致富"、合作共赢的又一成功故事，发挥积极、持久的示范作用。

再过两天，"一带一路"国际合作高峰论坛将在北京举行。印尼一位内阁部长称之为今年世界经济最重要的事件。印尼总统佐科高度重视，将率10位内阁部长、省长参会。这也是他两年半内第五次访华，习近平主席将同他举行第六次会晤。当前，印尼各界对"一带一路"倡议的认识更加积极务实，对印尼扮演的关键角色更加乐观期待，两国各层次交流合作机制更加健全畅通。乘此高峰论坛东风，相信双方将进一步对接发展战略，进一步推进务实合作，共同提速"一带一路"建设，谱写中印尼全面战略伙伴关系新篇章！

（作者为中国驻印尼大使）

2017.05.12

让中捷人民更有获得感

马克卿

捷克民众对传统中医药的认可度和需求量不断增加，传统中医为众多捷克病患带来福音

春华秋实，三年有成。2014年初，我出使捷克，亲历了中捷关系转圜并走上快速发展轨道的全过程。这3年多适逢"一带一路"倡议走向世界。中捷双方紧紧抓住"一带一路"倡议打开的机遇之窗、战略之门，不断加强政策沟通，推进空中联通，促进经贸畅通，强化民心相通，在政治、经贸、人文等领域取得了一系列务实合作成果，使两国人民有了实实在在的获得感，并推动两国关系迈上更加开阔的峰岭。

3年多来，习近平主席与捷克总统泽曼5次会晤，就深化政治互信、促进各领域交流合作达成重要共识。2016年3月，习近平主席对捷克进行历史性访问，将两国关系带入历史最好时期，并提升至战略伙伴高度。两国签署了共建"一带一路"谅解备忘录和落实备忘录的双边合作规划，捷克成为最先参与"一带一路"建设的欧洲国家之一。

两国贸易保持稳定增长，2016年达到110亿美元，占中国与中东欧16国贸易总额的20%。双向投资额大幅攀升。中国的汽车零部件、彩电制造业以及信息产品服务业得以进入捷克市场，同时也为当地提供了5000多个就业岗位。捷克是欧盟失业率最低的国家之一，中国的投资也

有一份功劳。

漫步在布拉格街头，你会不经意间发现各类中国产品。不少捷克人对华为、华信、中兴、长虹等中国品牌如数家珍，对海信、阿里巴巴、银联等也日渐熟悉。中国商品质优价廉，使当地民众享受到两国贸易的便利与实惠。同样，中国民众对捷克产品也不陌生。斯柯达轿车、捷信经营的小额消费信贷在中国很是"火爆"。在经济全球化浪潮中，两国经贸合作正呈现互利互补的良好发展局面。

3年多来，在双方共同推动下，海南航空、东方航空和四川航空相继开通了北京、上海、成都至布拉格3条直达航线，每周飞16个航班，成为相隔万里的中捷两国之间繁忙的"空中走廊"。直航的开通不仅便利了两国经贸往来，而且满足了中国游客到中东欧发现"新大陆"的愿望，源源不断的中国游客也带动了捷克商业、餐饮等相关产业发展，为捷克带来可观红利。2016年，中国赴捷游客达到35.5万人次，比3年前增长一倍。

人文交流是共建"一带一路"的基础性工程。3年多来，两国开展了一系列文化、教育、科技、体育等交流活动，架起一座座民心相通的"精神桥梁"。捷克研究"一带一路"和学习汉语热不断升温，全国有10所大学开设了汉语专业或汉语学分课，30余所中小学开设了汉语选修课，各类孔子课堂、"中国中心"陆续涌现。2016年3月习近平主席访捷期间，两国元首亲切会见中捷少年冰球和足球运动员，成为两国体育交流的一段佳话，也进一步推动了体育交流。

3年多来，捷克民众对传统中医药的认可度和需求量不断增加，中东欧首家由政府支持的中医中心落户捷克赫拉德茨医院，不同规模的中医诊所遍布捷克各州。在布拉格几十家中医诊所中，许多患者预约就诊排到了6个月以后。传统中医为众多捷克病患带来福音。

中捷3年多来的合作交流再次印证了"一带一路"倡议来自中国、属于世界，惠及沿线各国人民。相信乘"一带一路"国际合作高峰论坛的东风，中捷在共建"一带一路"的征途上将收获更丰硕的成果，更多地造福两国人民。

（作者为中国驻捷克大使）

2017.05.15

"一带一路"，巩固中俄世代友好新纽带

李　辉

中俄两国元首将实现年内第三次会晤，为双边关系发展作出战略部署，着力将"一带一路"建设与欧亚经济联盟建设对接合作推向更高水平

近年来，中俄全面战略协作伙伴关系持续保持高水平运行，高层交往更加频繁，务实合作稳步推进，人文交流蓬勃发展，国际协作日益密切，政府间、企业间、民间各领域交流机制运行良好，发展睦邻友好合作关系的社会和民意基础不断巩固。成熟、稳定、健康的中俄关系，已成为当今世界新型国家关系的典范和维护地区和世界和平稳定的压舱石。特别是在当前国际形势复杂多变、世界经济复苏缓慢、大国关系深刻调整的大背景下，中俄进一步深化全面战略协作伙伴关系的客观必要和主观愿望不断增强，这需要双方找到新的着力点和驱动力。

2013年，习近平主席提出"一带一路"建设宏伟倡议。这是凝练历史经验、汇聚当代智慧、体现大国责任与担当的创新全球治理方案。作为中国最大邻国和推进"一带一路"建设中不可或缺的重要一环，俄罗斯积极响应和参与"一带一路"建设。2015年5月，习近平主席和普京总统共同签署中俄关于丝绸之路经济带建设和欧亚经济联盟建设对接合作的联合声明，充分表明两国打造命运共同体的坚定意志，极大地拓宽

了双方战略合作空间，为中俄全面战略协作伙伴关系继续向前推进注入新的强大动力。

两年多来，在中俄双方共同努力下，对接合作取得积极成果，突出体现在以下方面：一是能源领域，中俄东线天然气管道建设进展顺利，俄将按计划向中方供气。双方共同参与的亚马尔液化气项目一期工程将于今年完工；二是互联互通，连接中国东北地区和俄远东地区的跨境铁路桥建设、"滨海1号"、"滨海2号"大型交通走廊建设稳步推进，中国联通（俄罗斯）运营有限公司在莫斯科开业；三是大项目合作，中俄联合研发远程宽体客机、重型直升机等项目取得进展；四是金融投资，中国国家开发银行、进出口银行与俄多家金融机构确定了新一批重大投资合作项目，俄央行在中国开设代表处，俄罗斯人民币清算中心在莫斯科启动；五是经贸领域，双边贸易额回升，并于2017年前5个月达到2231亿元人民币（约328亿美元），同比增长33.7%，农产品、油气设备等日益成为两国经贸合作新的增长点；六是人文交流，两国媒体参与"中俄媒体交流年"的热情高涨，中俄媒体论坛实现机制化、常态化，中俄合拍纪录片《这里是中国》《你好中国》等一批批优秀作品相继播出，使两国民众彼此了解更深，心与心贴得更近。

中俄元首对双边关系深入发展起到了重要的战略引领作用。今年5月以来，两国元首已两次会晤，再次重申了双方加强战略协作、共同推动"一带一路"建设与欧亚经济联盟建设对接合作取得更多实际成果的愿望与决心。7月，习近平主席将对俄罗斯进行国事访问，两国元首将实现年内第三次会晤。两国元首将为双边关系发展作出战略部署，着力将"一带一路"建设与欧亚经济联盟建设对接合作推向更高水平，助力两国经济发展，造福两国和两国人民。

以和平合作、开放包容、互学互鉴、互利共赢为核心的丝路精神引领"一带一路"建设，顺应时代潮流，得到了世界上越来越多国家的支持和参与，在国际社会引起了广泛反响。我坚信，中俄围绕"一带一路"建设开展的合作，将成为巩固两国世代友好的新纽带，也将为欧亚地区乃至世界和平发展作出新贡献。

（作者为中国驻俄罗斯大使）

2017.06.29

新时代跨越大洋的牵手

李金章

共建"一带一路",中拉具备得天独厚的条件

400多年前,满载丝绸、珠宝、瓷器、香料的中国商船从广东、福建等地港口出发,穿越浩瀚的太平洋,远行至墨西哥等拉美国家,开启了"太平洋海上丝绸之路"的辉煌时代,掀开了千帆争流、舟楫相望的中拉经贸合作新纪元。

今天,中拉合作驶入蓬勃发展的快车道,迎来快速发展的机遇期。去年前10个月,中拉贸易额达到2100多亿美元;截至2016年,中国在拉美直接投资存量达到2071亿美元,拉美地区已成为仅次于亚洲的中国海外第二大投资目的地。

中拉关系站上百尺竿头,未来如何更进一步?如果说2015年在北京举行的中国—拉共体论坛首届部长级会议标志着中拉整体合作正式扬帆启航,即将在智利举行的中拉论坛第二届部长级会议则将描绘出中拉合作新航向,开辟"一带一路"建设与拉美发展战略对接的光明未来。

2013年,习近平主席提出"一带一路"国际合作倡议,得到了拉美各国的积极响应。拉美和加勒比地区历史上就是海上丝绸之路的自然延伸,也是当前"一带一路"建设不可或缺的重要参与方。拉美国家近20位领导人和高官出席了去年的"一带一路"国际合作高峰论坛,不少国

家已经与中方签署产业对接协议。

共建"一带一路",中拉具备得天独厚的条件。"一带一路"建设的共商共建共享理念与拉美国家追求主权独立、平等相待的理念高度契合。中拉之间没有地缘政治冲突,只有真诚的合作意愿;双方始终坚持相互尊重、平等相待、合作共赢,筑牢了全面合作伙伴关系的根基。中拉在技术、资本、市场等方面拥有天然的互补优势,完全可以转化为全面合作优势;中拉友好深入人心,教育、文化、媒体、旅游合作方兴未艾,厚植了民意支撑。双方期待抓住"一带一路"建设的机遇,增进中拉政策沟通、设施联通、贸易畅通、资金融通和民心相通,为拉美发展和中拉合作换挡升级注入新动力。

作为拉美地区大国,巴西是21世纪海上丝绸之路向拉美延伸的重要支点。日益深化的中巴全面战略伙伴关系为此奠定了坚实的政治、经济基础。习近平主席多年来为中巴关系发展倾注了大量心血,去年还同访华的特梅尔总统就"一带一路"建设同巴西发展战略对接进行了深入探讨。近年来,中巴务实合作硕果盈枝。去年1月至9月,中巴贸易额超过665亿美元,同比增长近30%;中国在巴投资存量接近500亿美元。去年,200亿美元的中国—巴西扩大产能合作基金顺利启动,将进一步加强中巴基建、农业、电力、通信等领域合作,助力建设拉美物流、电力、能源、信息通道,促进地区互联互通和一体化进程。中巴全面战略伙伴关系深耕厚植,必将行稳致远。

"浩渺行无极,扬帆但信风。"我相信中拉双方将以中拉论坛第二届部长级会议为契机,借助"一带一路"建设的强劲东风,推动中拉合作在新起点上扬帆起航。

（作者为中国驻巴西大使）

2018.01.20

让中拉命运共同体之船扬帆远航

邱小琪

中拉命运共同体之船将沿着"一带一路"合作倡议的航道，载着共同繁荣的梦想乘风破浪，扬帆远航

3年前，中拉论坛首届部长级会议在北京召开，成为加强中拉关系的新机制，中拉关系进入双边合作与整体合作并行互促的新阶段。1月19日至22日，中国—拉美和加勒比国家共同体论坛第二届部长级会议在智利圣地亚哥举行，中拉双方共同探讨加强互联互通，聚焦互利共赢、共同发展，规划未来3年论坛发展和整体合作蓝图。

中国是最大的发展中国家，拉美是世界上最具发展潜力的地区之一，相似的发展阶段和共同的发展任务，让中拉成为分隔在大洋彼岸的亲密"近邻"。

政治互信为中拉关系发展指明方向。习近平主席4年内3次访问拉美，走访10个拉美和加勒比国家，在双多边场合同拉美和加勒比国家领导人会面。双方就全球治理、重大国际地区问题、推进中拉整体合作、打造中拉命运共同体等广泛议题深入交换意见，达成许多共识和成果。中拉在联合国、二十国集团、金砖国家、亚太经合组织框架下进行深入沟通协调。

务实合作为中拉关系发展拓宽道路。中拉积极推进"1+3+6"务

实合作，不断深化和扩大双方共同利益。中国是拉美第二大贸易伙伴国、主要投融资来源国，中国企业在拉美设立的境外企业超过2000家，累计直接投资存量达2071.5亿美元，占中国对外投资总量的15.3%，拉美已成为中国海外第二大投资目的地和国际产能合作重点对象。

人文交流为中拉关系发展增添热度。中拉地方、媒体、智库交流频繁，教育、文化、旅游等领域合作蓬勃开展。2016"中拉文化交流年"和2017墨西哥"中国文化年"成功举办，绽放出中拉古老文明的时代活力。当前，中国已在拉美16国建有36所孔子学院和11个孔子课堂。随着越来越多拉美国家对华实行签证便利化，中拉人民往来和旅游合作日益紧密。

早在16世纪中叶，满载丝绸、瓷器、茶叶的"中国之船"，在浩瀚的太平洋上开辟出连接东西两个半球的重要贸易通道。如今，借助"一带一路"建设的东风，中拉合作更加深入人心。2017年5月，"一带一路"国际合作高峰论坛在北京隆重举行，智利总统巴切莱特和阿根廷总统马克里专程赴华出席，拉美多国派高级别代表出席。拉美是海上丝绸之路的自然延伸，中拉将借共建"一带一路"续写岁月积淀的深厚友谊，巩固互联互通的贸易之桥。

在中拉论坛第二届部长级会议上，双方将探讨在"一带一路"框架内实现中拉发展战略对接，用共建"一带一路"的理念、原则和合作方式推动中拉各领域务实合作，携手开创发展新机遇，谋求发展新动力，拓展发展新空间，实现优势互补、互利共赢。

"声同则处异而相应，德合则未见而相亲。"正如习近平主席在秘鲁国会发表演讲时所指出，中拉要高举和平发展合作旗帜，推动发展战略对接，推进合作换挡加速，实现合作成果共享，共同打造好中拉命运共同体这艘大船。我们有理由期待并相信，以本届中拉论坛部长级会议为契机，中拉命运共同体之船将沿着"一带一路"合作倡议的航道，载着共同繁荣的梦想乘风破浪，扬帆远航。

（作者为中国驻墨西哥大使）

2018.01.22

开辟中瑞合作新天地

耿文兵

瑞士政府在其外交部设立"一带一路"咨询协调办公室，企业参与"一带一路"建设的热情不断增强

瑞士闻名于世，不仅因其钟表和军刀等精密制造，也因其富有创新精神，并且对国际合作孜孜以求。中国"一带一路"倡议提出之后，瑞士积极响应，双方围绕"一带一路"建设展开一系列富有成效的合作。

我自2016年2月出使瑞士以来，听到最多的、谈论最多的就是"一带一路"建设与合作。2017年1月，习近平主席对瑞士进行国事访问，更是把中瑞两国围绕"一带一路"建设的合作推向高潮。习近平主席抵达瑞士当天，同时任瑞士联邦主席洛伊特哈德交谈的第一个话题就是"一带一路"。洛伊特哈德当场表示，愿出席当年5月在北京举行的"一带一路"国际合作高峰论坛。习近平主席对瑞士的成功访问，不仅充实了两国创新战略伙伴关系内涵，也夯实了两国"一带一路"建设务实合作的基础。

瑞士是首批加入亚投行的西方国家之一，瑞士联邦政府对"一带一路"建设理念高度认同。洛伊特哈德主席高度赞赏"一带一路"是和平之路、繁荣之路、开放之路、创新之路、文明之路，并在率团参加"一带一路"国际合作高峰论坛后，立即研究部署瑞士参与"一带一路"建

设方案，从政策层面鼓励两国企业直接对接。瑞士联邦政府决定在其外交部设立"一带一路"咨询协调办公室，负责向瑞士企业、民众推广介绍"一带一路"并解答问题。上个月，瑞士联邦委员兼经济部长施耐德—阿曼在访问中亚"一带一路"沿线国家、实地调研"一带一路"项目推进情况时对媒体表示："'一带一路'建设激发了中亚地区的发展活力，带来了巨大的发展机遇。"

瑞士企业参与"一带一路"建设的热情不断增强，中瑞企业在"一带一路"框架内合作前景广阔。瑞士银行家协会设立了"一带一路"金融联络办公室，利用联邦政府积极引导政策推动中瑞两国在金融领域深化"一带一路"合作；世界500强企业之一、瑞士ABB集团负责人表示，愿在能源、工业、交通基础设施建设等领域深度参与"一带一路"建设；全球最大的人力资源公司瑞士德科集团今年5月在西安建立分公司，以"立足西安，面向西北，放眼'一带一路'"为战略，致力于促进"一带一路"沿线国家和地区的人才合作。

瑞士公众和科研学术机构对"一带一路"倡议的关注度也在日益提高。过去两年里，瑞士经济协会、瑞中经济协会、瑞士西北应用科技大学等民间协会和学术机构多次举办"一带一路"主题研讨活动。在中国驻瑞士大使馆举办的"'一带一路'与瑞士"研讨会及配套活动中，瑞士政、商、学界嘉宾参与踊跃，积极建言献策。

"一带一路"倡议是为解决当前世界和区域经济面临的问题而给出的中国方案，是为实现全球经济复苏、世界经济联动发展注入的动能，也是构建人类命运共同体的重要基础和抓手。在当今贸易保护主义抬头、全球贸易壁垒增多的关键时期，"一带一路"所倡导的共商共建共享理念将为推动建设更加开放包容、公平合理的国际经济秩序注入更多正能量，也更需要各国积极广泛的参与。

中瑞两国在制造业、金融业、基础设施建设、科技创新等领域行业互补性强，两国对在"一带一路"框架内深化合作的理念契合。我完全相信，在双方的共同努力下，"一带一路"建设必将开辟中瑞全面合作新的更广阔的领域。

（作者为中国驻瑞士大使）

2018.08.20

中欧携手推动"一带一路"行稳致远

张　明

中欧围绕"一带一路"合作形成越来越多的共识和成功实践，双方政府和企业将各尽其责，让规则先行，按市场规律办事，让一切在阳光下运行

2013年金秋时节，习近平主席提出建设"一带一路"重大倡议。5年来，"一带一路"建设在欧洲大地稳步推进，成果不断显现。这是中欧两大经济体优势互补、互惠互利的战略对接，更是中欧携手推进和平与发展事业，共建人类命运共同体的宏大工程。我出使欧盟近一年来，与欧洲政商学界人士广泛接触交流，切身感受到欧洲各界对"一带一路"建设的高度重视与普遍支持。

中欧双方传承和而不同、美美与共的精神，秉持开放、包容的价值理念，是共建"一带一路"的天然合作伙伴。志合者，不以山海为远。700多年前，《马可·波罗游记》引起无数欧洲人对东方的神往，一个个探路人的足迹串接成联通欧亚的古丝绸之路。如今，中欧之间拥有更快捷便利的交通往来，更紧密互补的商贸合作，更丰富多彩的文化交流。今天，中欧两大经济体着眼新的时代背景，展现历史担当，加强战略沟通协调，共同致力于打造开放型世界经济，抵制保护主义与单边主义，推动更加开放、包容、普惠、平衡、共赢的

全球化。中欧加强"一带一路"合作，将有力促进中欧和全球经济发展。

中欧互利合作渐入佳境，"一带一路"与欧洲发展战略对接前景广阔，大有作为。去年，欧盟及欧洲多国领导人出席首届"一带一路"国际合作高峰论坛，共商合作大计。迄今，中国已同11个欧盟成员国签署政府间"一带一路"合作文件，一大批合作项目扎实推进。中欧共同投资基金首单项目成功启动。中欧班列发展势头迅猛，目前已通达欧洲14个国家42个城市，成为促进经贸合作的有效新型载体。中欧双方今年共同举办了一系列"中国—欧盟旅游年"活动，促进民心相通，为中欧合作共同发展提供更多正能量。在刚刚结束的第二十次中欧领导人会晤上，双方重申推动"一带一路"与欧洲投资计划等欧盟发展战略和倡议深度对接，通过兼容的海陆空运输、能源和数字网络促进"硬联通"和"软联通"。这为未来中欧合作提供了更加清晰的指引，必将创造更多互利共享的务实成果。

中欧共同推进基于规则的开放合作，携手当好国际规则体系的建设者和守护人。虽然欧洲仍有人对"一带一路"怀有疑虑，踟蹰观望，但5年来"一带一路"建设在欧洲的实践充分证明，中欧有关合作项目坚持遵循现有国际准则和标准、各自的国际责任和项目受益国的法律，同时考虑受益国的政策和国别情况；始终坚持高质量、高标准的多元化合作，遵循国际规则和市场运作，重视债务的可持续性以及绿色环保。中欧"一带一路"合作遵循市场规则、透明原则，本身就体现了对国际规则体系的尊重和维护。中欧围绕"一带一路"合作形成越来越多的共识和成功实践，双方政府和企业将各尽其责，让规则先行，按市场规律办事，让一切在阳光下运行。

人类追求发展进步、共享开放合作的历史潮流从来就不可阻挡。所当乘者势也，不可失者时也。中欧将致力于成为共建人类命运共同体的合伙人、同行者，继续秉持共商共建共享原则，推动"一带一路"建设与欧洲发展战略深入对接，结出硕果，惠及中欧人民。

（作者为中国驻欧盟使团团长、大使）

2018.08.27

全方位推动中哈共建"一带一路"

张 霄

"一带一路"建设正带动中亚这个古老的丝路地区更快地融入全球经济体系，重新焕发勃勃生机

在哈萨克斯坦首都阿斯塔纳市南部，矗立着一座造型宏伟的建筑群，这就是哈萨克斯坦最高学府——纳扎尔巴耶夫大学。2013年9月7日，习近平主席正是在此发表演讲时，提出了共同建设丝绸之路经济带的倡议。

当今世界正在经历百年未有之大变局，人类发展向何处去、如何实现共同发展是各国共同面对的一道难题。习近平主席以其战略眼光和全球视野，把握时代发展大势，顺应全球治理体系变革的内在要求，提出共建"一带一路"的伟大倡议，彰显了同舟共济、权责共担的命运共同体意识，为完善全球治理体系变革提供了新思路新方案，为促进全球共同发展繁荣提供了中国方案。

5年来，越来越多国家热烈响应、积极参与"一带一路"建设，100多个国家和国际组织与中国签署共建"一带一路"合作文件。5年来，中国与"一带一路"相关国家的货物贸易额逾5万亿美元，对外直接投资超过600亿美元，为当地创造20多万个就业岗位，"一带一路"正在为拉动世界经济增长作出贡献。更为重要的是，坚持共商共建共享原则，聚焦

政策沟通、设施联通、贸易畅通、资金融通、民心相通，"一带一路"建设正在跨越不同地域、融通不同文明，成为一个开放包容的合作平台和多方共同打造的全球公共产品，其合作模式、发展思路日益为国际社会所认可。

中亚是"一带一路"建设集中取得早期收获的主要地区之一。5年来，中国与中亚五国在持续巩固政治互信的基础上积极推进发展战略对接，实现了签署共建"一带一路"合作协议全覆盖，在双边框架内和上海合作组织、亚信等地区性国际组织中开展全方位合作。中国还同欧亚经济联盟签署了经贸合作协定。得益于参与共建"一带一路"，中亚国家间联系日益紧密。"一带一路"建设正带动这个古老的丝路地区更快地融入全球经济体系，重新焕发勃勃生机。

中国同哈萨克斯坦山水相连，两国早在2011年就建立了全面战略伙伴关系。作为"一带一路"倡议的首倡之地和先行先试地区，哈萨克斯坦是与中国共建"一带一路"的天然优质伙伴。5年来，在两国领导人的亲自关心和指导下，中哈顺利推进"一带一路"和"光明之路"新经济政策对接；中国对哈累计投资逾430亿美元，双方在产能合作框架内商定的51个重点合作项目，总投资额近280亿美元；双方进行本币互换和结算，开设中哈产能合作基金，成立合资国际交易所；中欧货运班列去年过境哈逾1800次，中亚班列中哈段发运货值达1.2亿美元；中方投建的农产品加工厂已为哈生产优质食用油2300吨、面粉4600吨；双方互设5所孔子学院和5个哈萨克斯坦语言文化中心，1.4万多名哈青年在华留学。

今年6月，习近平主席在北京与哈萨克斯坦总统纳扎尔巴耶夫会谈时指出，中国愿同哈萨克斯坦在构建人类命运共同体道路上先行一步，为开创人类更加光明的未来凝聚智慧和力量，并表示愿同纳扎尔巴耶夫总统一道"为中哈友好事业这艘巨轮掌舵领航"。这一提议得到哈方的热烈响应。两国元首亲自"掌舵领航"，为中哈关系发展奠定了坚实政治基础，注入了强劲发展动力，指明了光明发展前景。我们需要做的，就是积极落实两国元首共识，全方位推动中哈共建"一带一路"合作，建设好中哈命运共同体，在构建人类命运共同体道路上迈出坚实的步伐。

（作者为中国驻哈萨克斯坦大使）

2018.09.07

弘扬丝路精神　携手共同发展

肖　千

在双方共同努力下，中印尼在"一带一路"框架下的合作一定能够行稳致远，结出更多硕果，造福两国人民

印度尼西亚地处两洲、两洋交汇之处，是古代海上丝绸之路的重要枢纽。2013年10月3日，习近平主席在对印尼进行国事访问期间首次提出共建21世纪海上丝绸之路的倡议，再续中国和印尼的丝路之缘，引领两国合作步入新的历史时期。过去5年来，中印尼两国本着共商共建共享原则，积极对接21世纪海上丝绸之路倡议和"全球海洋支点"战略，持续推进"一带一路"框架下合作，取得积极进展和丰硕成果。

政策沟通日益密切。5年来，中印尼两国元首就对接各自发展战略达成重要共识，为两国在"一带一路"框架下全面推进务实合作提供了战略引领，完善了顶层设计。为落实两国高层共识，双方利用业已建立的政治、经贸、人文等领域对话合作机制持续加强政策协调和沟通，不断优化两国对接发展战略、推进"一带一路"合作的政策环境。

设施联通亮点纷呈。5年来，中印尼在"一带一路"框架下合作开展的一系列重大基础设施项目取得积极进展，持续释放经济和社会效益。东南亚的首条高铁——雅加达至万隆高铁项目稳步推进，有望带动沿线地区形成新的经济增长中心；印尼第二大大坝——加蒂格迪大坝于2015

/

年下闸蓄水，灌溉面积达9万公顷，惠及下游几百万民众；印尼最大钢拱桥——塔园大桥2016年建成通车，结束了当地人依赖轮渡连通两岸的历史；印尼目前单机容量最大机组——爪哇7号电站去年正式开工，设计年发电量约150亿千瓦时，建成后将极大缓解印尼电力紧缺现状；印尼首个轻轨系统——巨港轻轨今年及时顺利通车，为印尼亚运会赛事提供有力保障。

贸易畅通成果丰硕。5年来，中国始终是印尼最大贸易伙伴。2017年，中印尼双边贸易额达到633亿美元，同比增长18.3%。其中，印尼对中国出口增长33%，双边贸易更加平衡发展。今年上半年，双边贸易额达328.7亿美元，同比增长31.9%。随着中国国内消费需求结构的变化和提升，印尼各类优势产品对华出口稳步增长。印尼已经成为向中国出口棕榈油和燕窝最多的国家。产自印尼的橡胶、咖啡、热带水果等产品也有望更多进入中国市场。

资金融通提速发力。5年来，中国对印尼投资快速增长。据印尼方统计，从2013年到2017年，中国年度对印尼直接投资额从3亿美元增至33.6亿美元，中国在印尼外资来源国排名从第十二位跃至第三位。中国对印尼投资呈现多主体、多领域、多方式的特点：既有国有企业，也有大量民营企业；既聚焦能矿、农业等传统产业，又拓展至金融、电商、大数据等新兴产业；既进行绿地投资，也越来越多采用股权收购和债券投资方式。目前，约有1000家中国企业在印尼投资兴业，在扎根当地实现自身发展的同时，为印尼带来资金、技术和先进管理经验，增加当地税收和就业。

民心相通稳步深化。5年来，中印尼教育、文化、旅游等交流合作积极发展。中国同印尼建立了中国与发展中国家首个高级别人文交流机制，先后举行3次会议。两国人员往来达到历史新高。据统计，2017年，中国内地游客到访达206万人次，比5年前增长275%。中国成为印尼海外游客最大来源国。印尼赴华留学生数量稳步增长，目前已超过1.4万人，中国成为印尼第二大留学目的地。两只可爱的中国大熊猫落户印尼野生动物园，深受当地民众特别是孩子们的喜爱，成为新时期中印尼友好的"形象大使"。

今年是推进"一带一路"建设工作5周年，也是中印尼建立全面战略伙伴关系5周年。当前，双方已就新时期对接发展战略的标志性合作项目——"区域综合经济走廊"达成共识，签署协议。我相信，在双方共同努力下，中印尼在"一带一路"框架下的合作一定能够行稳致远，结出更多硕果，造福两国人民。

（作者为中国驻印度尼西亚大使）

2018.10.03

为中塞关系发展增添强劲动力

李满长

"一带一路"倡议同塞尔维亚国家发展战略有机对接，推动中塞全面战略伙伴关系不断迈上新台阶

我长期在塞尔维亚工作，见证了中塞关系的茁壮成长。尤其是在"一带一路"倡议提出后，中塞关系发展更添强劲动力，在各领域取得丰硕成果。"一带一路"倡议同塞尔维亚国家发展战略有机对接，推动中塞全面战略伙伴关系不断迈上新台阶。

塞尔维亚坚定支持并积极参与"一带一路"建设，是首批与中国签署《关于共同推进"一带一路"建设的谅解备忘录》的中东欧国家之一。2016年，习近平主席对塞进行历史性国事访问，两国宣布建立全面战略伙伴关系，围绕"一带一路"建设深化务实合作。2017年，时任塞尔维亚总理、当选总统武契奇率领代表团赴华出席"一带一路"国际合作高峰论坛，就深化共建"一带一路"达成多项共识。

"一带一路"倡议旨在通过对接各国发展战略，开拓新的合作空间，发掘新的合作潜力，实现共同发展和共同繁荣。武契奇总统和塞尔维亚多位政要都高度评价"一带一路"倡议，认为这一伟大倡议符合时代潮流，富有生机活力，为包括塞尔维亚在内的沿线各国带来千载难逢的历史性发展机遇。

早参与，早受益。过去5年来，塞尔维亚不断品尝到共建"一带一路"

的甜美果实。2014年底，中国企业在欧洲修建的首座大桥飞架贝尔格莱德多瑙河南北两岸，不仅极大缓解了贝尔格莱德市区交通压力，也为塞尔维亚经济发展换挡提速创造了必要条件。2016年，河钢集团收购陷入困境的斯梅代雷沃钢厂，不仅保住了5000名工人的"饭碗"，而且不到一年就使这家百年老厂扭亏为盈，重新成为当地经济发展的重要支柱。

中塞双方围绕"一带一路"建设在基建、能源、农业等领域取得可喜成绩，为两国人民带来了实实在在的益处。2017年，中国企业在欧洲承建的首个高铁项目匈塞铁路塞尔维亚段正式开工。目前，E763高速公路、科斯托拉茨电站、贝尔格莱德环城公路等项目稳步推进，双方正积极探讨园区建设、垃圾发电、污水处理等一批重大项目。中塞合作共建"一带一路"的成绩单很长，相信以后会更长。

"一带一路"拓宽了中国与塞尔维亚的经贸合作之路，也拓宽了双方的人文交流之路和友谊之路。近年来，塞民众对中国越来越感兴趣，当地"汉语热"持续升温，塞媒体也加大了对中国的报道热度。塞目前已建成两所孔子学院，近百所中小学开设了汉语课程。代表两国人民友谊的贝尔格莱德中国文化中心也在2016年破土动工。

随着2017年初中塞全面免签协定正式生效，塞成为首个对华全面免签的欧洲国家，来塞中国游客成倍增长。两国教育、文化、卫生、旅游、青年、地方等各领域合作蓬勃开展，为双边关系向更深层次发展打下坚实的民意基础。中塞友谊这瓶陈年老酒经过酝酿发酵，在"一带一路"民心相通建设目标引领下，正散发出沁人心脾的芳香。

"星牵沧海云帆耸，浪系天涯纽带长。"古有郑和下西洋，实现了中国同沿途国家的商品、技术和文明的交流。如今，"一带一路"从愿景转化为现实，中塞关系也因此受益匪浅，各领域纽带不断巩固发展。

（作者为中国驻塞尔维亚大使）

2018.10.25

扎扎实实推进"一带一路"建设

姜 岩

中乌共建"一带一路",一步一个脚印前行,成绩斐然且潜力巨大

乌兹别克斯坦是古丝绸之路上的枢纽,也是最早支持"一带一路"倡议的国家之一。在中乌两国元首的战略引领和亲自推动下,共建"一带一路"逐渐成为中乌关系发展的新引擎,推动双方各领域合作驶入快车道。

经贸领域,在乌中资企业数量蓬勃增长,目前已超过900家。2018年双边贸易额稳中有增,上半年达28.1亿美元,同比增长33.8%。中乌在保持天然气、棉花等大宗商品贸易稳定的同时,积极打造果蔬等新的贸易增长点,2018年1—7月中国进口乌新鲜果蔬2.83万吨,进口额2000多万美元,同比增长3.56倍。

投资领域,中方累计对乌投资超过78亿美元。中国—中亚天然气管道三条线路稳定运营,安格连—帕普铁路卡姆奇克隧道、鹏盛工业园、西莎气田、中吉乌公路等一大批项目开花结果。据初步估算,中资参与企业累计在乌创造就业岗位超过2万个。

旅游领域,2017年中国赴乌游客接近2万人次,2018年上半年即超过1.5万人次,保持良好增长势头。乌民众赴华旅游的兴趣不断高涨,中国驻乌使馆发放旅游签证数量增长明显。双方多次参加在对方国家举办

的旅游推介活动，积极介绍各自旅游潜力。

人文领域，中方每次都参加乌方举办的"东方旋律"国际音乐节。两国相互举办了电影节、新春音乐会、学术研讨会等丰富多彩的文化活动。两国青年交往也日益活跃。

教育领域，中国学生对乌兹别克斯坦文化及语言的兴趣越来越浓厚，北京外国语大学、上海外国语大学、中央民族大学、兰州大学都开设了乌兹别克语专业。乌方青年学习汉语的情绪也持续高涨，在塔什干、撒马尔罕两所孔子学院就读的学生已近2000人，2018年又招收学生800多人，创历史新高。乌兹别克斯坦赴中国留学的学生人数快速增长。

中乌共建"一带一路"，一步一个脚印前行，成绩斐然且潜力巨大。米尔济约耶夫总统在2017年底发表的首次国情咨文中专门提及"一带一路"，表示应与中方共同落实"一带一路"倡议，提升乌交通运输基础设施建设水平。2018年6月，两国元首在青岛成功举行会晤，就中乌双方继续推进共建"一带一路"合作达成重要共识。中方愿同乌方携手努力，扎实落实两国元首共识，不断深化贸易、投资、交通、旅游等各领域合作，造福两国人民。

（作者为中国驻乌兹别克斯坦大使）

2019.03.02

开拓共建"一带一路"广阔空间

蔡　润

去年12月，习近平主席对葡萄牙进行历史性国事访问，中葡双方签署共建"一带一路"合作谅解备忘录。葡萄牙总统德索萨于4月28日至5月2日对中国进行国事访问，访问前出席第二届"一带一路"国际合作高峰论坛。在两国领导人的战略引领和亲自推动下，中葡"一带一路"框架内的各领域务实合作迎来新的宝贵机遇和广阔空间。

葡萄牙是连接陆上丝绸之路和海上丝绸之路的重要枢纽，是共建"一带一路"的天然伙伴。葡萄牙坚定支持并积极参与"一带一路"建设。葡萄牙总统德索萨和总理科斯塔都明确表示开展"一带一路"合作恰逢其时，葡萄牙愿同中国加强合作，实现葡萄牙国家发展战略同"一带一路"倡议的有效对接。葡萄牙期待发展对华关系、共建"一带一路"的呼声日益高涨。

5年多来，中葡共建"一带一路"一步一个脚印，取得可喜成果。中国是葡萄牙在亚洲第一大贸易伙伴，葡萄牙是中国对欧投资第五大目的地国。据不完全统计，中国对葡投资已超过90亿欧元，涉及能源、电力、金融、保险、健康医疗等多个领域，产生显著的经济和社会效益。葡萄牙对华投资也在稳步增长。葡萄牙是第一个同中国正式建立"蓝色伙伴关系"的欧盟国家，是第一个本地重要金融机构发行银联卡的欧洲国家，并即将成为第一个发行人民币债券的欧元区国家，金融合作日益成为中葡"一带一路"合作的重要增长点。此外，中国有30多所高校开设了葡萄牙语专业，葡萄牙有20多所高校开设了中文课程，并将在已有4所孔子学院的基础上增设2所。这些中葡共建"一带一路"成果给两国人民带来实实在在的利益。

中葡共建"一带一路"超越双边合作范畴，进一步拓展成为面向葡语国家、欧盟国家的三方合作，为共建"一带一路"的三方合作树立典范。葡萄牙是欧盟、葡语国家共同体成员国，是共建"一带一路"面向葡语国家、欧盟国家延伸的合作伙伴。近年来，三峡集团同葡萄牙电力公司共同开拓巴西水电市场以及英国、德国、意大利等国的风电市场，中国国家电网公司同葡萄牙国家能源网公司合作在智利建设能源管道，复星集团同葡萄牙忠诚保险公司一道开发秘鲁保险市场，有关合作进展顺利，取得丰硕成果，为第三方市场合作起到了示范带动作用。此外，中国企业还同葡萄牙企业一道积极寻求在摩洛哥、莫桑比克和安哥拉等非洲国家开展合作。

我们相信，在双方共同努力下，中葡共建"一带一路"将继续精耕细作既有项目，完善合作机制，扩展合作领域，营造更多合作增长点和亮点，推动中葡全面战略伙伴关系不断向前发展。

（作者为中国驻葡萄牙大使）

2019.05.05

让中吉友好合作之树更加繁茂

杜德文

春意盎然的时节，"一带一路"建设的春风送暖，和平合作、开放包容、互学互鉴、互利共赢的丝路精神昂扬。位于古丝绸之路上的吉尔吉斯斯坦是最早支持并积极参与"一带一路"建设的国家之一，吉各界视共建"一带一路"为促发展、谋合作的崭新机遇。在中吉两国元首的亲自关心和引领下，共建"一带一路"在吉尔吉斯斯坦生根发芽、收获硕果。

互联互通，丰富民众生活。最近几年，中国一直是吉最大贸易伙伴国、最大进口来源国和最大投资来源国。当地商店货架上，随处可见物美价廉的中国商品。吉民众对淘宝不再陌生，电商、网购为他们提供了全新体验。与此同时，吉品质纯正、天然美味的蜂蜜和瓜果也开始走进中国百姓家。

互联互通，提升发展能力。在中方支持下，中吉乌国际道路货运正式运行。比什凯克—巴雷克奇—吐尔尕特公路绵延500多公里，翻越三四千米海拔的高寒山区，成为中吉两国间的交通大动脉。即使在大雪纷飞的严冬，这条公路也畅通无阻。公路连接着有"中亚明珠"美称的伊塞克湖，极大拉动当地旅游业发展。达特卡—克明输变电线与南部电网改造项目顺利竣工，不仅使吉拥有了独立的国家电网系统，还为吉出口电力创造了条件，被吉媒体称为"世纪工程"。中吉双方正积极推进新北南公路、比什凯克市政路网改造、农业灌溉系统改造等一系列项目，将进一步促进吉改善民生、提升发展潜力。500余家中资及中吉合资企业在吉兴起，为促进吉经济发展、改善就业发挥积极作用。

互联互通，加深传统友好。中吉毗邻而居，共建"一带一路"极大促进双方在教育、医疗、文化艺术等领域的合作。吉已开设4座孔子学院，为上万名学生教授中文。中方援建的比什凯克第九十五中学成为当地最现代化的学校，2017年投入使用以来，入学名额供不应求。河北医科大学第一医院专家自2008年起每年来吉义诊，累计为当地400多名先天性心脏病患儿免费实施微创手术，中国医生精湛的医术、高尚的医德在吉广为传颂。不久前，新疆维吾尔自治区克孜勒苏柯尔克孜自治州艺术团赴吉访演，唱响中吉世代友好的主旋律，在当地引起热烈反响。

吉尔吉斯斯坦总统热恩别科夫多次表示，吉方积极支持"一带一路"倡议，视其为中国智慧的体现，将为推动地区经济一体化提供重要动力，将为吉中双边合作开辟广阔前景。热恩别科夫总统赴北京出席第二届"一带一路"国际合作高峰论坛，习近平主席与热恩别科夫总统共话中吉共建"一带一路"的美好愿景，为中吉全面战略伙伴关系发展作出新规划。吉民间有句谚语："春天付出劳动，秋日收获自豪。"面向未来，共建"一带一路"必将让中吉友好合作之树更加繁茂。

（作者为中国驻吉尔吉斯斯坦大使）

2019.05.07

在"一带一路"大道上策马前行

邢海明

"一带一路"在蒙古国家喻户晓，蒙社会各界对共建"一带一路"的意愿日益强烈

蒙古国总统哈勒特马·巴特图勒嘎日前对中国进行国事访问并出席第二届"一带一路"国际合作高峰论坛。这是巴特图勒嘎总统就任以来首次访华，访问期间两国元首举行今年的首次会晤，对中蒙关系发展和两国各领域交流合作具有深远意义，开启中蒙全面战略伙伴关系新的一页。

中蒙是守望相助的好邻居，两国高层交往热络频繁。蒙古国是最早同新中国建交的国家之一，两国传统友好历久弥新。特别是2014年习近平主席对蒙古国进行历史性访问，将中蒙关系提升为全面战略伙伴关系，双边关系迈上新台阶。去年习近平主席同巴特图勒嘎总统两次会晤，两国元首为中蒙全面战略伙伴关系进一步发展指明了大方向。双方强调将始终坚持尊重彼此核心利益和重大关切，深化战略沟通，致力于不断夯实政治互信。中蒙同为发展中国家，中方始终支持蒙古国积极参与国际和地区事务，两国将携手在有关问题上发挥更积极作用。

中蒙是互利共赢的好伙伴，两国务实合作欣欣向荣。近年来，中国保持蒙古国最大贸易伙伴和重要投资来源国地位，两国正向到2020年双边贸易额100亿美元的目标顺利迈进。中国践行亲诚惠容理念，帮助和支持蒙古国发展。两国经贸合作稳步推进，中蒙经济合作区、中蒙自贸协定联合可研等务实合作不断取得积极进展，两国人民从中受益良多。

中蒙是常来常往的好朋友，两国人文交流密切活跃。习近平主席2014年访蒙期间宣布的对蒙人文交流一揽子计划遍地开花结果。中蒙人文交流共同委员会机制运转顺利，成果丰硕。中国优秀影视剧受到蒙古国观众热捧，中国古典名著在蒙古国书香绕梁，两国人员往来不断创造历史新高。越来越多的蒙古国青少年学习中文、了解中国，成为传播中蒙友谊的使者。

蒙古国历任领导人均表示蒙方积极支持和参与共建"一带一路"，致力于将蒙古国的"发展之路"倡议同"一带一路"倡议更好对接。蒙古国外长曾多次在国际多边场合主动宣介"一带一路"倡议，高度评价"一带一路"建设为世界带来的发展机遇，呼吁各国积极参与共建"一带一路"。蒙方还主动出台了设立机场"一带一路"绿色通道等措施。

"一带一路"建设在蒙古国收获了一个又一个实实在在的成果。在中方积极支持下，蒙古国有了第一座交互式立交桥、第一条高速公路、第一个现代化残疾儿童发展中心，蒙古国最先进的污水处理厂、最大规模的棚户区改造项目也将启动。这些涉及国计民生的项目，给蒙古国百姓带来了实惠。"一带一路"在蒙古国家喻户晓，蒙社会各界对共建"一带一路"的意愿日益强烈。

2019年是中蒙建交70周年，中蒙关系正站在新的起点，面临新的历史机遇。我相信，巴特图勒嘎总统此次访华并出席第二届"一带一路"国际合作高峰论坛，将推动两国关系与合作迎来更加广阔的机遇，必将使中蒙关系在"一带一路"的康庄大道上策马前行。

（作者为中国驻蒙古国大使）

2019.05.10

重新扬起丝路风帆

刘　彬

中国与塔吉克斯坦的友好交往可追溯到2000多年前张骞的"凿空之旅"。在繁忙的古丝绸之路上，两国使者相望于道、商旅不绝于途，清脆的驼铃和翱翔的雄鹰见证了中塔之间互通有无、互学互鉴、守望相助、同甘共苦的深情厚谊。

据考证，历史上，葡萄、石榴、核桃、胡萝卜、菠菜、蚕豆等蔬果自西域传入中原，中国的造纸术、火药、印刷术以及先进的农耕文化则是先传播到中亚地区，进而走向世界。

塔吉克斯坦朋友说，中国的杏树通过丝绸之路传到中亚，变为塔吉克人最喜爱的果树之一。经塔方倡议，位于北京的中央民族大学和植物园中都栽下了来自塔吉克斯坦的杏树苗，返乡的杏树已长大成林，象征着源远流长的中塔友谊。

塔吉克斯坦民众的日常生活中，中国的绿茶必不可少，是待客最佳饮品。塔吉克斯坦首都杜尚别有一处被美国旅行频道评为世界最美茶馆之一的"恰哈那"（即茶楼），亭台楼阁、雕梁画栋，尽显中式风格，满是悠闲饮茶的宾客。

中方提出"一带一路"倡议后，塔方积极响应并全力支持，成为首批与中国签署共建"一带一路"合作文件的国家之一。中塔双方加紧战略对接，重点推动经贸、交通、采矿、能源、农业、投资合作，迅速形成更高更深层次的务实合作新局面。

中方加大对塔吉克斯坦投资，推动更多中资企业进入塔市场，帮助实施了一系列基础设施和工农业项目，在道路、水泥、电力、化工、纺织等方面填补空白，以实际行动支持了塔吉克斯坦总统拉赫蒙提出的实现能源独立、保障粮食安全、摆脱交通困境、推动工业化进程四大发展战略。

两国人文交流愈发紧密。"中国热"在塔吉克斯坦持续升温，开设汉语课程的学校越来越多，塔在华留学生达到3500人左右。两国广泛开展文化、科技、体育、地方、媒体等领域交流合作，拉近了双方民众的心灵距离。民调显示，中国是塔吉克斯坦民众心目中最友好的国家之一。

中塔在国际舞台上密切协作，在联合国、上海合作组织、亚信等多边机制内开展了有效沟通和协调，共同致力于坚决打击"三股势力"，维护世界和地区的和平稳定。

中塔已是名副其实的全面战略伙伴和亲密邻邦。两国照顾彼此关切，开展互利合作，坚定维护共同利益。共建"一带一路"和构建人类命运共同体越来越成为双方共同理念和双边关系关键词。

历史上的中塔友谊，像一棵树，历经2000多年的沉淀，根深叶茂，硕果累累；今天的中塔合作，如一艘船，重新扬起丝路风帆，承载着中塔两国人民的更大期望，向着更远的目标破浪前行。

（作者为中国驻塔吉克斯坦大使）

2019.05.14

追求发展繁荣的关键伙伴

谈 践

埃塞俄比亚热切期待借助"一带一路"的东风，在经贸、投资、基础设施建设、脱贫、反腐、城市化、数字经济及人力资源开发等广泛领域增进对华合作

"一带一路"倡议提出近6年，应者云集。在"非洲屋脊"埃塞俄比亚，"一带一路"合作已经从扎根发芽发展至枝繁叶茂，取得丰硕成果。埃塞俄比亚总理阿比出席在北京举办的第二届"一带一路"国际合作高峰论坛，为双方"一带一路"合作注入新动力。

中国与埃塞是亲密友好的兄弟，是全面战略合作伙伴。埃塞第一家工业园、第一座风力发电场、第一条高速公路、第一条城市轻轨、第一条现代化电气化跨国铁路、全国第一高度建筑等无数"第一"都留下深深的中国印记，见证了两国关系全面快速发展。埃塞首个国家工业园——阿瓦萨工业园吸收借鉴了"昆山经验"，亚吉铁路的开通使亚的斯亚贝巴至吉布提的货运时间从7天大幅缩短至14小时，中方研制出埃塞主要粮食作物苔麸的播种、收获、清洗设备，被埃塞方盛赞是"埃塞农业史上一次历史性变革"，中方援建的具有国际先进水平的皮革废水综合治理设施填补了埃塞乃至整个非洲的空白，提露内丝—北京医院以及援埃塞军医组的崇高医德和精湛技艺深受埃方患者赞赏和肯定，孔子学院和孔子课堂正逐渐引领埃塞民众

的"汉语热"……这些都见证了中埃塞各领域互利合作的不断深化。中国是埃塞第一大贸易伙伴、第一大外资来源国和第一大工程承包方，埃塞是共建"一带一路"的重要合作伙伴、非洲大陆最早同中方签署共建"一带一路"合作文件的国家之一、亚洲基础设施投资银行成员。今天，中国与埃塞两大古老文明在"一带一路"倡议下再度交汇，必将取得累累硕果。

当前，中国与埃塞"一带一路"合作已踏上新征程。去年4月阿比就任埃塞总理以来，埃塞国家面貌发生了深刻变化，埃塞正怀抱着一个伟大的愿景着手推进改革，改善政治气候和经济环境。埃塞继续积极探索适合自身国情的发展道路，加大对外开放合作，进一步推行市场经济；同北方邻国厄立特里亚结束长期敌对状态并恢复外交关系，以穿梭外交推动非洲之角地区和平发展进程；积极支持并批准非洲大陆自由贸易区协议，推动非洲大陆互联互通。这三条措施旨在打通埃塞内部、埃塞同区域国家乃至非洲大陆的全方位联系，同"一带一路"的"五通"理念高度契合、相得益彰。在阿比总理看来，中国是经济成功的典范，也是发展中国家追求发展繁荣的关键伙伴。埃塞热切期待借助"一带一路"的东风，在经贸、投资、基础设施建设、脱贫、反腐、城市化、数字经济及人力资源开发等广泛领域增进对华合作。

埃塞是一片充满希望的热土，处处生机勃勃，正以要素成本低、贸易条件优越、区位优势明显、市场潜力巨大等优势吸引着各国投资者，中国与埃塞在"一带一路"框架下合作前景广阔。当前，两国正共同努力，推动双方在政治互信、共建"一带一路"以及国际事务合作等方面继续走在中非关系前列，发挥示范作用。相信只要双方携手合作，把握好"一带一路"历史机遇，落实好中非合作论坛北京峰会成果，两国关系将迎来更加美好的明天。

（作者为中国驻埃塞俄比亚大使）

2019.06.01

为中泰共建"一带一路"注入新活力

吕　健

未来中泰"一带一路"合作将以"提质升级"为关键词，推动双方务实合作向更高水平、更高质量迈进

今年4月举行的第二届"一带一路"国际合作高峰论坛取得了务实丰硕的成果。作为中国的友好邻邦和共建"一带一路"重要合作伙伴，泰国从政府到民间全面参与、高度关注此次高峰论坛，巴育总理应邀共襄盛会，外交部长、交通部长、数字经济和社会部长等多位政府高官来华出席分论坛活动，各大媒体持续重点报道，对进一步拓展"一带一路"合作充满信心与期待。

泰国是最早参与"一带一路"建设的国家之一，共建"一带一路"为泰国自身发展和中泰合作带来了巨大收益。"一带一路"倡议提出近6年来，泰国全面参与共建，中泰签署了共同推进"一带一路"建设谅解备忘录，中国连续6年成为泰国最大贸易伙伴，2018年对泰直接投资是6年前的2.7倍，全年赴泰游客人数突破1000万人次。当前，众多中国高科技企业积极助力泰国数字经济发展，华为在泰国启动了东南亚第一个5G测试平台；榴莲、山竹等泰国特色水果和产品更快速、更大量地走进中国百姓家中，带动了泰国农民脱贫致富。一项项数据、一个个成果，集中体现出中泰"一带一路"务实合作的巨大成就，生动说明"一带一路"

倡议源于中国，但机会和成果属于世界。

第二届"一带一路"国际合作高峰论坛确立了高质量共建"一带一路"目标。未来，中泰"一带一路"合作也将以"提质升级"为关键词，推动双方务实合作向更高水平、更高质量迈进。

一是持之以恒做好大项目建设。两国将充分发挥好中泰高铁这一旗舰项目的引领和带动作用，推动项目早日完工，实现"通路、联动、致富"的目的，带动东南亚地区互联互通和沿线经济发展，也让中国民众"坐着高铁到泰国"的愿望早日实现，使地区联系更加紧密。

二是充分发挥数字经济带动作用。双方将抓住并利用好新一轮科技革命和产业升级带来的历史性机遇，以数字经济为抓手，在5G、人工智能、电子商务、移动支付、智慧城市等方面加强合作，鼓励华为、阿里巴巴、腾讯等中国高技术企业赴泰投资和研发技术，打造两国合作新亮点。

三是着力提升两国贸易附加值。两国在推动双边贸易继续实现量的积累的同时，将更关注质的提高。我们将更加鼓励两国优质产品特别是具有高附加值的产品进入彼此市场，让中泰民众生活享受到更好更多的商品和服务。

四是进一步拉紧两国人文纽带。双方将加强在旅游、影视、教育等方面的交流，尤其是把职业教育作为双方合作新的增长点，通过建立职教联盟和实训基地、联合办学、开展"汉语+"项目等，为泰国培养航空航天、铁路、机电一体化、物流管理等方面的稀缺人才，把中国优质的教育资源同泰方的需求实现有机结合，助力泰国社会发展。

第二届"一带一路"国际合作高峰论坛期间，中泰双方在两国领导人见证下签署"一带一路"相关合作文件，为两国共同深入推进"一带一路"建设做出了更为具体的设计和规划。我们有充足理由相信，本着共商共建共享原则，中泰共建"一带一路"将不断注入新活力，两国全面战略合作伙伴关系也将绘就更为华丽的篇章！

（作者为中国驻泰国大使）

2019.06.05

东帝汶焕发新光彩

肖建国

美丽的岛国东帝汶位于两洋、两洲的交汇之处，自古以来就是海上丝绸之路的重要一站。习近平主席提出的"一带一路"重要倡议，已成为全球规模最大、最受关注的公共产品，也为东帝汶国家发展带来重大机遇，为两国经贸合作开辟了广阔前景。

东帝汶政府积极实施国家发展战略，推进经济多元化，这与"一带一路"倡议高度契合，双方都有意愿谋求拓展并深化各领域务实合作，实现更多互利共赢。2017年5月，东帝汶"国父"、时任规划与战略投资部部长夏纳纳率团出席首届"一带一路"国际合作高峰论坛，同中方签署了政府间共同推进"一带一路"建设谅解备忘录。今年4月，夏纳纳率团出席第二届"一带一路"国际合作高峰论坛，并在演讲中高度评价共建"一带一路"给世界带来的重大机遇和变化。

建交17年来，中国与东帝汶政治互信不断增强，各领域务实合作全面推进，两国关系始终保持良好发展势头。2014年，双边关系正式提升为睦邻友好、互信互利的全面合作伙伴关系。

当前，在东帝汶投资兴业的中国企业日益增多，涵盖基础设施、农业、贸易等多个领域。中国企业在东帝汶承建的"一网""一路""一港"项目引人注目，其中东帝汶国家电网项目已进入运营维护阶段，首条高速公路苏艾高速一期项目去年11月正式通车，蒂坝港项目正在快速建设中。两国经贸合作前景广阔，中国已连续多年成为东帝汶主要贸易伙伴和劳务合作伙伴。

两国人文交流亮点纷呈，医疗、教育、地方交流等合作不断深化。中方积极同东帝汶开展医疗合作，15年来先后派出8批医疗队，为当地民众提供了近30万人次的医疗服务，他们克服艰难，救死扶伤，得到广泛赞誉。中方积极向东帝汶提供政府奖学金和人力资源培训，迄今逾160名赴华留学生取得学位，数千名政府官员和技术人员接受了中方各类培训。地方合作也在积极开展，湖南省与马纳图托地区于今年4月签署省级国际友城协议；鉴于中国澳门与东帝汶的历史渊源，澳门与帝力市正积极推进商签友城协议。

长风破浪会有时，直挂云帆济沧海。相信在两国携手努力下，共建"一带一路"将结出新硕果，双边关系将迈上新台阶。东帝汶这个古代海上丝绸之路的重要驿站、"一带一路"沿线的重要国家，将在无垠的碧海蓝天间散发更加璀璨夺目的光彩。

（作者为中国驻东帝汶大使）

2019.12.13

中老铁路是连心路、发展路

姜再冬

12月3日，中老铁路将正式通车，承载着老挝人民发展梦想和中老友谊的交通大动脉将变为现实。

老挝是中国的友好邻邦，也是东南亚唯一的内陆国，因地势高、山地多，交通不便，全国之前只有3.5公里铁路，经济发展受限。为突破交通瓶颈、实现发展梦想，老挝推进"变陆锁国为陆联国"的国家战略，积极同共建"一带一路"倡议对接。作为两国共建"一带一路"和中老友谊的标志性项目，连接中国云南昆明和老挝首都万象的中老铁路于2016年12月正式动工。

中老铁路开工以来，得到双方领导人有力推动。习近平主席要求"确保中老铁路建设顺利推进"，强调要"拓展中老铁路等大项目的辐射和示范效应"，为铁路建设工作指明了前进方向、提供了根本遵循。中老双方开通人员"快捷通道"和货物"绿色通道"，确保项目建设在抗疫期间持续推进。中老铁路地质地形复杂，仅老挝段正线桥隧比就超过62%，其中5公里以上隧道10座、500米以上桥梁32座，且两次跨过湄公河。中老两国广大建设者不畏艰辛、攻坚克难，高标准建设、高质量建成，中老铁路已具备通车运营条件。

中老铁路即将通车在老挝全国引起广泛关注。"澜沧号"动车组日前在万象站正式交付，各家媒体争相报道，当天本地社交媒体被"澜沧号"

动车组刷屏。老挝国会代表应邀体验后，纷纷在社交网络发照片为"澜沧号"动车组点赞，激动喜悦之情溢于言表。与此同时，中国网民也在热议昆明—万象朝夕可达的"双城生活"，西双版纳等旅游胜地也将从此改写不通铁路的历史。中老铁路连着两个国家，更连着两国民心，成为中老命运共同体的生动载体、真实写照。

中老铁路是连心路，也是发展路。中老双方将以这条铁路为依托，统筹互联互通和产能与投资合作，促进中老经济走廊建设，助力高质量共建"一带一路"。中老铁路通车对区域联通和发展合作的巨大带动效应，也吸引了周边国家高度关注。泰国驻老挝大使馆特意了解铁路运营安排，期待提高泰方输华商品运量、降低成本。

中老铁路既是中老合作的重点项目，也是地区路网的关键枢纽。为切实发挥它的辐射和示范效应，下一步，各方还将研究启动中老泰连接线建设，并进而南下同马新铁路网联通、北上同中欧班列对接，真正实现翻山越岭、通江达海。我们相信，中老铁路将把老挝的"陆锁"短板转化为"枢纽"优势，成为地区互联互通的"加速器"和经济合作的"新引擎"，为包括老挝在内的地区国家铺就发展坦途。

（作者为中国驻老挝大使）

2021.12.02

心手相连、并肩前行，高质量共建"一带一路"

廖力强

　　2013年金秋时节，习近平主席提出共建"一带一路"倡议。10年来，共建"一带一路"在埃及稳步推进，成果丰硕，惠及双方。我出使埃及以来，与埃及政商学界人士广泛接触交流，切身感受到埃及各界对共建"一带一路"的高度赞赏和支持。

　　元首引领，擘画"发展带"。2014年12月，埃及总统塞西首次对中国进行国事访问时表示，习近平主席提出共建"一带一路"的倡议为埃及的复兴提供了重要契机，埃方愿意积极参与并支持。2016年1月，习近平主席对埃及进行国事访问期间，两国元首共同见证两国政府关于共同推进"一带一路"建设的谅解备忘录的签署。2019年4月，塞西总统在参加第二届"一带一路"国际合作高峰论坛时表示，"一带一路"建设涉及许多产业和领域，这些领域也是埃及2030可持续发展愿景的重中之重，"一带一路"建设与埃及优先发展经济、推进工业化、加强经贸合作、密切商业往来和金融一体化、促进人文交流的努力方向相契合。2022年12月，首届中国—阿拉伯国家峰会期间，习近平主席同塞西总统再次就进一步深化共建"一带一路"、推进各领域合作达成重要共识。

　　务实合作，铸就"幸福路"。中埃积极共建"一带一路"，成功开展一大批互利共赢的合作项目，为两国人民创造福祉。中国企业承建的埃及新行政首都中央商务区在沙漠中拔地而起；非洲首条电气化轻轨铁路斋月十日城市郊铁路正式运营，为沿线近500万居民提供出行便利；中国政府援助埃及二号卫星初样星成功交付，助力埃及实现"航天梦"；中国企业在埃及锡瓦修建的民生水利项目被称为撒哈拉沙漠里的"及时雨"，锡瓦民众经常来到工地现场，向中国打井队赠送食物和水……共建"一带一路"的生动实践，是中埃全面战略伙伴关系最鲜活的注释。

以诚相交，搭起"民心桥"。中埃不断加强人民友好往来，增进相互了解和传统友谊。双方结成17对友好省市，每年数十万民众常来常往。2022年9月，埃及中学中文教育试点项目启动，标志着中文教学进入埃及国民教育体系。目前埃及有12所公立中学开展中文教育，近30所大学开设中文专业，建成4所孔子学院、2个孔子课堂、2所鲁班工坊，"中文热""中国文化热"在埃及持续升温。不久前，埃及青年创作的绘画《中国是非洲实现航天梦的希望》，在非洲青少年"我的梦想"主题绘画作品大赛中获得"天和"奖，并随神舟十六号载人飞船抵达天宫空间站。这些都充分印证，中埃相知最牢固的基础在于文明交流互鉴，中埃合作最深厚的力量在于民心相通。

埃及是阿盟总部所在地。去年成功举行的首届中阿峰会，是新中国成立以来中国对阿拉伯世界规模最大、规格最高的一次外交行动。在这次峰会上，中阿双方一致同意全力构建面向新时代的中阿命运共同体。阿盟秘书长盖特表示，"一带一路"等倡议受到阿拉伯世界广泛欢迎与支持。中阿携手落实习近平主席提出的"八大共同行动"，共建"一带一路"不断走深走实。中国已同21个阿拉伯国家及阿盟签署共建"一带一路"合作文件，多年稳居阿拉伯国家第一大贸易伙伴国地位，双方在能源、基础设施等领域实施200多个大型合作项目，合作成果惠及双方近20亿人民。

展望未来，中国将同埃及等阿拉伯国家一道，心手相连、并肩前行，高质量共建"一带一路"，共同创造中埃、中阿关系美好未来。

（作者为中国驻埃及大使兼驻阿盟全权代表）

2023.08.13

雅万高铁助力中印尼关系提质增速

陆　慷

印度尼西亚首都雅加达至旅游名城万隆的高铁是印尼乃至东南亚的第一条高速铁路，也是中国高铁首次全系统、全要素、全产业链在海外落地，一直受到广泛关注和高度期待。今年7月，习近平主席在成都会见来华出席第三十一届世界大学生夏季运动会开幕式并访华的印尼总统佐科。这是去年7月以来两国元首第三次举行会见或会谈，体现了中印尼关系的高水平和独特性。每次会见或会谈时，雅万高铁都是双方元首交流的重要话题，这充分说明雅万高铁在中印尼友好关系发展中的特殊地位。

每小时350公里，这是近期雅万高铁动车组试运行时达到的速度，也是目前世界高铁商业运行最快速度。雅万高铁开通后，将为印尼人民创造更加便捷的出行方式。过去从雅加达到万隆乘汽车需要3个多小时，今后乘坐高铁可缩短至40分钟，为两地人员往来、物资流通带来极大便利。雅万高铁还为当地提供大量就业岗位，并且通过分享知识和技术，助力印尼培养更多高素质人才。从长远看，雅万高铁建成通车将进一步优化当地投资环境、增加印尼人民就业机会，有力带动沿线商业开发和旅游发展，促进形成新的经济增长点，加快形成高铁经济走廊。雅万高铁将成为印尼人民的发展之路、民生之路、共赢之路。

雅万高铁是中印尼高质量共建"一带一路"的旗舰项目，是两国合作打造的一系列精品工程中的标志性项目。雅万高铁也是见证中印尼友好关系的友谊之路，全面体现了"一带一路"倡议共商共建共享原则。雅万高铁不仅证明中国高铁技术成熟、高效，具有标准国际化和环境适应度高的特点，而且生动体现出高质量共建"一带一路"惠及当地民生，受到共建国家人民的真诚欢迎。雅万高铁将助力中印尼友好关系进一步提质增速，也将进一步坚定广大发展中国家坚持走符合自身国情发展道路的信心。

习近平主席强调，在实现国家现代化和民族复兴道路上，中国和印尼理念高度契合、互为发展机遇，是志同道合的同路人、好伙伴。这为中印尼友好关系未来发展进一步指明了方向。雅万高铁列车将满载印尼人民对更美好生活的向往，飞驰在美丽的爪哇岛上。我们相信雅万高铁将成为助力和见证中印尼友好关系行稳致远的未来之路。中方愿推动深化中印尼更高水平的战略合作，把中印尼命运共同体从宏伟蓝图变为现实，打造发展中大国命运与共、团结合作、携手发展的典范，为地区和世界和平与发展注入更多确定性和正能量。

（作者为中国驻印度尼西亚大使）

2023.09.16

沿东海岸铁路感受中马共建"一带一路"热度

欧阳玉靖

马来西亚东海岸铁路项目是中马共建"一带一路"标志性项目，也是中国企业目前在海外承建的最大单体交通基础设施项目之一。前不久，我从吉隆坡北上，经雪兰莪、彭亨、登嘉楼、吉兰丹4个州，深入项目沿线9个主要施工点和6个营地了解施工进展。

铁路蜿蜒而行，全长665公里，北起马来西亚与泰国边境的哥打巴鲁，向南至关丹后折向西行至巴生港，横穿马来半岛。来自中马两国及周边国家的两万多名建设者用智慧和汗水在热带雨林间搭建起贯穿东西、连接南北的"陆上桥梁"。目前，项目土建工程进入全线施工，正朝着按期高质量建成的方向稳步推进，如火如荼的施工场景让人倍受鼓舞。项目建成后将极大提升马来西亚互联互通水平，推动沿线地区经济社会发展。

本着"干一项工程、交一方朋友、出一批人才"的初心，秉持"中国风、国际范、马来味"的文化理念，承建工程的中国企业加强属地融合，为沿线人民带来实实在在的好处。马来西亚工业发展金融研究中心研究显示，仅建设阶段，项目就将拉动马来西亚经济增长2.7%。项目土建工程的属地化分包与采购比例已超过40%，为3000多家马来西亚企业带来商机。中国企业在建设过程中最大限度招聘当地员工，已累计招聘6000多人次，还将通过"中马铁路人才培训合作计划"为马来西亚培养

5000名铁路人才。在彭亨河边，当地员工兴奋地告诉我，他们亲眼见证了彭亨河特大桥飞架两岸，为能参与家乡建设深感自豪。

在施工点附近的学校，教室里回响着项目员工义务辅导当地孩子诵读中国古诗的声音，墙头画作展现着小朋友们对铁路通车后的美好憧憬。在吉兰丹施工点，当地贫困工友生活境况改善后，时常送来自家榴莲、山竹向中国朋友表示谢意。在遭受洪灾的乡村，项目施工人员全力救助，修道路、发物资，收获感谢与肯定。中国企业还在当地建设野生动物通道，尽己所能保护野生动物栖息地，把生态环境保护和可持续发展理念贯穿项目建设全周期。

中马共建"一带一路"合作"东西并进、旗舰引领"，逐步形成东部关丹产业园、关丹港"一园一港"同西部巴生港经由东海岸铁路"一线"贯穿的格局。双方合作成果正在各个领域显现。中国企业承建的吉隆坡标志塔等项目在马来西亚拔地而起，刷新着吉隆坡、新山、哥打基纳巴卢等城市的天际线。在马来西亚，中国支付软件广为普及，中国吉利和马来西亚宝腾合作生产的汽车随处可见，华为、小米等电子产品专卖店遍布城乡。马来西亚的榴莲、燕窝等产品进入中国千家万户，广受青睐。

山高水远，阻不断合作共赢；纸短情长，道不尽民心相通。中马高质量共建"一带一路"不断走深走实，成为共建中马命运共同体的生动实践。在双方共同努力下，共建"一带一路"必将给两国人民带来更多福祉。

（作者为中国驻马来西亚大使）

2023.10.08

延续千年友谊 谱写合作新篇

姚 文

今年"六一"国际儿童节前夕，习近平主席复信孟加拉国儿童阿里法·沁，鼓励她努力学习、追求梦想，传承好中孟传统友谊。

阿里法·沁2010年出生时，其母因患严重心脏病遭遇难产，一度生命垂危。当时正在孟加拉国吉大港访问的中国海军"和平方舟"号医院船接到求助，派出军医第一时间赶赴当地医院，顶着巨大压力进行剖腹产手术，最终母女平安。这是中孟友好新的感人篇章。

中国和孟加拉国人民自古以来就是好邻居、好朋友，拥有绵延千年的友好交往历史。建交48年来，中孟相互尊重、相互理解、相互支持，双边关系持续取得进展。2016年10月，习近平主席历史性访问孟加拉国，中孟关系提升为战略合作伙伴关系。孟加拉国是南亚首个同中国签署共建"一带一路"合作谅解备忘录的国家。近年来，共建"一带一路"倡议在孟加拉国落地生根、开花结果，为促进当地发展和民生改善作出重要贡献。

帕德玛大桥通车，彻底结束了孟加拉国南部20多个区与首都达卡之间往来需要摆渡的历史，让帕德玛河天堑变通途，成为"梦想之桥"；达舍尔甘地污水处理厂是孟加拉国首座现代化大型污水处理厂，投入运营后可使周边近500万民众受益；卡纳普里河底隧道是南亚地区首条水下隧道，建成后将原本4个小时的车程缩短至20分钟……越来越多为民造福、为民所盼的合作项目正在孟加拉国接续落地、稳步推进。

不久前，中企参与投资建设运营的达卡机场高架快速路项目（一期）通车。这是孟加拉国首条高架快速路，也是孟加拉国最优先发展的基础设施项目之一。孟加拉国总理哈西娜盛赞该项目是孟加拉国交通发展史上一个新的里程碑，项目通车后将极大改善达卡城市交通状况，为孟加拉国经济发展注入更多动力。

中孟共建"一带一路"合作成果丰硕。据统计，中国企业迄今为孟创造大量就业岗位，带来数十亿美元投资。多年来，600多家在孟加拉国生产经营的中资企业积极践行社会责任，在经济发展、环境保护、诚信经营、社区服务、创造就业等方面倾心付出、努力耕耘，成为两国民心相通的积极促进者。

前不久，阿里法·沁等6位孟加拉国普通民众被中国驻孟加拉国大使馆授予"中孟大使友谊奖"。他们的故事是新时代中孟友谊的生动写照，必将带动更多人投身两国友好事业，推动中孟高质量共建"一带一路"迈上新台阶，谱写中孟关系新的时代篇章。

（作者为中国驻孟加拉国大使）

2023.10.11

共建"一带一路"，可持续发展的"加速器"

张　军

今年是习近平主席提出共建"一带一路"倡议10周年。10年来，共建"一带一路"从理念转化为行动，从愿景转变为现实，从谋篇布局的"大写意"到精耕细作的"工笔画"，以绵绵之功结出累累硕果，造福各国、惠及世界。

今年也是联合国2030年可持续发展议程的中期评估年。在百年变局加速演进、全球性挑战交织叠加的背景下，约九成可持续发展目标"脱轨"，近1/3目标停滞甚至倒退，发展中国家如期实现可持续发展目标困难重重。在这一亟须提振全球发展信心的关键时刻，即将举行的第三届"一带一路"国际合作高峰论坛受到国际社会广泛关注和高度期待。

共建"一带一路"倡议同联合国议程深度融合。共建"一带一路"秉承和平合作、开放包容、互学互鉴、互利共赢的丝路精神，致力于推动构建人类命运共同体，同联合国宪章宗旨和原则高度契合，体现了真正的多边主义精神。10年来，中国同150多个国家和30多个国际组织签署共建"一带一路"合作文件，其中包括近20个联合国机构。

共建"一带一路"倡议为落实可持续发展目标注入强劲动力。共建

"一带一路"在理念、举措、目标等方面与联合国2030年可持续发展议程高度契合。据世界银行估算，若共建"一带一路"框架下的交通基础设施项目全部得以实施，到2030年每年有望为全球产生1.6万亿美元收益，并可使相关国家760万人摆脱极端贫困、3200万人摆脱中度贫困。联合国秘书长古特雷斯、联合国有关机构负责人高度称赞共建"一带一路"倡议同可持续发展目标本质相同，是联合国2030年可持续发展议程的"加速器"。

共建"一带一路"倡议有力促进各国团结合作。共建"一带一路"聚焦发展这一最大公约数，迄今已形成3000多个合作项目，拉动近万亿美元投资，有力促进各国互联互通和联动融合发展。在共建"一带一路"框架下，一个个"国家地标""合作丰碑"拔地而起，健康、绿色、数字、创新丝绸之路建设取得积极进展，20余个专业领域多边对话合作机制走深走实，人文交流和民心相通持续深化……广泛参与、优势互补、共谋发展的"一带一路"国际合作新局面，不断为变乱交织的世界注入正能量。

共建"一带一路"倡议指明完善全球治理方向。当今世界，和平赤字、发展赤字、安全赤字、治理赤字加重，各国都在思考未来的道路。在今年9月举行的第七十八届联合国大会一般性辩论上，多国领导人呼吁推动全球治理体系朝着更加公正合理的方向发展。共建"一带一路"秉持共商共建共享原则，积极倡导合作共赢理念与正确义利观，坚持各国都是平等的参与者、贡献者、受益者。共建"一带一路"顺应了全球治理体系变革的内在要求，彰显了同舟共济、权责共担的命运共同体意识，为完善全球治理体系变革提供了新思路新方案。

第三届"一带一路"国际合作高峰论坛将以更加深入、务实、高效、普惠的合作，为各国发展提供新机遇，为全球增长注入新动能，为国际社会如期实现可持续发展目标带来新希望。以此为契机，共建"一带一路"将继续扩大全球伙伴关系网络，进一步对接联合国2030年可持续发展议程"不让任何人掉队"的目标。

（作者为中国常驻联合国代表、特命全权大使）

2023.10.13

国际论坛

共享机遇、共谋发展的阳光大道

丝绸之路经济带勾勒美好未来

瓦里汗·图列绍夫

中国国家主席习近平访问哈萨克斯坦期间，提出共建丝绸之路经济带的新合作模式。我认为，这一倡议涵盖了经济社会发展等多个方面的范畴，具有深刻的人文内涵。

哈萨克斯坦和中国有巨大的经济合作潜力。最为人们熟知的例子就是两国在油气领域的合作。目前，中石油在哈萨克斯坦成立的合资公司，不断满足着哈萨克斯坦和中国民众对高质量能源产品的需求，并在哈萨克斯坦产生了积极的社会影响。一方面，保障管道沿线地区的天然气供应，帮助这些地区实现天然气化。另一方面，积极参与社会公益事业，修建医院、学校、幼儿园，培养和帮助青年学子，帮扶退休老人，受到哈萨克斯坦民众的赞誉。

共建丝绸之路经济带的倡议，为欧亚大陆的大部分国家解决自身经济社会发展问题提供了全新的机遇。可以预见，在这条现代"丝绸之路"经过的地方，一大片新居民区与公共设施将拔地而起，为生活"架起新的炉灶"。一些新兴城市将诞生，已有老城也有望发展扩大。一大批工作岗位将为当地民众提供更多就业选择，民众精神文化生活将更加丰富。更重要的是，本地区普通民众关于美好富足生活的梦想将得以实现。可以说，中国梦的理念，与哈萨克斯坦强国富民的发展战略不谋而合。

这就是哈萨克斯坦与中国及两国民众互利互惠的最深刻内涵所在。新合作模式将致力于形成一个友好与和谐发展的标准：即经济先行，然后实现社会伙伴关系和平等。这一模式有助于使人们消除经济全球化和经济危机带来的恐惧和威胁，让丝绸之路沿途的人们成为自己生活的主人。值得一提的是，丝绸之路经济带的建设与实施，不会妨碍其他国家正在本地区实施的项目，也不会损害其利益。因为这一提议并非要将这一地区变成一个重要的地缘政治体，而是着眼于在经济和社会领域实现共同发展和繁荣。

丝绸之路经济带的建设，再次强化了世界对中国的信心。作为一个大国，中国有能力解决现代人类文明发展面临的最复杂问题。

（作者为哈萨克斯坦国际商学院教授，本报驻哈萨克斯坦记者黄文帝采访整理）

2013.12.09

用心奏响"一带一路"共赢曲

菲扎尔·拉赫曼

"一带一路"体现了中国的高瞻远瞩，也是世界人民的期盼和福音。当前尤为重要的是团结区域国家参与其中，早日落实美好蓝图

近期，"一带一路"成为热议话题。随着中国国际影响力的提升，"一带一路"倡议开始为越来越多的国家所关注，它充分体现了中国领导人的政治智慧和全球视野，不仅能强化中国和周边国家的交流，也能为更多民众带去看得见的实惠。如果将"一带一路"比作跨越国界的乐章，那么它的基调就是共赢。

"一带一路"，承载着区域国家对加强合作的渴求，以及中国的责任担当。经过不懈努力，中国经济取得了长足进步，秉承亲诚惠容理念，向周边国家提供了真诚无私的帮助，并在地区和国际事务中发挥积极作用，为自身发展创造了良好环境，也赢得了国际社会的尊重。如今的中国已具备实践"一带一路"的能力，号召区域国家参与其中，可谓恰逢其时。

"一带一路"的重要性体现在以下方面。其一，"一带一路"有利于将区域国家凝聚起来，充分挖掘各自的潜力，实现优势互补。"一带一路"经过的不少国家是发展中国家，沿线地区将因此获得更多发展机会，包括建立工业园区，改善基础设施，带动当地就业等，对于促进地区繁荣

与稳定具有深远意义。中国长期倡导睦邻友好的理念，越来越多的国家也乐意加强与中国的全面互动，夯实各个领域的合作，分享互利互惠的成果。在"一带一路"倡议的感召下，区域国家能够齐心协力，直面挑战，共谋发展。

其二，"一带一路"有利于深化不同国家之间的人文交流，深化友谊。如今，"一带一路"被注入了新的时代内涵，兼容并蓄、自信包容都是题中应有之义，不同国家的民众可以借助"一带一路"的契机，深化人文交流，加强民间往来。民众相互了解多了，心贴近了，自然就能推动国家之间的关系，加强彼此之间的沟通协调，带动相关产业发展。

其三，"一带一路"有利于加强区域国家之间的经贸合作。长期以来，中亚和南亚区域的贸易往来并不突出，"一带一路"在很大程度上改善了这一状况，使中国西部地区与瓜达尔港、印度洋和西亚地区更加紧密地连接，维护区域国家的能源安全，推动中巴经济走廊建设，并使各国享有更加开放的发展环境，为有效开展全方位合作提供了平台。"一带一路"打破区域局限，将各国资源进行有效整合，将直接推动太平洋和印度洋的贸易投资，为未来亚洲经济一体化打下坚实基础。

作为惠及各方的重大倡议，"一带一路"体现了中国的高瞻远瞩，也是世界人民的期盼和福音。当前尤为重要的是，要团结区域国家参与其中，早日落实美好蓝图。为此，沿线国家应朝这一目标共同努力。巴基斯坦愿意和其他国家一起，以饱满的热情参与"一带一路"建设。让我们携手同行，用心奏响这首共赢曲，让互利互惠的音符更加深入人心。

（作者为巴基斯坦中国委员会执行主任）

2015.04.01

"一带一路"惠及欧亚

谢尔盖·萨文斯基

建设"一带一路"可以为沿线国家就业和获取投资创造有利条件，同时巩固各国与中国的友好关系

"一带一路"建设使沿线国家建立更紧密的政治、经济联系，实现这些国家交通基础设施的互联互通，创造更加有利的贸易环境以及促进资金融通。这些都是21世纪世界各国协调发展的迫切要求。

"一带一路"沿线大多是新兴市场国家和发展中国家，总人口约44亿，经济总量约21万亿美元，分别占全球的63%和29%。"一带一路"建设不仅将为中国的经济发展和产业结构优化提供新的动力，而且将给沿线其他国家带来利好。陆上，可以建立一系列经贸产业园，并以此为依托打造国际经济合作走廊；海上，可以吸引一系列港口城市共同建立自由、安全、高效的交通要道。

基础设施建设互联互通将是建设"一带一路"的重要推力，建设中的亚洲基础设施投资银行和丝路基金将发挥重要作用。实现互联互通有利于在相关区域建立更为便利的投资、贸易环境，提高自然资源利用率，共同发展绿色科技，为所有国家带来共同利益。

中俄之间的物流通道已经覆盖水陆空各个领域，但仍有广阔的拓宽空间。从中国哈尔滨途经俄罗斯符拉迪沃斯托克、东方港等港口的国际

"滨海一号"货运走廊已经开始试运行,"滨海二号"也即将开通。中国货物将通过这些通道由俄罗斯滨海边疆区的港口运往亚太地区,把铁路扩展到朝鲜半岛并将该区域并入丝绸之路经济带无疑将是俄远东经济发展、政治稳定的重要一步。

俄罗斯也愿意将西伯利亚大铁路和贝阿铁路同丝绸之路连接起来,以带动远东地区开发,扩大中国对欧洲出口和俄罗斯对东南亚出口。

"一带一路"建设还为中亚国家提供了更为广阔的发展机遇。中亚五国总面积400多万平方公里,总人口超过6000万,拥有丰富的自然资源,处于连通欧亚的关键地理位置。然而,没有出海口严重限制了这些国家的经济发展。丝绸之路经济带建设不仅能使中亚地区变为欧亚间的便利走廊,而且能拓展中亚地区与外部世界的联系。

中国在资金和基础设施建设方面具有优势,而且预计未来10年中国对外投资将达到1.25万亿美元,成为世界经济增长的有力引擎。建设"一带一路"可以为沿线国家就业和获取投资创造有利条件,同时巩固各国与中国的友好关系。这不仅符合欧亚经济区利益,而且能促进世界经济发展。

（作者为俄罗斯财政部财政研究所首席研究员）

2015.07.29

"一带一路"让欧中紧密相连

亚历山大·克瓦希涅夫斯基

"一带一路"是中国与世界各国经济合作的纽带，也是沿线国家人民人文交流的桥梁

若要真正理解中国政府倡导的"一带一路"建设对欧洲和世界的重大意义，就需要回顾古老的丝绸之路历史。

2000多年前，绵延数千公里的丝绸之路曾经把中国和欧洲联系在一起，堪称第一个世界范围内的经济合作通道，留下互利共赢的美好记忆。

波兰也曾是这条丝绸之路的重要组成部分。当时，波兰人不仅通过这条丝绸之路购买产自中国的丝绸、瓷器和茶叶等商品，还分享了中国人高度发达的文明成就。遗憾的是，由于中世纪后期欧洲大陆的冲突与战争，这条代表着人类文明最高成就的合作之路被中断。

所幸的是，波中两国人民之间的友谊并没有中断。波兰是世界上第一批与新中国建立正式外交关系的国家之一。而且，自那时起，两国之间一直保持着友好合作关系。

如今，中国领导人倡议的"一带一路"，再次为波中两国关系发展注入新动力。2013年，连接波兰罗兹市与中国成都市的直达货运班列正式开通，满载货物的列车因此可以一路畅通地驶往欧洲大陆。此外，"一带一路"还催生了多条直接联系波中两国的海路和空中通道。

"一带一路"是中国与世界各国经济合作的纽带，也是沿线国家人民人文交流的桥梁。

早在1987年，我就以波兰政府青年事务部部长的身份第一次访问中国。10年后，我再次访问中国时，则是以波兰共和国总统的身份。2004年，我有幸和中国领导人共同签署了《中华人民共和国和波兰共和国联合声明》，将中波关系提升为友好合作伙伴关系，为两国目前的战略伙伴关系奠定了基础。2010年上海世博会期间，我以波兰前总统的身份再次访问中国，并有机会就欧盟和波兰与中国的关系，同中国领导人和专家学者等进行了广泛深入交流。

我到过中国的许多地方，亲眼目睹了中国人民在建设国家领域所取得的伟大成就，切实感受到中国在国际舞台上不断增长的政治和经济影响力。每次到中国，我都能看到中国取得的新的巨大进步。我赞叹中国经济高速发展的奇迹，佩服中国领导人治理国家的智慧和能力，被古老灿烂的中国文化深深吸引。

如今，"一带一路"再次让欧洲与中国紧密相连。2016年是中国—中东欧国家人文交流年，我由衷希望波中两国以此为契机，进一步密切青年人之间的交流。作为中东欧地区最大的国家和经济领头羊，波兰愿意成为中国的全方位合作伙伴，携手推动"一带一路"建设。我坚信，"一带一路"将把波中两国人民更加紧密地联系在一起，书写两国人民友好合作关系的新华章。

（作者为波兰共和国前总统）

2016.04.11

"一带一路"让世界充满活力

让－皮埃尔·拉法兰

"一带一路"建设不仅将推动基础设施建设和经贸合作，还将促进文化交流、文明互鉴

今年5月，首届中法文化论坛将在北京举行，主题为"一带一路：文明对话与融合"。该论坛将在中法两国交替举办，每年一次。

为什么要举行文化论坛？我认为，那是因为在法中关系涉及的各个领域中，文化交流尤为重要。

文化交流是法中合作的基石。作为两个文化悠久的大国，法中不仅有很多共同利益，而且对彼此文化充满好奇。可以说，法中经济关系和文化关系是密不可分的。在国际关系中，我们常常会低估文化所扮演的角色。人们总问我："你了解中国，那能不能告诉我们，怎么才能成功地在中国做生意？"我并不知道所谓的成功法则，但有一点非常关键，那就是你要热爱中国，热爱中国文化。中华民族是一个古老的民族，有着悠久的历史和文明，如果我们只考虑贸易和项目，不去考虑那些参与其中的人民，就会与重要的文化联系失之交臂。所以，我希望把法中之间的文化差异变为共同的"财富"，让差异产生好奇，好奇产生交流，这也是我想进一步发展的"文化定理"。

法中文化交流需要不断充实。这种交流不应局限于传统领域，应利

用电视、互联网等现代传媒工具展开。因此，将所有文化参与者汇集起来，让他们就共同的文化交流项目进行探讨，是非常重要的。我希望，文化论坛能够释放出促进两国文化企业合作的能量。

"一带一路"将是文化论坛所要讨论的焦点议题。中国领导人提出的"一带一路"倡议，希望与沿线各国共谋发展，是非常重要的战略举措。共同的愿景需要共同的行动，首先要像习近平主席所说的那样，各国要树立命运共同体意识，真正认清"一荣俱荣、一损俱损"的连带效应，在合作中实现共赢。中国发起创建的亚洲基础设施投资银行，已将50多个国家的力量联合起来，共建和平发展的未来愿景。"一带一路"话题将在之后的文化论坛中传递下去。第二届论坛将在里昂举行，它是法国著名的文化之都，也是古代丝绸之路在西方的端点，是一个充满文化魅力的地方。

"一带一路"是广受世界瞩目的倡议，越来越多的人表现出兴趣。这个倡议让世界充满活力，也为沿线国家带来了众多互利共赢的合作项目。我注意到，中国领导人每次来法国谈论这个话题，法国的企业家、银行家、学界和创业者都很关注，他们为此深受鼓舞。

"一带一路"建设不仅将推动基础设施建设和经贸合作，还将促进文化交流、文明互鉴。它是一片多产的沃土，有些项目甚至是我们目前无法想象的。"一带一路"就像是一个花园，未来将繁花似锦。

（作者为法国前总理、法国"展望与革新基金会"主席）

2016.04.21

"一带一路"，牵手全球可持续发展目标

洪平凡

共建"一带一路"不但为沿线国家，而且为全球落实2030年可持续发展议程作出重要贡献

中国提出的共建丝绸之路经济带和21世纪海上丝绸之路（"一带一路"）的历史性倡议，与联合国推动落实2030年可持续发展议程不谋而合，成为重大区域性国际合作的典范。

2015年9月，联合国发展峰会通过的2030年可持续发展议程，为全球描绘了一幅壮观的可持续发展蓝图，其中首要目标是要在人类历史上第一次消除极端贫困。然而，要真正落实这些宏伟目标，必须依靠世界各国在全球、区域和国家等层面上采取有效政策措施，并付诸行动，特别是要加强国际合作。

尽管"一带一路"倡议与2030年可持续发展议程在性质和涵盖范围上有所不同，但两者有着相近的愿景和基本一致的原则。例如，两者都阐明恪守《联合国宪章》的宗旨和原则，都强调包容发展和共同繁荣。

"一带一路"所确定的五大重点合作领域，即政策沟通、设施联通、贸易畅通、资金融通和民心相通，将会有力推动实现2030年可持续发展议程的17项可持续发展目标。例如，设施联通将会直接为实现可持续发展目标中消除贫困，促进持久、包容和可持续的经济增长，建造具备抵

御灾害能力的基础设施做出重大贡献。

中国老百姓常说："要致富，先修路。"经济理论和实证分析也充分表明，基础设施建设可以有效减少贫困。历史上，凡是经历过持久而强劲经济增长的国家（包括中国），其基础设施投资占国内生产总值（GDP）的比重无不显著高于其他国家。以这些国家的经验作为参考，要实现2030年可持续发展议程中持久、包容和可持续经济增长的目标，全球面临巨大的基础设施投资缺口。"一带一路"倡议中的设施联通和资金融通可以为填补这一缺口做出积极贡献。同时，设施联通特别强调了绿色和低碳基础设施建设，充分体现了可持续发展理念。

"一带一路"五大合作重点与其他一些可持续发展目标之间也存在着密切联系。例如，设施联通、贸易畅通和资金融通，与农、林、牧、渔方面的合作联系密切，可以提高农业生产率，为消除饥饿和实现粮食安全的目标作出贡献；民心相通涵盖文化、人才、科技等领域的广泛交流，则有利于创建和平、包容的社会；而政策沟通、贸易畅通和资金融通更是第十七项可持续发展目标"加强执行手段，重振可持续发展全球伙伴关系"中的部分核心内容。

"一带一路"贯穿亚欧非大陆。沿线国家约覆盖世界人口的60%，全球GDP的30%。此外，与具有排外性的一些传统区域经贸合作协定不同，"一带一路"是开放和包容的，欢迎非沿线国家参加。因此，共建"一带一路"不但为沿线国家，而且为全球落实2030年可持续发展议程作出重要贡献。

（作者为联合国经济与社会事务部发展政策研究司司长）

2016.08.09

"一带一路"预示更光明全球化前景

让-皮埃尔·拉法兰

"一带一路"倡议并非简单的学理式思辨，大量金融手段和多边机制为"一带一路"倡议赋予了新的治理模式

丝绸之路的历史总是激发人们无尽的想象。法国作家玛格丽特·尤瑟纳尔笔下的古罗马皇帝哈德良就曾对古丝绸之路上繁忙的商贸充满向往。

习近平主席提出"一带一路"倡议，世界为之惊叹。共建"一带一路"是中国经过深思熟虑做出的决定，有三个重点值得关注：

一是欧亚非大市场将成为利益共同体。随着全球化边际效应递减，世界经济需要新的增长动力。互联互通将为亚洲带来新的增长机遇。通过帮助"一带一路"沿线国家发展基础设施，中国的对外开放水平和转型升级将得到加强。中国不断推进人民币国际化，促进经济增长朝着更高质量和更加包容的目标前进。

我们同住地球村，没有哪个国家能变成离群索居的鲁滨孙。中欧合作有助于欧盟实现经济增长和创造就业的目标。欧亚非地缘战略整体将成为一个利益、责任和命运共同体。欧洲和美国主导的全球化曾给城市、沿海和西方带来了繁荣，但农村、内陆和东方却遭到遗忘。中国的"一带一路"倡议寻求"全球再平衡"，预示着更加光明和平的全球化前景。

二是新活力在亚洲崛起。亚洲正通过改革和开放成为推动结构性变革的引擎。亚洲的活力会带动欧洲的发展。亚洲国家一向认为"拥有欧洲就拥有了世界",尤其是在美国将战略目光投向太平洋地区、忽略欧洲的空档期,抓住欧洲市场变得更加关键。欧亚合作将成为未来世界的重要平衡力量。欧洲应当抓住机遇,重新回到世界舞台的中央,欧美跨大西洋关系或将得以重塑。

三是发展与文明同步。西方主导的全球化在引入激烈竞争的同时带来了一些破坏性影响:文明逐渐衰退,个人主义膨胀,非理性行为增多。近来在西方国家出现的民粹主义抬头、美国大选乱象以及英国"脱欧"等现象着实让世界大为震惊。

以埃及、希腊、印度和中国为代表的欧亚非地缘政治实体应当共同担负起人类文明复兴的使命。如今,"一带一路"框架下的文化交流正遍地开花。例如,以"一带一路:文明对话与融合"为主题的第二届中法文化论坛将于2017年在法国里昂举行。

"一带一路"倡议并非简单的学理式思辨,大量金融手段和多边机制为"一带一路"倡议赋予了新的治理模式。习近平主席2013年提出筹建亚洲基础设施投资银行,亚投行拥有超过1000亿美元法定资本,将成为撬动发展的有力杠杆。亚投行、金砖国家新开发银行和丝路基金的建立,表明中国具备落实"一带一路"倡议的能力。

法国欢迎并支持"一带一路"倡议,因为这一倡议直接关乎法国的利益和战略布局。对"一带一路"倡议做出及时回应和发展战略对接,考验着法国政府的决策智慧。

(作者为法国前总理、法国"展望与革新基金会"主席)

2016.10.24

"一带一路"，着眼未来

彼得·弗兰科潘

国际领导者们需要认识到增进相互联系和交流的重大意义。"一带一路"倡议，正在帮助塑造当下及未来

当我还是一个小男孩时，我的卧室里有一幅世界地图。我经常花很多时间来了解地图上的国家及其主要城市的名字，了解主要河流的路径，了解高山、沙漠的位置。

我知道历史上国家的疆域通常沿着自然地形展开，高山、大海、沙漠缔造了天然的防御，也造就了彼此之间的分隔——这些障碍阻挡了思想与信息的相互交流，使得贸易变得困难，阻碍经济、政治以及文化的发展。然而在今天，由于技术的进步，我们几乎已经完全克服了这些物理障碍，飞机、高速铁路、互联网改变了我们彼此之间的往来与交流。一切变得如此迅速。

现在，正是我们更好了解这个世界及其相互关联的好时候。认识到我们所处的世界正在改变是十分重要的，这在我们思考"一带一路"倡议时显得尤为突出。这是一项面向21世纪的工程，包含公路、铁路、发电厂、港口、运送管道等重要建设，同时也是对历史成功经验的学习。中国战国时期的赵武灵王曾说："圣与俗流，贤与变俱。"即使古代的统帅也同样明白与时俱进的重要性。

我们生活在政治、经济、国际格局不断变化的时代，正面临着诸多挑战和问题。但我们并非第一次面临如此多挑战——无论是应对气候变化，还是经济减速，历史总能给予我们经验。从古至今，我们始终面临着周边形势变坏进而影响国内经济及社会状况的担忧。历史经验告诉我们同周边国家建立长期积极关系的重要性，以及不这么做的危险性。

通过了解这片大陆的历史，我们能够获得更好的启示，丝绸之路是一个很好的切入点。一些人谈到丝绸之路，只把它视为一条将丝织品从中国出口到欧洲的异域古道。事实上，丝绸之路并非只有一条通路，而是东西方互通的多条线路。就像人体的动脉和静脉，通过丝绸之路，传送着东西方所喜爱的丝绸、香料、陶瓷、锦缎……

一些人可能认为丝绸之路只是一段尘封的历史，但只要仔细研究就会发现，它曾是世界改变的中心，人类自学会读写之后，第一次如此大规模通过合作创造财富。在丝绸之路的沿线，不少城市兴起，不同的法律、风俗、文化得以传播，连农作物的种植范围都得到扩展。这条连接世界的通道不仅刺激了贸易，而且鼓励不同语言的人们彼此交流观点看法以及信仰。在促进科技发展、文化繁荣方面，丝绸之路发挥着极大的作用。在很长时间里，它都是促进全球经济运作的润滑剂。

丝绸之路的沿线国家拥有丰富的石油、天然气、矿产资源。曾经连接东方和西方的世界中心在当今仍然具有十分重要的位置。但是除了这些，国际领导者们更需认识到的是增进相互联系和交流的重大意义。"一带一路"倡议正在帮助塑造当下及未来，而非仅仅对历史的回溯。我们正处在艰难而复杂的时代，然而历史上我们同样经历过无数类似的时刻。在古代，中国每一次扩大其影响力，都伴随着去了解沙漠、高山、大海另一头世界的努力。在当下，我们同样需要这么做。

孔子曾说过，"知者不惑，仁者不忧，勇者不惧"。这是我们应该期待的当下及明天。

（作者为英国牛津大学伍斯特学院高级研究员）

2016.10.27

"一带一路"助推非洲工业化

李 勇

中国目前正在推进的"一带一路"倡议，对接了非洲国家的工业化战略，这给非洲国家带来了前所未有的工业化发展机遇

联合国发展峰会通过的2030年可持续发展议程中，把推动可持续工业化列为全球发展目标之一，这尤其关乎非洲未来50年的经济转型计划。中国目前正在推进的"一带一路"倡议，对接了非洲国家的工业化战略，这给非洲国家带来了前所未有的工业化发展机遇。中非产能合作将迎来更广阔的舞台。

产能合作的重要特征之一是推动发达国家和发展中国家在产业链上下游紧密合作，实现利益相关方的双赢与多赢。西方国家也很重视非洲市场。例如，非洲国家水果产出丰富，但苦于缺乏先进的加工包装技术，水果出口并没有给非洲国家带来可观的经济效益。德国、意大利等国的食品加工包装协会看到这一商机后，纷纷联系联合国工业发展组织，奔往非洲。但他们大多把非洲看作其设备的出口目的地，并不关心扶植非洲自身的生产能力。而联合国工业发展组织所提倡的产能合作，更希望看到发展中国家在进口之余，逐渐有自身的装备制造能力。

中国与其他发展中国家间的产能合作模式，已经走出了一条新路。中国重在通过产能合作，提升合作对象国的技术水平，从而对其相关产

业发展起到推动作用。2016年正式通车的亚吉铁路就是一个很好的例子，这是非洲第一条现代电气化铁路，连接埃塞俄比亚和吉布提两国首都。铁路在非洲是珍稀的基础设施"资产"。中方不仅帮助对方修好铁路，还拿下了未来6年的运营权。在这段时间里，中方一方面帮助对方培养工程技术人员，以管理运营铁路，另一方面帮助对方建立机车车辆及设备制造厂。未来，埃塞俄比亚就能拥有本国在铁路行业软硬件方面的"造血功能"。

"一带一路"倡议在地理上贯穿欧亚非三大洲，东起活跃的东亚经济圈，西抵发达的欧洲经济圈，中间是经济发展潜力巨大的广大发展中国家。"一带一路"倡议下的产能合作，重在促进这些亚非发展中国家开发其经济潜力，邀请他们共同参与、共同建设、共同受益。而这正契合产能合作的本质，有利于实现各方的可持续发展。

当前中国正在推进新型工业化，坚持创新驱动，促进智能转型，推动绿色发展。同时，中国积极开展国际产能合作，带动中国装备走出去。这既是中国经济发展到今天的客观需要，也契合发展中国家工业化和发达国家再工业化的需求，是扩大南南合作、深化南北合作的重要途径。

（作者为联合国工业发展组织总干事）

2017.05.03

"一带一路"上的天然和重要伙伴

阿德南·萨马拉

阿拉伯世界位于"一带一路"交汇处，是建设"一带一路"的天然和重要伙伴

2000多年前，生活在欧亚大陆上的人们开辟出了贸易和人文沟通的道路，连接起亚洲、欧洲和非洲的伟大文明，后人称之为丝绸之路。时光荏苒，承载着"和平合作、开放包容、互学互鉴、互利共赢"的丝路精神被传承下来，推动了人类文明的进步。丝绸之路由此成为沿线各国实现繁荣与发展的重要纽带，东西方交往的标志以及整个世界重要的历史和文化遗产。

中国与阿拉伯国家的关系源远流长。自古以来，建立在合作、开放和互利基础上的陆上和海上丝绸之路就把阿拉伯民族与中华民族联系在一起。20世纪初，阿拉伯地区处于灾难与战争中，西方殖民者通过《赛克斯—皮科协定》对这一地区进行划分。于是，阿拉伯民族开始奋起反抗并通过不同方式表达了独立的愿望并最终取得了自由与独立。这期间，中国人民也开始了艰苦卓绝的抗日战争，并最终实现了国家独立，建立了中华人民共和国。中国在各种国际场合一贯支持巴勒斯坦民族解放事业，并与阿拉伯国家在地区和国际问题上保持着沟通与协调。

中国进入改革开放新时期后，和平发展合作共赢成为中国与世界各

国交往的政策。目前中国与所有阿拉伯国家都建立了外交关系，双方都致力于深化友谊、发展双边关系，在经济、政治、贸易、文化、教育、卫生、体育、新闻等各领域的合作取得了显著成果。为进一步深化友谊，"中国—阿拉伯国家合作论坛"于2004年成立，并发展成为涵盖众多领域、建有10余项机制的集体合作平台。2010年中国和阿拉伯国家建立全面合作、共同发展的战略合作关系，中阿集体合作进入全面提质升级的新阶段。与此同时，中国仍一贯支持巴勒斯坦民族解放事业，并向巴勒斯坦提供了力所能及的援助。

2013年，中国国家主席习近平提出"一带一路"倡议，引起了国际社会的高度关注。这个倡议将为推动丝绸之路沿线国家经济繁荣、加强不同文明的交往与互动以及实现世界和平与发展作出贡献。

为巩固阿拉伯国家与中国的合作、落实"一带一路"倡议，习近平主席在2014年举办的中阿合作论坛第六届部长级会议的开幕式上发表重要讲话，提出了构建"1+2+3"的合作格局，即以能源合作为主轴，以基础设施建设、贸易和投资便利化为两翼，以核能、航天卫星、新能源三大高新领域为新的突破口。当前，阿拉伯国家是中国第七大贸易伙伴及最大的石油来源地，中国是阿拉伯国家的第二大贸易伙伴，并成为其中9个阿拉伯国家的第一大贸易伙伴。截至目前，中国与6个阿拉伯国家签署了共建"一带一路"协议，7个阿拉伯国家成为亚洲基础设施投资银行创始成员。

鉴于"一带一路"倡议的重要性，由阿拉伯各国对华友好协会组成的阿拉伯国家对华友好协会联合会围绕这一倡议在苏丹首都喀土穆和埃及首都开罗举办了两次研讨会，阐释这一倡议并鼓励阿拉伯国家政府、企业家、高校以及各民间组织从这一伟大倡议中获益，深化阿拉伯国家与中国在政治、文化、体育、科技和艺术等各领域的关系。阿拉伯世界位于"一带一路"交汇处，是建设"一带一路"的天然和重要伙伴。我作为巴勒斯坦中国友好协会主席，深切体会到"一带一路"倡议给阿拉伯国家带来的巨大机遇，并将尽我所能向巴勒斯坦各界阐释这一倡议，深化中阿友好合作。

（作者为巴勒斯坦中国友好协会主席）

2017.05.04

为共建"一带一路"注入新活力

贾玛利丁诺夫·孜亚丁·伊斯拉莫维奇

吉尔吉斯斯坦将全力以赴，为共建"一带一路"注入新活力

"一带一路"国际合作高峰论坛即将在北京举行。自中国国家主席习近平2013年提出"一带一路"倡议以来，吉尔吉斯斯坦一直是这一倡议的重要参与者。毫无疑问，吉尔吉斯斯坦将全力以赴，为共建"一带一路"注入新活力，以实现共同发展，深化互利合作，加强各国人民之间的友谊。

"远亲不如近邻"，这是中吉两国语言中都有的古老谚语。自1992年中国和吉尔吉斯斯坦建立外交关系以来，双边关系已走过了25年的历程。在双方共同努力下，两国始终保持着友好、互信的关系，政治、经济、文化、科技等领域的互利合作基础稳固。近年来，两国政治互信持续加深，领导人、政党、议会之间的联系日渐密切，睦邻关系不断巩固。中国和吉尔吉斯斯坦山水相连、睦邻而居，已经成为名副其实的好邻居、好朋友、好伙伴。可以说，中吉关系正处于历史最高水平。

近年来，中吉两国之间签署了200多份双边文件，其中既有两国之间的文件，也有政府之间、部门之间及其他机构之间的双边文件。这些文件是两国开展互利合作的重要法律基础，同时也充分说明双方对持续深化多领域互利合作的渴望。尤其是在"一带一路"框架下，中国公司

承建的连通中国、吉尔吉斯斯坦及周边国家的基础设施建设工程，就是非常成功的互联互通项目，为吉尔吉斯斯坦及沿线国家的经济社会发展带来立竿见影的效果。

尤其值得一提的是，2015年在中国建设者的协助下，吉尔吉斯斯坦"达特卡—克明"输变电项目正式竣工。该项目将吉尔吉斯斯坦南北方原本独立的电力系统联为一体，对提高吉电网独立性和安全性，促进吉经济社会发展和民生改善具有重要意义。吉尔吉斯斯坦人民对中国给予的资金援助与技术支持，特别是为吉尔吉斯斯坦实现电网独立作出的巨大贡献，满怀最衷心的感激。

尽管近几年世界经济表现不尽如人意，但中国始终是吉尔吉斯斯坦经贸合作的重要伙伴之一。2016年，中国成为吉尔吉斯斯坦的第一大投资来源国，占吉外商直接投资总额的44.2%。当然，两国间的合作不仅仅限于经贸，我们还希望通过各种渠道与中国人民建立更多层次的联系。近年来，越来越多的吉尔吉斯斯坦学生到中国留学，他们在中国学到了先进的技术、经验和知识，并开始在吉各行各业大显身手。

吉尔吉斯斯坦一贯高度重视对华关系。吉议会设有对华友好合作工作组，成员有53人，来自议会全部六大政党，占议员总人数的近一半，是吉议会最大的跨党派工作组。发展同中国的关系永远是吉尔吉斯斯坦外交政策的优先方向。吉议会对华友好合作工作组非常愿意为加强两国议会间合作贡献力量。我相信，在中吉两国的共同努力下，两国关系将迎来美好的明天。"一带一路"倡议对于吉尔吉斯斯坦有着非常重要的意义，相信在这一大型合作框架下，未来中吉两国在农业、能源、基础设施等多个领域的合作前景会非常广阔。

（作者是吉尔吉斯共和国议会议员、议会对华友好合作工作组组长）

2017.05.06

同中国携手行进在"一带一路"上

若泽·格拉齐亚诺·达席尔瓦

当亚太地区整体实现并超越了到2015年底减少贫困和饥饿的联合国千年发展目标时，中国作为实现这些令人印象深刻成就的地区领导者脱颖而出。现在，我们的视线已牢牢锁定2030年，这是落实联合国2030年可持续发展议程所列目标的最后期限。联合国粮农组织以及整个世界正再次把目光投向中国，期待中国以自信的姿态发挥领导力。

自联合国粮农组织1996年发起南南合作相关行动计划以来，中国一直积极致力于在世界范围分享其农业专业知识。据统计，在联合国粮农组织南南合作计划框架内，中国派遣了超过1000名专家和技术人员深入到非洲、亚洲、加勒比海和太平洋地区。中国利用其自身积累和总结出的先进经验，帮助其他国家抗击饥饿和农村贫困，这种宝贵的技术知识分享提升了其他国家的粮食安全和人民的营养水平，改善了受援国超过8万名农民和小型生产者的生计。中国是南南合作相关行动计划的主要参与者、支持者和推动者，为全球消除饥饿和贫困事业贡献了杰出力量。

实际上，中国是第一个与粮农组织建立南南合作战略联盟的国家，早在2006年就签订了意向书。2008年，中国向粮农组织捐赠3000万美元，2015年又为南南合作捐赠5000万美元，双方的合作势头进一步增强。

这种可贵的援助不仅帮助强化了农业生产所有领域的行动，明显改善了最脆弱群体的生活水平，尤其是他们的营养状况，还帮助各国制定了农业发展战略和政策，加强了受援国与中国间的相互理解和信任，并有助于促进贸易和市场供应链方面的合作。

未来，联合国粮农组织计划在南南合作相关行动框架下开辟一个粮农组织和中国减贫战略的共享空间。通过引进可持续的商业模式，促进区域及次区域的包容性发展，引导农业企业走高效发展之路。例如，通过发展创新型农业电子商务，从而促进新技术的共享。

中国的领导力一直坚如磐石。2015年，中国国家主席习近平在出席联合国成立70周年系列峰会期间，出席并主持了由中国和联合国共同举办的南南合作圆桌会，还在联合国发展峰会上宣布，中国将设立"南南合作援助基金"，首期提供20亿美元。2016年，中国政府与联合国粮农组织达成了一项新的农业和粮食安全战略合作谅解备忘录。凭借这份谅解备忘录，联合国粮农组织与中国的合作达到了顶峰。

过去几十年，中国的快速发展使7亿多人口摆脱了贫困。按照中国的"十三五"规划，中国在2020年前将解决区域性整体贫困。这些行动将极大地推动实现到2030年实现零饥饿的全球目标。中国还承诺推行农村供给侧结构性改革，推动农民职业化发展，实施农业现代化，应对气候变化，促进低碳发展——联合国粮农组织在这些领域都有深入的经验可供借鉴。

无论是在地区还是国际层面，中国都在努力通过丝绸之路经济带和21世纪海上丝绸之路（"一带一路"）倡议携手其他国家一道实现可持续发展目标。联合国粮农组织大力支持"一带一路"建设，在这条路上，我们将与中国再次自信地携手同行。

（作者为联合国粮农组织总干事）

2017.05.09

盼"一带一路"促欧中关系

常博逸

欧盟与中国在"一带一路"框架下密切合作，有利于世界不同地区的包容性发展，有利于巩固欧盟与中国互为主要贸易伙伴的地位，最终也有利于整个世界

过去几年，世界局势的动荡不安令世界经济大环境发生了翻天覆地的变化。各类挑战层出不穷：经济衰退、地缘政治危机、恐怖主义、气候变化、不断增长的民粹主义与保护主义，等等。

第二次世界大战结束以来，亚太地区的整合成为世界经济的亮点，然而，许多人忽视了这样一个事实，即亚洲与欧洲之间的联系同样非常紧密。亚欧之间可靠而稳固的贸易伙伴关系由来已久，可以追溯到罗马帝国与古代丝绸之路的时期——这是一笔宝贵的历史财富。

当今世界，欧盟与中国同为世界主要经济体，双方的经济合作潜力巨大。据罗兰贝格管理咨询公司推算，未来5年，欧洲对亚洲的出口额将达到对美出口额的4倍。事实上，欧盟最大经济体德国与中国的进出口贸易总额已上升到1700亿美元，中国首次超越了美国和法国，成为德国第一大贸易伙伴。

欧盟和中国在促进自由贸易领域有着广泛的共同语言，这为双方提供了进一步合作的机遇。目前，中欧双方已经强化了研发合作，积极开

展双向直接投资，商业活动也日益频繁，这极大地提高了亚洲与欧洲人民的福祉。除此之外，欧洲拥有长期积累的专业知识，而中国参与经济全球化以及人民币国际化的步伐也在加快。但是，我们的目标应该不仅限于此，进一步推进双边贸易的发展是我们的共同心愿。

"一带一路"倡议充满雄心，赢得了世界的热烈回应。借着"一带一路"倡议，欧洲企业有机会进一步加深对亚洲市场的了解。我们认为，中国与欧洲在优势互补的基础上加深合作，将有助于我们在全球市场获得成功。例如，中欧企业在"一带一路"相关地区联合开展本地化研发，将有助于加强各自的竞争优势。欧盟与中国在"一带一路"框架下密切合作，也有利于世界不同地区的包容性发展，有利于巩固欧盟与中国互为主要贸易伙伴的地位，最终有利于整个世界。

在当前这个全球化的世界中，地缘政治、地缘经济、社会问题、环境问题等相互交织，这给经济发展带来巨大挑战。欧洲和中国都处于这样一种环境当中，因此，中欧双方必须在政治上保持互信，这样才能为经济的进一步发展开发出更大的潜力。我衷心地希望中欧双方围绕"一带一路"倡议加强合作，这将对欧中关系产生积极影响，为双方带来更大的繁荣。

（作者为罗兰贝格管理咨询公司首席执行官）

2017.05.10

中国倡议的广泛吸引力

马丁·雅克

"一带一路"倡议为不同国家提供了实现梦想的机会，也为世界提供了一个未来发展的方向

自20世纪80年代起，经济全球化一直是主导世界的大趋势，然而自2008年国际金融危机发生以来，经济全球化开始失去发展势头，并在近几年受到各种各样的挑战。

习近平主席今年1月在达沃斯发表的演讲，深入阐述引导经济全球化的主题，西方国家以极大的关注度和期待认真聆听了这场演讲。习近平主席的演讲引起各国的强烈共鸣。中国的发展是通过经济全球化实现的，作为经济全球化的参与者和受益者，中国日益成为经济全球化的贡献者和塑造者。包括西方在内的许多国家，都热情地参与到由中国倡议成立的亚洲基础设施投资银行当中。现在，世界正在寻求了解和拥抱中国另一个伟大倡议——"一带一路"。

虽然一部分西方国家由于受到反全球化、保守主义、孤立主义等观点的影响，而走向相反的方向。但仍有许多西方国家依然支持全球化，并对"一带一路"的意义和潜力越来越感兴趣。"一带一路"倡议的意义不仅仅在于它可能实现什么，更在于它代表了什么——合作共赢、多边主义、互联互通和开放包容。我相信，如果有更多的国家能够参与到

"一带一路"建设当中,世界发展的前景将会更加美好。

事实上,中国所积极推动的经济全球化与过去几十年里西方所主导的全球化存在着明显区别。一直以来,西方都将全球化视为在各国政治、经济、文化等领域推行西方化的手段。然而这一举措始终是站不住脚的。相反,中国的全球化理念将发展放在中心位置,希望通过全球化使发展中国家实现发展,进而带动全球的经济增长。这也是"一带一路"倡议的核心内容。

西方主导的全球化主要有两个问题。首先,它没有在本国的人口中公平地分配全球化的收益。其二,更重要的是,世界上大部分地区,特别是中东和北非,根本没有从全球化中受益。其结果,是世界变得越来越分化。相比之下,"一带一路"倡议的主要目标是将发展和增长带入欧亚大陆以及更广阔的区域,这其中的很多地方都在过去的一段时间里被抛在了后面。西方主导的全球化以排他性为特征,而中国所积极推动的全球化则是开放和包容的。正因为如此,对于很多发展中国家来说,"一带一路"倡议的吸引力是显而易见和不可抗拒的。

自国际金融危机以来,欧洲经济增长惨淡,欧洲各国也在反思自身的发展问题。朝东看,而不再只是狭隘地向西看,将有助于重新配置欧洲与欧亚大陆其他国家的关系,进而调整欧洲与世界的关系。当前,欧洲对"一带一路"的关注正在逐渐升温。"一带一路"为欧洲提供了重新思考和重塑同欧亚大陆其他国家关系的可能性。这就是"一带一路"倡议的神奇和壮丽之处:它为不同国家,甚至不同大陆提供了实现梦想的机会,也为世界提供了一个未来发展的方向。

即将在北京召开的"一带一路"国际合作高峰论坛是一次非常好的机会。它将提醒世界合作、开放、共享、联通、发展等价值观的根本重要性,为全球化注入新的动力。在挑战层出不穷、悲观情绪蔓延的当下,"一带一路"为我们提供了不一样的思考机会,即世界可以共享转型的梦想。"一带一路"不仅仅是一个倡议或是一个平台，更代表一种理念，相信在此次会议中，这一理念将会随着更多国家和人民的参与而发展壮大。

（作者为英国剑桥大学政治与国际关系学院资深研究员）

2017.05.12

对接发展规划　合作动力倍增

尼克·占达利

柬埔寨是"一带一路"沿线重要国家，柬中两国在共建"一带一路"方面走在了前列

"一带一路"国际合作高峰论坛是在恰当的政治经济节点召开的一次重要的国际会议，向世界展示了沿线国家参与"一带一路"建设的规划与行动。当今世界正遭遇种种变局与困境，而"一带一路"倡议为世界的发展合作事业、经济全球化进程以及人类命运共同体建设提供了新方案。

在中国国家主席习近平提出"一带一路"倡议后的4年时间里，已经有众多合作项目成功落地。亚洲基础设施投资银行和丝路基金的成立，以及澜沧江—湄公河合作机制的成功运行，是"一带一路"建设过程中的重要里程碑。在澜湄合作机制下，澜沧江—湄公河次区域国家不断深化合作，有力促进了中国和其他国家在21世纪海上丝绸之路框架下相互合作，成为"一带一路"建设所取得的重要成果。

柬埔寨是"一带一路"沿线重要国家。2016年10月，习近平主席对柬埔寨成功进行了国事访问。此次访问将柬中关系提升到一个新高度。在国际和地区事务方面，两国相互合作，共同维护各自核心利益。目前，中国是柬埔寨最大外资来源国和第一大贸易伙伴。同时两国在农业、卫

生、教育和人文交流等领域也开展密切合作，还有多个交通基础设施合作项目正在商谈中。

柬中两国在共建"一带一路"方面走在了前列。目前，柬埔寨与中国已经签署了政府间共建"一带一路"合作文件，成为率先参与"一带一路"倡议的国家之一。柬埔寨已经开始"一带一路"国际合作的准备工作，例如已经启动修订国家战略规划，推动本国发展规划与"一带一路"倡议对接，同时根据"一带一路"倡议，制订柬埔寨工业发展计划。柬中两国在西哈努克港建设的经济特区，就是将柬埔寨港口资源与21世纪海上丝绸之路紧密结合的成功样板。我相信这些规划将会很快得到实施，为柬中两国"一带一路"框架下的合作注入新动力。

2015年底，东盟共同体宣告建成，东南亚地区进入了一个新的发展时期，中国与东盟也在去年迎来了建立对话关系25周年。"一带一路"倡议的目标与东盟共同体建设的方向一致，都是为了推动本地区实现共同繁荣。东盟各国积极回应"一带一路"，并将"一带一路"视为东盟共同体建设的必要条件。

我的祖籍是中国海南，祖父沿着海上丝绸之路来到柬埔寨，从此在这里繁衍生息，因此我对"一带一路"有着特殊的感情。我本人所在的柬埔寨21世纪海上丝绸之路研究中心，正在对"一带一路"开展全方位研究，并通过课程培训等形式，向柬埔寨官员、学者、学生甚至普通民众普及"一带一路"知识，让更多柬埔寨人认识到"一带一路"对柬埔寨发展的重要意义。柬埔寨社会必须全面了解中国取得的巨大发展成就，这也将是研究中心下一阶段的工作重点。

（作者为柬埔寨21世纪海上丝绸之路研究中心主任）

2017.05.18

让知识交流促"一带一路"建设

弗朗西斯·高锐

世界知识产权组织将向"一带一路"建设参与国提供支持和技术援助，使所有参与方都能得益于通过"一带一路"倡议实施的互动往来

世界知识产权组织很高兴能够参与到"一带一路"建设中来。"一带一路"倡议的目标是通过国际合作，共同促进互利的经济增长和文化发展，这也是世界知识产权组织的首要目标。

世界知识产权组织是总部设在日内瓦的联合国机构，是知识产权服务、政策、信息与合作的全球论坛。当今世界的国际合作形式日趋多样，有的涉及全世界，有的则涉及特定的国家。尽管形式多种多样，但它们互为支撑，朝着共同繁荣、造福国际社会的同一个目标而努力。

我很荣幸出席5月14日至15日在北京举办的"一带一路"国际合作高峰论坛，并与中国政府签署"一带一路"合作文件，加深世界知识产权组织与中国在"一带一路"建设方面的合作。

中国正在迅速地向知识产权强国转变。知识产权是推动创新的核心要素，而创新对于经济增长至关重要，也是应对世界面临的诸多挑战的关键，这些挑战包括保证卫生安全、减轻气候变化造成的损害、部署清洁能源技术，以及提高农业生产力，满足不断增长的全球人口的温饱之需。

"一带一路"倡议正在为加强国家之间的商业和贸易联系建设基础设施。这种联系日益受到以技术和创意产品为载体的知识交流的驱动，今后尤甚。知识产权作为一种软件，将为"一带一路"倡议下所进行的基础设施建设提供动力。

世界知识产权组织管理着在世界各地注册专利、商标和工业品外观设计的全球体系，世界各地的企业、高校和研究机构都在使用这些体系。这些体系也将为知识交流提供便利，推动"一带一路"沿线的基础设施发挥作用。与此相应，在全球层面上议定、由世界知识产权组织管理的各种规则，可以为这样的知识交流奠定坚实的基础。

世界知识产权组织和"一带一路"倡议之间的协议，意味着世界知识产权组织将向"一带一路"建设参与国提供支持和技术援助，使所有参与方都能得益于通过"一带一路"倡议实施的互动往来。以这样的方式加强能力建设，将有利于缩小世界各地在技术能力方面存在的巨大差距。

"一带一路"倡议为推进经济全球化、实现互利共赢提供了切实的契机。这两个目标都曾出现在习近平主席今年年初在日内瓦的演讲中。

今天，国际合作的形式千差万别，其前景也因此日趋复杂，世界知识产权组织参与"一带一路"建设有助于使这种复杂前景变得更为协调。我们开展合作能带来诸多裨益，我们期待将这些裨益转变为现实。

（作者为世界知识产权组织总干事）

2017.05.22

全球治理的创新探索

马尔万·苏达赫

在沟通中寻求政治、经济、人文领域的相互理解，实现共赢——这是一个全新的国际合作模式

"一带一路"国际合作高峰论坛成功举行。这是国际合作历史上数十年未有的一次盛会，29位外国元首和政府首脑，130多个国家和70多个国际组织约1500名代表，从世界各地汇聚北京。"一带一路"倡议正在全球引起广泛关注——人们注意到，这一倡议给世界经济注入动力，促进各国贸易往来，对未来国际合作格局产生深远影响。

最近几十年来，中国经济持续增长，在世界经济格局中的地位举足轻重。与此同时，一直处于低速增长态势的世界经济，需要新的动力源来拉动增长。因此，"一带一路"倡议的提出恰逢其时。

数据显示，2017年第一季度中国与"一带一路"沿线国家双边货物贸易总额同比增长26.2%，"中国制造""中国建造""中国服务"在"一带一路"沿线国家受到欢迎。中国已经成为阿拉伯国家的第二大贸易伙伴，双方经贸合作强劲，产能合作硕果累累。阿中金融领域合作也不断深入，为更多中国项目的进入提供了支持。

"一带一路"的目标之一是完善连结亚洲、欧洲和非洲的交通网络，构建区域国家间共同发展的纽带。此前从未有过这样的倡议，将各国人

民的命运紧密联系在一起。它怎能不获得全世界的广泛支持呢?

应该看到,"一带一路"倡议并不是中国单方面施加于全世界,而是广泛地同其他国家沟通。"一带一路"倡议超越了历史上的丝绸之路,形成的是共同的、开放的、全面的、合作的发展平台,所有参与国共商共建共享,是中国献给全世界的宝贵礼物。

一扇大门已经打开。自由的、富有成效的经贸往来通过"一带一路"成为现实,各国之间的互信基础也通过"一带一路"逐步奠定。在沟通中寻求政治、经济、人文领域的相互理解,实现共赢——这是一个全新的国际合作模式。在中国的推动下,这个模式已经成形。

"一带一路"国际合作高峰论坛是全世界的聚会。它不仅仅是为了协商,更是为了采取行动,为了世界经济更好的前景,为了实现每个国家的发展和世界共同的发展。这次论坛是全球治理的创新探索,就像襁褓中的婴儿,茁壮成长,令人欣喜。

世界正在瞩目中国。中国的各行各业都在竭尽全力,将"一带一路"这一伟大构想以最高的水准呈现在世人面前。

(作者为阿拉伯作家国际联盟主席)

2017.05.24

"一带一路"，太平洋岛国新机遇

约翰尼·科纳波

有一种观点认为，中国对太平洋岛国地区的帮助将使岛国背负沉重的债务负担，这是典型的西方人的陈词滥调。一些人并没有足够重视中国对太平洋岛国地区发展所发挥的积极作用。

中国儒家思想认为，"己所不欲，勿施于人"，"穷则独善其身，达则兼济天下"。中国外交政策的指导原则植根于中国儒家"天下大同"的思想，中国坚定奉行和平共处五项原则。作为发展中国家，中国历史上也曾经遭受外来侵略，因此制定了追求独立自主的和平外交政策。这种和平的发展道路将为世界带来更加互利包容的发展。中国发展同太平洋岛国关系的基本理念就是和平、发展、合作和互惠。

今天中国已是世界第二大经济体。随着自身经济影响力越来越强，中国正为促进世界和平和维护全球秩序作出自己的贡献。中国对太平洋岛国地区的帮助更加广泛，为各岛国的发展提供了更多选项。中国对太平洋岛国地区的政策建立在这样一种理念之上，即坚信21世纪是全球化的时代，希望通过与世界各个地区构建伙伴关系加强彼此依存，实现世界和平和全球繁荣发展。

正是因为中国作为负责任大国的影响力逐渐上升，中国才被期待为解决日渐增多的全球性挑战贡献方案，包括应对恐怖主义、气候变化问题和融资问题等。

中国国家主席习近平提出"一带一路"倡议，旨在通过贸易和人文交流加强国际合作和互联互通。这一倡议是一项开放合作的政策，有利于促进金融和经济融合。在"一带一路"国际合作高峰论坛上，中国承诺为"一带一路"建设提供积极支持。

瓦努阿图政府在发展对华关系中看到了机遇。中国在瓦努阿图援助了多个项目，包括国家会议中心、塔纳—马勒库拉公路、卢甘维尔码头、总理府办公楼项目、美拉尼西亚先锋集团秘书处办公楼、科尔曼体育场等。瓦努阿图要认真研究"一带一路"倡议，审视和调整我们的法律和政策，抓住中国"一带一路"带来的重要机遇。

瓦努阿图人民正在学习中国的经验，也越来越认识到来自中国的帮助对瓦自身发展所起到的积极作用。我们高度评价中国在当今复杂世界中承担越来越重要的国际责任，太平洋岛国必须为中国的持续发展点赞，并将其视为机遇。

（作者为瓦努阿图总理议会秘书、资深议员）

2017.05.27

奏响合作共赢的乐章

加斯·谢尔顿

"一带一路"倡议拓宽了人类合作的广度和深度，被视为全球经济增长新的引导力量

"一带一路"国际合作高峰论坛是一次历史性的盛会，为丝绸之路经济带和21世纪海上丝绸之路描绘了路线图。古丝绸之路为人类打开了更宽广的世界，当今的"一带一路"倡议拓宽了人类合作的广度和深度，此次高峰论坛开启了一个时代，奏响了合作共赢的乐章。

"一带一路"是各国参与、互利共赢的伟大倡议。它着眼于加强互联互通、文化交流以及知识共享，通过加强不同地区间的公路、铁路、海上运输网络来促进贸易与合作。从长远来看，这一倡议还致力于打造绿色丝绸之路、健康丝绸之路、智力丝绸之路、和平丝绸之路。毫无疑问，这一倡议将成为促进地区和全球繁荣的驱动力量，所有参与方都将因此受益并且变得繁荣。

欧盟是当今世界一体化程度最高的区域性组织。未来，一个广阔的欧亚交通网络将建成，中国和欧盟将紧密连接在一起。公路、铁路、航空、输油气管道、电信等一系列基础设施的建设，将让国与国之间的交流与互动更为便捷。

与此同时，21世纪海上丝绸之路将从海上连接中国、东南亚、南亚、

东非、欧洲。这将推动欧亚非市场的进一步融合，为所有参与方带来前所未有的财富与繁荣。因此，人们将"一带一路"视为全球经济增长新的引导力量。

回顾历史上的海上丝绸之路，它从中国东南沿海的港口出发，连接了东南亚、印度、非洲的港口。中国与非洲的贸易历史非常悠久，"一带一路"倡议从历史中汲取灵感，并寻求通过新的贸易合作连接更为宽广的世界。整个非洲大陆都欢迎"一带一路"倡议，南非的港口也希望能够成为21世纪海上丝绸之路的一部分。

南非拥有先进的基础设施和金融系统，是进入非洲的重要门户。南非的德班港位于印度洋沿岸，是投资者进入南部非洲的重要入口，同时也可以成为21世纪海上丝绸之路向南部非洲延伸的一个支点。南非是海洋资源大国，也在着力发展海洋经济，南非可以成为"一带一路"建设天然的合作伙伴，这将促进中国与南部非洲的经贸合作与共同繁荣。

中国和南非都是金砖国家成员国，经济互补性强，双方贸易发展迅速。南非与中国建立了全面战略伙伴关系，保持着紧密的经济与政治合作。南非还是二十国集团的成员，并加入了亚洲基础设施投资银行。与中国加强在"一带一路"建设中的合作，实现共同发展，是南非人民的真诚愿望。

（作者为南非金山大学国际关系学教授）

2017.05.31

美好的中国价值观

哈桑·贾韦德

"一带一路"国际合作高峰论坛是中国为更好的全球经济治理和多边合作作出的又一重要贡献

前不久在北京举办的"一带一路"国际合作高峰论坛是在全球经济深刻转型之际举办的重要会议。一直以来,中国的发展为全球经济增长和繁荣作出了巨大贡献。全球化已成为历史潮流,有利于实现更加公平的全球发展。由中国主办的"一带一路"国际合作高峰论坛凸显了全球化发展的积极意义。

"一带一路"倡议有助于确保全球化的可持续性。尽管一些发达国家出现了负面声音,采取了内向的保护主义措施,但在我看来,保护主义既不是一剂良药,也无法为任何国家的经济复兴提供动力。中国致力于同各方共同构建人类命运共同体,通过加强交通、通信、贸易、金融和人文等方面交流,促进各国互利共赢。中国国家主席习近平提出的具有远见卓识的"一带一路"倡议,已经赢得了全球的赞赏。

"一带一路"国际合作高峰论坛是具有重大历史意义的事件。通过举办这一论坛,中国展现出了与国际社会共同努力,改善全球经济治理的真挚承诺。此举也表明,中国愿与国际社会分享其发展成果,并将同包括周边国家在内的各国实现共同繁荣。"一带一路"倡议是互利共赢外交理念的典范。"一带一路"国际合作高峰论坛达成的广泛共识,将凝聚和巩固各方迄今为止所取得的成功，有望推动各方实现更好的共同发展。

中巴经济走廊是"一带一路"的旗舰项目，走廊建设正在改变着巴基斯坦的经济命运。包括能源和基础设施项目在内的走廊早期收获项目即将完成。走廊已成为外国在巴直接投资的"催化剂"，并为巴基斯坦经济发展带来各种积极效应。走廊建设提供了成千上万个就业机会，为巴方民众增加了个人可支配收入。走廊项目还推动了两国人力资源之间的相互交融。巴基斯坦如果能顺利开展当前急需的结构性改革，便可从这一历史机遇中获益更多。巴基斯坦应当借鉴中国自改革开放以来的经济发展和对外开放经验，并结合自身实际的自然、文化和经济条件，采取相应举措，推动本国经济快速发展。

诚然，当今全球经济形势不容乐观，有关国家出现公共债务增加和GDP增长放缓等情况。"西方政治精英"没有探求经济陷入衰退的内在原因，而是推出了"中国威胁论"。这是为了制造反华情绪，意图将公众注意力从影响这些国家经济不景气的真正原因上转移开。中国始终保持经济开放，加快金融改革，并通过提高进口和拉动内需来推动本国与全球经济的增长。中国用实际行动展示了负责任大国形象。

在中国的价值体系中，一个繁荣的邻居被视为幸福而不是祸患。但不幸的是，许多西方人士并没意识到中国价值体系的美好。"一带一路"是中国与世界人民主动分享其数十年发展繁荣与悠久的文化价值观的倡议。同时，由"一带一路"推动的文明交流和对话，有望促进世界获得更好的发展。"一带一路"国际合作高峰论坛是中国为更好的全球经济治理和多边合作作出的又一重要贡献。各国应与中国携手努力，共同致力于维护世界的和平、稳定与和谐，而更广泛的全球化和开放性将发挥关键性作用。

（作者为巴基斯坦国立科技大学中国研究中心主任）

2017.06.23

"一带一路"，全球化的新动力

多米尼克·德维尔潘

我们需要更多平台来交流观点、增进协作，提高国际社会对"一带一路"倡议的认识

不确定性已成为当今时代的主要威胁。在五大洲，我们正面临越发难以预见和管控的全球性危机。恐怖主义破坏了构建和平的全球努力，民粹主义的兴起对经济开放、自由贸易和共同发展构成了挑战，气候变化给未来增添了风险。如此形势下，国际合作是改善未来世界的关键。通过一个综合的合作计划来培育稳定、繁荣而又相互关联的多极世界将至关重要。

中国提出的"一带一路"倡议正在给我们提供实现这一共同愿景的机会。这一充满潜力的倡议不仅支持亚欧非三大洲的基础设施建设，而且致力于打造多边伙伴关系，使之作为重要的公共产品服务于文化交流与地区稳定。从2013年秋习近平主席首次提出"一带一路"倡议，到今年5月在北京成功举办"一带一路"国际合作高峰论坛，"一带一路"建设已取得重大进展。

"一带一路"倡议为经济放缓、国家孤立和对抗等风险提供了持久的解决方案。我们必须认识到，该倡议在相当短的时间内采取了具体行动。首批项目在巴基斯坦、阿塞拜疆、阿曼、哈萨克斯坦等国围绕基础设施建设等展开；"16+1合作"框架下，中国增加了对中欧和东欧的投资，更

多新项目在"一带一路"建设中落到实处。

欧亚大陆的未来充满了机遇。亚洲和欧洲在很多领域可以加强合作，因为双方都有着促进可持续增长、维护粮食和能源安全以及加强环境保护的雄心。亚洲开发银行估计，到2030年，仅亚洲基础设施投资的需求就将达26万亿美元左右，相关投资将在交通、房地产、垃圾和水资源管理、绿色经济等领域创造巨大发展前景。

"一带一路"倡议对当今世界的几大挑战都作出了有力的回应。首先，它通过加强世界各地能源、数字、交通领域的设施建设，开辟了全球互联互通的新篇章；第二，它重申多边合作的重要性，提倡更多的包容与合作，将公共和私人投资者的资本集中在跨境项目上；第三，它为世界经济的复苏与发展提供了条件。尽管参与"一带一路"建设的国家人均国内生产总值存在较大差异，但这一建设进程将逐步缩小各利益相关方之间的经济差距，促进偏远地区经济体迎头赶上。

在过去几年里，与全球决策者进行的卓有成效的交流进一步加深了我的看法，即"一带一路"建设应该得到更广泛和更深入的推进。我们需要更多平台来交流观点、增进协作，提高国际社会对"一带一路"倡议的认识。我们要分享命运共同体的理念，以确保对人民、主权和历史的尊重。我们需要聚集国家、企业、公民社会、智库、大学等尽可能多元的参与者，展示"一带一路"建设的成果，增进了解和互动。

这也是我们建立国际马可波罗协会的原因。该协会以中世纪最著名的"沟通之桥"的建造者命名，成员由欧洲和亚洲国家的前总理、前外长组成，旨在促进民心相通，推动创新主张。我们欢迎所有推动"一带一路"建设的力量，并愿意为习近平主席规划的这一"世纪工程"作出贡献。

（作者为法国前总理、国际马可波罗协会主席）

2017.09.20

实实在在的和平与发展之路

阿内·劳塔玛塔

泰国应思考如何主动对接"一带一路"建设，通过搭上"一带一路"建设的快车，促进泰国的经济社会发展

第一次认识中国，是从50年前的初中课本上，那里描述的中国古老但落后。25年前，我第一次踏上中国大地，至今已到过中国数十次，每次都能感受到中国的变化：城市更大了，社会更进步了，环境更优美了，中国从落后的贫穷国家迅速跃升为在很多领域世界领先的大国。

在近几次的访问中，我能明显感受到，中国经济社会各方面都在飞速发展。尤其是过去5年来，在习近平主席的坚强领导下，中国在政治、经济、外交等各个领域都取得了举世公认的巨大成就。中国集中力量办成了许多大事。无论是南水北调工程，还是长江三峡水电站、四通八达的高速公路和铁路网，无一不是雄伟浩大的工程。

更令泰国等国家欣慰的是，中国的发展惠及其他国家，尤其是周边国家。习近平主席提出的亲诚惠容周边外交理念和"一带一路"倡议，得到包括泰国在内的很多国家的积极响应和支持。"一带一路"是一条实实在在的和平与发展之路。

当前，"一带一路"建设成为世界关注的焦点。中国领导人多次谈到，"一带一路"建设秉持共商共建共享原则，与各国利益息息相关。泰

中两国应该从双边关系的历史、现在和未来着眼，从加强泰国发展战略与"一带一路"建设对接着手，深入推进两国合作。

中国是泰国周边重要的大国，历来与泰国关系密切，加强合作、互利共赢是双方的共识。"泰中一家亲"，两国友谊源远流长，如同一家人。不管是反对地区霸权主义扩张，还是应对1997年亚洲金融危机，中国竭尽所能帮助泰国政府和人民。中国游客对泰国经济的带动作用是显著的。

在泰中传统友好关系的基础上，当前泰国最需要做的，是从泰国的角度思考如何主动对接"一带一路"建设，通过搭上"一带一路"建设的快车，促进泰国的经济社会发展。泰国的发展离不开中国的帮助和支持。

中国经济建设取得重大成就，综合国力和国际影响力不断提升，令人叹服。未来，中国将在国际政治经济领域发挥越来越重要的作用。我相信，中共十九大描绘的宏伟蓝图，将引领实现中华民族伟大复兴的中国梦。泰国应该更多向中国学习，去重新认识和了解我们的这位好邻居、好亲戚、好伙伴，推动泰中全面战略合作伙伴关系迈上新台阶。

（作者为泰国政治改革委员会主席、泰国大众党前主席）

2018.01.16

"一带一路"与可持续发展目标相互促进

罗世礼

强有力的伙伴关系和能力建设是成功落实"一带一路"倡议和可持续发展目标的关键

当今世界仍面临重大挑战。尽管全球在减少极端贫困方面已经取得巨大进展，但日益加剧的不平等和气候变化依旧威胁着人类社会和环境的可持续发展。为应对这些挑战，2030年可持续发展议程应运而生，这是所有人为推动全世界共同繁荣所作出的承诺。

然而，在全球范围内实现2030年可持续发展目标面临巨大资金缺口。仅在亚洲地区，2010年到2020年间的基础设施投资需求就高达8.3万亿美元。如何充分利用所有可调动的资源，是实现可持续发展目标所面临的主要挑战。

当前，外国直接投资在推动可持续发展中扮演着愈发重要的角色。这其中，"一带一路"倡议庞大的投资规模和资金流，将有潜力转化成为实现可持续发展目标所需的资金。我们有责任探索如何让这些投资成为落实可持续发展目标的"加速器"。

"一带一路"建设能够创造新的贸易和投资机会并促进经济发展，它可以成为调动和整合资源的有效平台。更重要的是，在中国和其他国家巨大的财政和政治支持下，"一带一路"倡议还可以为投资不足的国家填补资金缺口、满足发展需求。"一带一路"倡议和可持续发展目标能够且应当相互促进，将经济成果和人类发展相结合。

我们需要积极探索并落实创新方案，促进金融合作、缓解投资风险、保持资本流通的长期稳定，并将这些方案与包容性和可持续的成果相结合，有效探索可持续增长新路径。在这过程中，私营部门能够发挥重要作用。

联合国秘书长古特雷斯近期表示，有创造力的商界领袖对于塑造具有包容性，尤其是可持续性的经济必不可少。事实上，私营部门也是"一带一路"倡议的重要力量，不仅能够填补实现可持续发展目标所需的资金缺口，也能作为催化剂对发展领域产生积极的影响。

私营部门有能力也有责任通过投资实现"一带一路"沿线国家的绿色基础设施建设。中国和国际性企业可以为推动各国向低碳经济转型作出巨大贡献，同时为当地民众创造体面的工作和生活、改善人民的健康和教育水平。

城市、交通枢纽和大都市地区在建立区域互联互通、加强合作网络和寻求创新方面发挥着重大作用，对促进可持续发展至关重要。"一带一路"沿线城市可以通过建立合作网络、发挥互补和协同作用，加强其连通性和可持续性。由广东省的9个城市和香港、澳门两个特别行政区组成的"粤港澳大湾区"就是一个绝佳的范例，它将成为推动"一带一路"建设的催化剂。这也是2018全球治理高层政策论坛暨2018"一带一路"金融投资论坛本周在广州举办的原因之一。

强有力的伙伴关系和能力建设是成功落实"一带一路"倡议和可持续发展目标的关键。联合国开发计划署拥有广泛的全球网络和专业知识。作为中国政府的长期合作伙伴，开发计划署希望能够进一步增强"一带一路"倡议作为经济增长和区域合作强大平台的作用，高效撬动资源，推动2030年可持续发展议程得到长期有效落实。

（作者为联合国驻华协调员、联合国开发计划署驻华代表）

2018.04.13

二十一世纪的开创性倡议

多米尼克·德维尔潘

"一带一路"倡议具有长远视野，从其诞生之日起就是21世纪的一项开创性倡议

在一个缺乏集体行动、受到2008年国际金融危机削弱的世界里，习近平主席提出的"一带一路"倡议从一开始就具有长远视野。该倡议展现了三个互为补充的前景：政治上，促进不同国家与人民之间的包容与合作；经济上，推动经贸往来，扩大投资，满足发展的各项具体需求；文化上，延续古丝绸之路精神，促进各国人民间的文明互鉴。总而言之，"一带一路"从其诞生之日起就是21世纪的一项开创性倡议。

当今世界所面临的挑战，让"一带一路"建设具有特别的意义与内涵。民粹主义的抬头撕裂了世界，全球经济复苏因保护主义而黯然失色，美国对来自中国、欧洲、加拿大等多个国家和地区的商品大幅提高关税，对自由贸易构成极大威胁。这些行为给许多国家带来不稳定因素，并对和平发展构成巨大挑战。在此背景下，我始终坚信"一带一路"能够将破碎的世界聚合起来，推动可持续发展。

当前，"一带一路"建设正处在关键节点：一方面，它不断取得进展，获得了很高的期望；另一方面，一些国家由于担心中国影响力不断扩大，从而对其产生质疑。面对这些担忧，我们有必要通过设定建立在

捍卫普遍共同利益与相互关切基础上的愿景,给予明确与具体的回应。它涉及以下三个方面:

首先,我们需要更好地了解这一倡议的益处。通过思想的交流与碰撞,我相信人们将充分认识到"一带一路"的优势,促进建立更公平、更可持续和更均衡的经济全球化。本着这一精神,我在去年成立了国际马可波罗协会,成员由一些国家的前总理与前外长组成,旨在在更高层面促进了解与互动。

其次,我们应该更好地在"一带一路"框架下开展经济协调。当前,中国采取一系列行动,加大对"一带一路"建设的支持。中国国家开发银行、中国进出口银行等提供专项贷款用于支持"一带一路"基础设施建设、产能、金融合作等。中国倡议建立的亚洲基础设施投资银行拥有超过1000亿美元法定资本,能够成为撬动发展的有力杠杆。欧洲同样拥有重要的融资杠杆,如欧盟3150亿欧元规模的"容克计划",主要用于基础设施、新能源、信息技术等领域的投资。在促进更可持续和更具活力的增长方面,欧中持有相通的看法,双方应通过政府部门以及机构间的合作来鼓励经济和金融协同发展。

第三,我们可以建立新的区域和世界政治合作机制,推动"一带一路"建设。例如,我们可以设立类似秘书处的机构,负责保持高层间的沟通联络。这一机制将有助于处理重大的金融或贸易问题,并回应各方重要关切。通过举行经常性会议,秘书处可以为未来发展确定共同议程,并阐述关于全球问题的共同看法。

过去一段时间,中国与欧洲多次承诺将继续坚持多边主义。面对本世纪每一个重大问题,中国正在提供令人信服的应对之道。面对极端主义,中国承诺包容性发展;面对经济增长放缓,中国通过承诺进一步扩大开放为世界提供增长动力。

对于通过将"一带一路"打造成更加紧密有效的合作之道来提升欧

中关系，我们抱有极大兴趣。让我们抓住机会，促进和平的未来，发展更加稳定的经济全球化。

（作者为法国前总理、国际马可波罗协会主席）

2018.10.07

架设民心相通的桥梁

伊里斯马特·阿卜杜哈利科夫

中国的包容赢得了世界各国的尊重和支持，"一带一路"倡议在世界上的影响力越来越大

我已年过古稀，与中国的缘分从孩提时代就已开始：我喜欢喝绿茶，它的清香让人心情舒畅。品味这种东方饮品的习惯已经伴随我一生。如今我应邀来到中国参加"一带一路"媒体合作论坛——这是我第一次来到中国，在激动和感谢之余，我也在思考这片土地上所蕴含的激情与带给世界的能量。

如今在很多国家提起中国，大家首先想到的就是"一带一路"倡议。的确，这些国家与中国共建"一带一路"，在中国帮助下建设基础设施和工业园区等，发展本国经济的同时促进居民就业。"一带一路"倡议是开放的，中国不会把自己的想法强加给任何国家。中国的包容赢得了世界各国的尊重和支持，"一带一路"倡议在世界上的影响力越来越大。

作为中国的近邻，乌兹别克斯坦热情支持和拥抱"一带一路"倡议，而且我们对"一带一路"更有一份特别的感情。乌兹别克斯坦自古就是丝绸之路的重要节点，我们通过丝绸之路与中国互通有无，在文化上互相影响。直到现在，撒马尔罕、布哈拉等古城的博物馆里仍陈列着很多与中国有关的文物，这是乌中两国人民友好交往源远流长的具体例证。

在当前共建"一带一路"的宏伟愿景下，乌中两国民众的心贴得更近了。现在有700多家中资企业在乌兹别克斯坦运营，两国还在能源、化工等产业方面进行紧密合作，这些都为当地经济作出了不小的贡献，两国领导人对此给予高度评价。正因为如此，有志于学习中国语言和文化的乌兹别克斯坦年轻人越来越多。我想说的是，乌兹别克斯坦非常欢迎中国朋友前来投资兴业，在这里你们将满载而归。

乌兹别克斯坦人常说"得信息者得天下"，这很好地说明了信息的重要性。因此，记者的报道在共建"一带一路"上的作用显得尤为重要。人民日报社主办的"一带一路"媒体合作论坛已经成为各国媒体交流合作的良好平台。未来我们应该进一步建立机制，建设合作中心以加强信息和经验交流，为共建"一带一路"建言献策。

乌兹别克斯坦国家通讯社十分重视对华报道，已经开设了中文网站。《人民日报》是中共中央机关报，其权威性毋庸置疑，乌兹别克斯坦读者十分希望通过《人民日报》了解中国经济发展的最新成就和"一带一路"建设的最新进展。在今年的"一带一路"媒体合作论坛上，我们两家媒体将签署合作谅解备忘录，在新闻交换、人员交流等方面开展合作。这是乌中媒体合作中的一件大事，我们将以该协议的签署为契机，加大对对方国家的报道，为加强乌中两国的战略合作和民心相通作出自己的贡献。

这次中国之行让我亲眼看到了中国的快速发展，深入了解了"一带一路"倡议的深刻内涵，收获颇丰。一路上我看到了很多桥梁，我觉得"一带一路"倡议正如这些桥梁一样，将乌兹别克斯坦与中国紧密地连接起来。如果有机会，我也希望邀请中国的记者和游客朋友们来感受乌兹别克斯坦的灿烂文化。

（作者为乌兹别克斯坦国家通讯社首席编辑）

2018.10.29

推进新时代跨越山海的互联互通

陆达心

拉美是21世纪海上丝绸之路的自然延伸。阿根廷作为拉美重要国家，可以在中拉共建"一带一路"中发挥独特作用。当前，中阿"政策沟通、设施联通、贸易畅通、资金融通、民心相通"建设呈蓬勃之势，有助于为充满不确定性的国际关系注入稳定剂，在陆海内外联动、东西双向互济的开放格局中推动全球共同发展。

政策沟通密切高层交往。本着以和平合作、开放包容、互学互鉴、互利共赢为核心的丝路精神，中阿可不断完善政府间常设委员会会议、经济合作与协调战略对话等机制，将中国互联互通战略与阿根廷贝尔格拉诺计划等大型基建计划相对接，共同打造经济融合的命运共同体。两年多来，习近平主席与马克里总统在二十国集团领导人杭州峰会和金砖国家领导人约翰内斯堡会晤等场合会面，为两国关系发展指明方向。马克里总统出席了首届"一带一路"国际合作高峰论坛，积极支持在共商共建共享原则基础上推进"一带一路"合作。发源于古丝路、成长于全球化背景下的"一带一路"已成为最受欢迎的国际公共产品，也与阿政府"智慧融入世界"政策理念不谋而合，将有力支撑两国长远发展。

设施联通开创数字时代。中阿可在推进水电、核电、铁路等重大项目合作的同时，深挖交通、新能源、现代农业、通信技术、电子商务等领域合作潜力，助力设施联通建设；人工智能、大数据、量子信息、生物技术等新一轮科技革命和产业变革正在积聚力量，催生大量新产业、新业态、新模式，给中阿合作跨越式发展带来宝贵机遇。中国中车为阿根廷布宜诺斯艾利斯城铁网线进行现代化更新改造供应城际动车组。阿里巴巴集团通过电商平台大力推广阿牛肉、海鲜、红酒、葡萄等产品，中国消费者通过手机APP就能直接对接阿根廷供应商。数字联通的便捷超越了山川湖海的限制，将地球两端的国家紧密地连接起来。

贸易畅通助力消费升级。首届中国国际进口博览会极大地促进了"一带一路"框架下的国际贸易合作，便利了中国与包括阿根廷在内的各国间的贸易往来。阿生源霸科公司在中国西安设立了口蹄疫疫苗生产厂，中国电建已在阿胡胡伊省启动光伏发电项目，比亚迪将在阿多个省份开设电动公交车组装厂。两国相互投资呈现亮点不断、侧重科创环保的可喜势头。

资金融通襄助务实合作。2017年，中国人民银行与阿根廷央行续签了规模为700亿元人民币/1750亿阿根廷比索的本币互换协议，为双方贸易结算提供了更多便利。阿根廷也充分利用中拉论坛框架下的一揽子融资安排和中拉产能合作专项基金为本国互联互通项目提供优惠融资。

民心相通织密感情纽带。随着文教、旅游、体育等领域的交流日益密切，两国民心也越走越近。大文豪博尔赫斯在著作《小径分岔的花园》中描绘出的中华文化博大精深令阿根廷人心驰神往。布宜诺斯艾利斯"欢乐春节"庙会活动为当地人民奉上东方视听飨宴，广受赞誉。在旅游方面，阿根廷业已推出面向商旅人士的十年多次有效签证、针对中国游客的电子签证及其他签证便利化措施。

中阿之间互联互通水平的不断提升，为各自国家和人民带来了更大福祉，也为双方携手推动贸易和投资自由化便利化积累了共识。

（作者为国际问题观察员）

2018.11.25

增进文明沟通的重要倡议

帕翠莎·彭德拉科夫斯卡

共建"一带一路"不仅是一项中国向世界开放的倡议，更是世界拥抱中国的机遇

"一带一路"倡议内涵丰富，意义深远，可以从很多角度来解读。在我看来，"一带一路"倡议是在经济全球化受到挑战之时，中国为世界未来发展提出的富有创造性的方案。透过这样一个内涵丰富的倡议，世界能够有机会分享中国发展的经验，分享中国专业的知识，分享中国对国际事务的观点和看法。

"一带一路"将对世界经济格局产生深远影响。在全球很多国家和地区，特别是在"西方模式"未能带去和平与可持续发展的地区，在殖民主义和后殖民主义影响依然广泛存在的地区，中国的经验和帮助对其经济发展和繁荣有着特殊意义。

"一带一路"倡议不仅涉及经济合作，也是一项旨在增进理解、消除误解的倡议。中国在基础设施和经济建设上有非常成熟的经验，欧中双方有着广阔的合作空间。中国正迅速成长为一个现代化的大国，通过"一带一路"增进文明的对话与理解，可能是"一带一路"倡议对世界和未来最重要的意义。我相信，随着"一带一路"建设的不断深入，有效的政策沟通、企业交流和人员往来将使欧中之间的合作更加顺畅。

在波兰，对于"一带一路"倡议经常有三种解读：一是基于基础设施建设的经济计划；二是中国对外开放的新阶段；三是一项旨在改善全球贸易结构的倡议。除此之外，我个人认为，"一带一路"倡议是一项富有科技含量、将对未来科技创新格局产生深远影响的计划。

中国已经成为实现全球可持续发展的重要力量。随着中国在经济全球化中发挥日益重要的作用，中国在促进多边外交、加强主场外交上也取得了举世瞩目的成就。未来，中国在全球舞台上的作用只会更加重要。共建"一带一路"不仅是一项中国向世界开放的倡议，更是世界拥抱中国的机遇。

（作者为波兰亚洲研究中心董事会主席）

2019.01.06

真正具有包容性的全球合作项目

贝特朗·巴迪

"一带一路"倡议将欠发达国家纳入其中，帮助其参与经济全球化进程，这是对多边主义的完善和丰富

"一带一路"倡议可以说是第一个真正具有包容性的全球合作项目。通过务实合作实现共同发展的"一带一路"倡议，已经得到100多个国家和国际组织的支持和参与，越来越多的国家正成为受益者。

在保护主义、民粹主义等思潮不断冲击经济全球化进程的背景下，"一带一路"倡议不是单纯从传统的国家利益出发，而是从全球视角出发提出的解决方案，因此更为难能可贵。这一倡议的愿望是实现和谐共生，而非追求世界霸权，不仅突破了地域的限制，也打破了传统的阵营、联盟等藩篱，几乎覆盖了生活在各大洲的人。

在经济全球化时代，各经济体之间的相互依赖成为发展的关键。国家之间在经济、资源、文化、制度等方面存在互补性，需要各领域开展更为广泛的合作，以实现更高质量的发展。"一带一路"建设是跨领域的工程，既有经济层面的合作，也有文化和技术的交流，顺应了经济全球化趋势，也凸显了各国互相依赖的特点。各经济体越需要彼此，这一倡议就越能取得成功。

在经济全球化进程中，流动性带来了更加便捷的信息流、货物流和

人员流。规模如此宏大的"一带一路"建设，不仅让中国人更多地走向世界，也吸引了来自世界各地的人走向中国。在我看来，连接欧亚大陆的中欧班列和在各大洲投资建设的大量基础设施项目，都是加强流动性的生动体现。相对于一些国家正在抬头的贸易保护主义而言，"一带一路"倡议是很大的进步。

"一带一路"建设的不断推进，给处于变革中的全球治理带来了重要思考。全球治理意味着人人参与共享，但是当多边主义规则遭到破坏时，多边主义往往让步于单边利益，大国之间的盟友关系成为优先，中小国家的利益时常被忽视。"一带一路"倡议将欠发达国家纳入其中，帮助其参与经济全球化进程，这是对多边主义的完善和丰富。

如今，经济全球化已经进入社会化阶段，民间交往越来越频繁和重要，而民间信任的建立，更是促成众多跨国合作项目的重要基础。我曾在多个场合与空中客车公司、法国电力集团等企业的人士交流，深切感受到了法国企业参与"一带一路"建设的热情，这是法国理解和信任这一倡议的关键。

我相信中国是世界上对经济全球化理解最为深刻的国家。"一带一路"建设从国家间政策沟通到经济合作，从文化交流到民间交往，具有跨领域跨社会的意义。从本质上说，经济全球化触及人类社会的各个层面，"一带一路"倡议正是经济全球化的一个缩影。

（作者为法国国际问题专家、巴黎政治学院教授）

2019.02.15

"一带一路"，英国面对的完美机遇

孟珂琳

对英国而言，"脱欧"让我们意识到应该更大胆地拥抱各种机遇，"一带一路"倡议恰恰是完美的机遇，使我们能够利用现有优势，与各方携手共同为世界造福

"一带一路"倡议提出5年多来，这个覆盖全球超过60%人口和世界1/3以上贸易的倡议广受赞赏。我们看到已有超过150个国家和国际组织签署了共建"一带一路"合作文件，超过80个经贸合作区落地生根……许许多多类似的成果，都要归功于2017年在北京举办的首届"一带一路"国际合作高峰论坛。据悉，首届高峰论坛达成270多项具体成果。

时任伦敦金融城市长鲍满诚参加了首届"一带一路"国际合作高峰论坛。在伦敦金融城，我们尤其赞同"一带一路"倡议所彰显的理念，即所有国家都可以成为国际合作伙伴。我一贯认为伦敦乃至英国是"一带一路"倡议的天然合作伙伴，伦敦金融城可以充分发挥特殊优势，为"一带一路"建设提供所需的金融服务和专业服务，支持"一带一路"建设深入开展。

凭借伦敦金融城在金融服务和专业服务方面的人力资源优势，我们可以在"一带一路"建设的许多领域发挥作用，包括绿色金融、咨

询顾问、法律法规以及外汇等。作为世界领先的金融中心，伦敦金融城在金融服务基础设施建设方面有着几百年的经验，我们时刻准备着为中国和全球的合作伙伴提供支持，积极参与建设"一带一路"这一"世纪工程"。

在共建"一带一路"框架下，英中两国的合作有了长足的发展。2018年，许多英国企业家与鲍满诚市长一道访问中国，此访以共建"一带一路"为主要交流目的，见证了许多英中合作的机遇。我们认为，如果英国全方位参与"一带一路"建设，可实现价值180亿英镑的经济增长。我们希望通过鼓励"一带一路"相关对话，促进在英企业和相关国家支持这一倡议。

去年，伦敦金融城与中国金融学会绿色金融专业委员会共同发布了《"一带一路"绿色投资原则》，旨在通过鼓励参与项目投资的企业签署一系列自愿行为准则，将低碳和可持续发展的理念融入"一带一路"建设。"绿色投资原则"于第九次中英经济财金对话提出，并由包括世界经济论坛、联合国责任投资原则组织、"一带一路"银行间常态化合作机制、绿色"一带一路"投资者联盟以及保尔森基金会等组织共同起草，受到了英中两国许多企业的欢迎和支持。

当然，任何倡议都可能遇到挑战和挫折。正因为如此，任何"一带一路"框架内的基础设施投资项目都有必要保持透明，以及努力实现金融和环境方面的可持续性。我们还应鼓励更加完善的监督和问责制。我非常期待参与到更多对话之中，与中国、英国乃至全球的合作者们共同探讨如何达成这一目标。

我将前往中国参加在北京举行的第二届"一带一路"国际合作高峰论坛。各界对于第二届高峰论坛都充满期待。对英国而言，"脱欧"让我们意识到应该更大胆地拥抱各种机遇，"一带一路"倡议恰恰是完美的机遇，使我们能够利用现有优势，与各方携手共同为世界造福。作为伦敦金融城的代表，我非常确信在英国"脱欧"后，伦敦金融城依然能够保有卓越的金融中心地位，但若想让这一优势延续下去，我们就必须同中国这样的国际伙伴进一步紧密合作。

（作者为伦敦金融城政策与资源委员会主席）

2019.02.20

"一带一路"，不容错过的火车

乔瓦尼·特里亚

毫无疑问，"一带一路"建设对意大利而言是难得的发展机遇

"一带一路"建设，堪比意大利不容错过的火车。不久前，意大利登上了这列火车。我们的国家成为七国集团成员国中首个签署"一带一路"合作谅解备忘录的国家。

在中国国家主席习近平对意大利进行的受到全球瞩目的访问期间，意大利和中国签署了包括经济、产业、文化等领域的一系列合作文件。其中，两国关于共同推进"一带一路"建设的谅解备忘录最为重要。它不仅在很大程度上丰富了意中对话和磋商机制，也为双方未来加深了解、制定共同目标创造了条件。毫无疑问，"一带一路"建设对意大利而言是难得的发展机遇，无论是经济层面还是区域合作层面，抑或是文化和民间交往等层面。

"一带一路"是一项伟大的合作计划，它描绘了欧洲与中国、中亚及非洲等地区和国家互联互通的愿景。"一带一路"倡议通过基础设施建设和人文交流等，推动国家间互联互通，促进各国民心相通，促进知识与文化互通。在经济全球化时代，各国必须找到一种加强联系和对话的方法，并以此加强联合行动，"一带一路"建设便是一个行之有效的办法。

显然，意大利应该在"一带一路"建设中有所作为。

意大利位于古丝绸之路的西端，是欧洲南部的"海上之门"，拥有北亚得里亚海和北第勒尼安海的港口优势，是连通东亚和欧洲的桥梁。意中建立全面战略伙伴关系15年来，两个具有古老文明的国家在政治、经济和文化上一直保持着密切的对话与合作。

意大利不仅在意中双边贸易中表现活跃，在中东欧和非洲也有强烈的投资意愿。意大利希望和中国携手合作，拓展第三方市场。意中合作还有很大潜力，两国经济有极强互补性。意大利的中小企业技术发达、产品质量高，通过共建"一带一路"，这些中小企业找到了进入中国市场、扩大销售渠道、寻觅更多投资机会的途径。

古丝绸之路促进了古代文明的繁荣，今天，以丝路精神为指引的"一带一路"建设，为世界经济发展带来重大积极影响。"一带一路"建设将为振兴和推动经济全球化提供重要机遇，也为各国扩大市场开辟广阔前景。

我认为，"一带一路"建设就是通向这样的未来、帮助实现这些期许的那列火车。

（作者为意大利经济和财政部部长）

2019.04.02

展现美美与共的文明互鉴画卷

谢里克·朱班迪科夫　沈　健

艺术地再现古往今来丝绸之路沿线国家人民命运与共的友好历史，能够加深人民之间的相互理解，更好促进民心相通，展现美美与共的文明互鉴画卷

洗星海是在哈萨克斯坦音乐史上拥有重要地位的中国音乐家。20年前，阿拉木图市中心的一条大街以洗星海命名。根据哈萨克斯坦首任总统纳扎尔巴耶夫的指示，洗星海居住过的房子被改造成纪念故居，并树立了洗星海纪念碑。洗星海的许多作品至今仍是哈萨克斯坦国家歌剧院、爱乐乐团等音乐团体的演出保留曲目。

2013年9月7日，习近平主席在哈萨克斯坦纳扎尔巴耶夫大学发表演讲，其中讲到洗星海与哈萨克斯坦音乐家拜卡达莫夫的感人故事，在中哈两国引起很大反响。我们在阿拉木图洗星海大道走访当地学校和居民时得知，习近平主席发表演讲后，很多人到洗星海纪念碑前献花。在听取关于哈中两国合拍电影《音乐家》的汇报后，纳扎尔巴耶夫总统非常重视。2017年6月8日，哈中两国签署关于合作拍摄电影的政府间协定，《音乐家》成为两国合拍电影协议框架下的启动项目，也是两国"一带一路"人文合作的重要成果。

电影是讲故事的，通过故事传递理念是电影作为大众传播媒介的重

要属性。冼星海和拜卡达莫夫的患难之交是一个温暖人心、感人肺腑的好故事。冼星海和拜卡达莫夫的友谊基于对艺术和音乐的共同热爱和对各自国家与人民的无比热爱。两位音乐家在战争年代、艰难岁月中相互帮助、相互激励，这种精神正是扩大两国人文合作的重要基础。我们应该很好地珍惜彼此友谊，并将这种友谊发扬光大，使两国人民特别是青年一代将友谊传承下去。

随着时间推移，哈萨克斯坦人民不仅没有忘记冼星海为哈萨克斯坦创作的大量音乐，而且因为共建"一带一路"，两位伟大音乐家的患难之交已经成为两国人民传承友谊的一段佳话。电影《音乐家》在中哈两国联合搭建剧组并开始工作时，哈方的同事几乎都知道冼星海代表作《阿曼盖尔德》，并能哼唱其中的经典片段。拍摄《音乐家》的过程也是我们进一步了解冼星海的过程，大家都很投入，"入戏"很深，其间经历了许多心灵的震撼和灵魂的洗礼。

近6年来，共建"一带一路"行稳致远，帮助中外电影界打开了国际视野，让电影人有更多的机会倾听来自世界的声音。中国同哈萨克斯坦等丝绸之路沿线国家长达两千多年的友好交往中，发生过许许多多可歌可泣的感人故事。将这些故事搬上银幕，艺术地再现古往今来丝绸之路沿线国家人民命运与共的友好历史，能够加深人民之间的相互理解，更好促进民心相通，展现美美与共的文明互鉴画卷。

（作者分别为电影《音乐家》哈中双方制片人）

2019.05.05

互联互通建设是富有远见之举

菲利波·格兰迪

互联互通和发展繁荣，有利于沿线地区的长期稳定，并能从根本上解决难民问题

联合国可持续发展目标的宗旨是不让任何一个人掉队。然而在当下，由于战争和冲突等原因，全球逾6850万人被迫远离家园，这一庞大规模每年还在增长。

如何帮助这些流离失所的人们？我们可以提供食物、药品、住所等物质援助，但还需着眼长远，为他们提供教育和有活力的社区，给受安置问题影响的贫穷国家提供支持，帮助他们重返家园。这一切，不是某个国家能够单独解决的，需要的是全球通力合作。

合作，也是"一带一路"建设体现的重要精神。近6年来，旨在加强国际合作的"一带一路"倡议，强调基础设施建设和互联互通的重要性，与联合国难民署工作的重要目标相契合。我们对"一带一路"倡议充满期待，因为互联互通和发展繁荣，有利于沿线地区的长期稳定，并能从根本上解决难民问题。

几年前，我在希腊遇到了一位叙利亚难民，他逃离了家乡的轰炸袭击，穿越了饱受战争蹂躏地带，挺过了前往欧洲的危险旅程。我问他何时觉得自己陷入最大危险，他说当在船上手机信号突然消失的时刻。看

得出，当今时代，与世界的联系已成为安全的基本要素，互联互通已是安全的基础。

在互联互通的路上，不应该有人掉队。如果有人不能在经济全球化中受益，那么危险、孤立和欠发达就可能在一些地方蔓延，甚至使之陷入不安。在经济全球化时代，一地的战争影响也可能扩散到其他地方，甚至波及每一个人。我认为，让所有人受益的互联互通建设是富有远见之举，中国提出的"一带一路"倡议正在引领这一行动，希望其他国家可以仿效。

中国是联合国安理会常任理事国，也是联合国难民署的重要支持者，在解决人道主义危机和全球难民问题方面发挥着重要作用。在推动联合国大会通过《难民问题全球契约》的进程中，中国给予了坚定支持，并发挥了积极作用。过去数年，中国政府增加了对联合国难民署的财政捐助，支持为非洲和中东地区的难民提供救济和改善生活条件。例如，通过我们与中方共同努力，中东地区的叙利亚难民处境得以缓解。当前，我们正与中方商讨通过体育运动改善难民生活的可行性，并就此展开更多合作。我们也正在探讨在"一带一路"框架下开展合作的可能性。

如今，越来越多的中国年轻人投身联合国难民署的工作，直接发挥了积极作用。越来越多有实力的中国企业希望担负起全球社会责任，与我们携手合作。有鉴于此，我对联合国难民署与中国的合作充满希望。

（作者为联合国难民事务高级专员）

2019.05.09

战略对接奠定互利合作基石

季格兰·萨尔基相

欧亚经济联盟成员国建立起同中国更紧密的经贸联系，能够在相当大程度上促进自身经济增长

欧亚经济联盟是一个年轻的一体化组织，今年是该组织成立的第五年。在5年时间里，欧亚经济联盟始终遵循着促进联盟内部商品、服务、资本和劳动力自由流动的目标，不断发展完善，取得显著成果。国际上对欧亚经济联盟的兴趣也在逐年提高。"一带一路"是促进国际合作的一项重大倡议。将欧亚经济联盟同"一带一路"倡议相对接，无疑是至关重要的。

2018年5月17日，中国与欧亚经济联盟各成员国代表共同签署经贸合作协定，该协定是中国与欧亚经济联盟在经贸方面首次达成重要制度性安排。这一协定的签署，标志着"一带一路"倡议与欧亚经济联盟战略对接迈出实质性步伐，同时也为欧亚经济联盟五国与中国的互利合作奠定了基石。协定包括有关海关合作和贸易便利化、知识产权、部门合作以及政府采购等13个章节，将促进中国与欧亚经济联盟及其成员国经贸关系深入发展，为双方企业和人民带来实惠。

在具体项目合作方面，欧亚经济联盟各成员国都期待同中国伙伴开展合作，共同推进基础设施建设，目前已开展的项目超过30个。欧亚大

陆幅员辽阔、资源丰富，双方基础设施建设、跨境贸易、跨境运输潜力无限。交通等基础设施的改善，将扩大过境运输量，这将促进中国及欧亚经济联盟成员国经济增长。

中国是世界经济增长的重要引擎之一，欧亚经济联盟成员国建立起同中国更紧密的经贸联系，能够在相当大程度上促进自身经济增长。中国拥有巨大的市场，对于联盟成员国的生产商具有强大的吸引力。与此同时，中国已成为新技术、新工艺、新解决方案、新设备诞生的前沿地带，无论是在产品质量还是价格方面都有巨大优势。毫无疑问，欧亚经济联盟成员国都有兴趣与中国开展互利合作。

习近平主席在中共十九大报告中对构建人类命运共同体做出了深刻阐释，呼吁各国人民同心协力，建设持久和平、普遍安全、共同繁荣、开放包容、清洁美丽的世界。构建人类命运共同体，使各方增进合作交流，让世界变得更和谐美好。与此同时，中国始终坚持促进贸易和投资自由化便利化，推动经济全球化朝着更加开放、包容、普惠、平衡、共赢的方向发展。我高度赞同这些理念和行动。考虑到双方相互间巨大合作兴趣以及着眼于经济增长的共同目标，这些主张为欧亚经济联盟与中国相互信任与合作关系的发展打下了坚实基础。

（作者为欧亚经济委员会执委会主席、亚美尼亚前总理）

2019.05.31

治疗"信任缺失症"的良方

亚历山大·雅罗申科

"一带一路"已成为平等的对话平台，让不同国家有机会跨越地理阻碍、建立起紧密联系

共建"一带一路"正在以日行千里的速度蓬勃发展。作为"一带一路"上的璀璨明珠，中白工业园也在加速发展。截至目前，园区已吸引来自中国、白俄罗斯、美国、奥地利、德国、以色列、俄罗斯等多个国家的43家企业入驻，协议投资额超过10亿美元，已获得投资4.4亿美元。过去两年内，入园企业数量激增5倍，仅在2018年就有19家企业入园。

工业园的一切都是从零开始，但我们为自己设置了艰巨而宏大的目标：让园区成为科技创新成果转化平台，吸引更多高科技公司乃至跨国公司参与进来，提高白俄罗斯的投资吸引力。现在，园区发展进入新阶段，企业陆续从设计和建设阶段转入投产运营阶段。去年，成都新筑奥威超级电容研发及生产中心、超频三（国际）技术有限公司的LED产品、潍柴马兹项目的柴油发动机陆续投产，另外还有两家白俄罗斯企业也开始生产运营。预计今年开始投产和研发工作的企业数量将达到20家。

园区为入园企业提供了一系列税收优惠政策，给予企业自盈利当年开始10年内免税、之后长期税收减半的优惠政策，而且在2062年前免缴不动产税、土地税，土地租赁期长达99年。另外，园区管委会借鉴

学习中国苏州工业园经验，在园区内推行"一站式"服务，建立政府机构和企业之间的高效互动模式，后续我们还将让这种服务上线实现网络化操作。

白俄罗斯是最早支持并加入"一带一路"倡议的国家之一，2016年白中两国建立相互信任、合作共赢的全面战略伙伴关系。近年来，两国商品贸易持续增长，各领域合作全面发展。中白工业园是白俄罗斯在"一带一路"框架内最重要的项目，我们会尽一切努力来落实这一项目。

联合国秘书长古特雷斯在第七十三届联合国大会一般性辩论开幕式上表示，当今世界患上了"信任缺失症"。在我看来，"一带一路"倡议是治疗"信任缺失症"的良方。经过近6年的发展，"一带一路"已成为平等的对话平台，让不同国家有机会跨越地理阻碍、建立起紧密联系。

"一带一路"建设在发展中国家实施的基础设施项目不仅创造了数十万个工作岗位，还提高了这些国家的投资吸引力。如今共建"一带一路"已经迈向高质量发展阶段，中国乃至整个世界都因此受益。同时"一带一路"倡议与欧亚经济联盟积极对接，成为地区和平发展的重要保障力量。

时间是最客观的评判者。"一带一路"倡议承载着大家共同的目标——促进经济发展、为人民谋幸福。过去6年里，在共建"一带一路"合作框架下，我们一同实现了很多目标。我们看到，"一带一路"为国际合作开辟更广阔前景，将冲突的风险降至更低。展望未来，在各方共同努力下，"一带一路"建设必将不断迈向高质量发展，为各国人民带来更多福祉。

（作者为白俄罗斯中白工业园管委会主任）

2019.06.17

推动清洁能源发展的重大机遇

丹尼尔·阿瑞亚

共建"一带一路"正在推动围绕清洁能源技术的长期战略转变，可能会重塑全球能源格局

文明是建立在基础设施之上的。中国提出的"一带一路"倡议包括基础设施等项目。当许多西方国家还固守着陈旧观念时，中国正在把世界重新想象成一个有机网络。

依托"一带一路"，中国与沿线国家合作建设工业园区、光纤网络、电厂、炼油厂，以及隧道、桥梁、公路、管道、港口等基础设施。中国投资将确保以知识为基础的产品和服务的长远发展，并加强国际产能合作。

中国的清洁能源技术不断成熟，"一带一路"倡议将极大促进清洁能源技术发展。中国通过与亚洲、非洲和欧洲等地的贸易往来，构建了一个全面的贸易网络，并以此发展可再生能源技术，包括水力发电、海洋工程、电动汽车等。尽管中国对化石燃料有着巨大的需求，但未来20年，中国将在低碳发电和其他清洁能源技术方面投资预计超过6万亿美元。事实上，中国正在实施一个可以改变世界能源基础设施的长期战略。

中国在清洁能源基础设施方面的支出已超过了美国和欧盟的总和。根据国际能源署的数据，中国已经拥有世界上1/3的风力发电、全球十大

风力涡轮机制造商中的4家、全球十大太阳能电池板制造商中的6家，以及全球1/4的太阳能发电能力。中国希望通过建设绿色"一带一路"，为40多亿消费者带来绿色、低碳、可持续的发展。

正如国际能源署所指出的，中国的清洁能源规划和投资，是目前推动低碳能源技术发展势头的关键。根据美国能源部估计，中国已经投资470亿美元支持太阳能电池板制造。中国已经建立了世界上最大的碳交易市场，在核电站建设方面领先世界，现在中国的电动汽车销量超过了世界其他地区的总和。

从长远来看，到2023年，可再生能源预计将占到全球发电量增长的70%以上。考虑到全球约50%的能源可能来自太阳能和风能，中国似乎有望成为世界上第一个清洁能源超级大国。

中国在大型基础设施建设项目上的丰富经验，有助于加速清洁能源技术在发展中国家的推广。为此，中国发行绿色债券，用于清洁能源、清洁交通、资源保护和循环利用、污染防治、节能环保等领域的基础设施投资。

显而易见的是，清洁能源技术是21世纪的一个重要产业。"一带一路"覆盖全球可再生能源的主要市场，共建"一带一路"正在推动围绕清洁能源技术的长期战略转变，可能会重塑全球能源格局。

（作者为美国布鲁金斯学会客座专家、博士）

2019.07.18

我们的繁荣得益于"一带一路"

润　明

耳听为虚，眼见为实，西哈努克省究竟是什么样子，来这里一看便知

柬埔寨沿海，有一个风景秀美、资源丰富的省份——西哈努克省。这里拥有柬埔寨唯一的深水港——西哈努克港，该港还将开发成为综合示范经济特区，发展潜力巨大。

共建"一带一路"以来，西哈努克省吸引了众多优秀务实、潜力巨大的中资企业，特别是西哈努克港经济特区（简称西港特区），已经成为全省经济发展的发动机，堪称柬中务实合作的样板。

随着大批中资企业来到西港特区和西哈努克省，本地民众获得了实实在在的利益，全省的经济社会发展也取得了卓越的成就。近年来，西港人民的生活水平不断提高，年人均收入达到3358美元，远高于柬埔寨全国平均水平。目前，西哈努克机场每周起降航班166架次。不断完善的立体交通体系，让西哈努克省在轻工业传统优势基础上，迎来了旅游业和服务业发展的新机遇。

西哈努克省的发展是迅猛的，未来是光明的。我本人和21万西哈努克省居民都深信，我们的繁荣在很大程度上得益于"一带一路"倡议。

"一带一路"倡议提出近6年来，西港特区发展实现了质的飞跃，吸引了更多投资者，也为柬埔寨人民创造了更多就业机会。西哈努克省政

府将一如既往地欢迎中国企业家前来投资兴业，我们将出台更多的优惠政策，构建良好的营商环境，为中资企业的发展提供更多便利和支持。

"一带一路"倡议所蕴含的共商共建共享理念，对于完善全球治理、推动经济全球化、构建人类命运共同体发挥着重要作用。柬中两国加快"四角战略"与"一带一路"建设的对接，不仅促进了柬埔寨经济发展，推动了基础设施建设，而且增进了两国人民的友好感情。在我看来，"一带一路"倡议的出发点不仅仅是推动经济建设，也是促进各国紧密联系，实现民心相通。

西方一些媒体肆意散布有关西哈努克省的失实抹黑报道，中伤在这里兴业生活的中资企业和中国公民，我认为这是不公平的，是对柬中友好关系的故意挑拨。耳听为虚，眼见为实，我希望柬中两国人民不要轻信这些不实报道，西哈努克省究竟是什么样子，来这里一看便知。

柬中友好源远流长，我相信在"一带一路"建设的带动下，柬中全面战略合作伙伴关系将更上层楼，柬中友谊之花将永远开放在晴朗的天空下。

（作者为柬埔寨西哈努克省前省长）

2019.07.22

中国以实际行动承担大国使命

卡莱马·莫特兰蒂

共同建设开放型世界经济既是"一带一路"倡议的愿景，也是中国一直在做的事情

"风向转变的时候，有人筑高墙，有人造风车。"用这句谚语来形容当下的国际局势可谓再贴切不过。当今世界处于大变局中，人类又一次站在了十字路口。有些国家筑起贸易保护主义的高墙，打算退回单边主义的老路，中国却向世界敞开心胸，伸出友谊之手，搭建起跨越海洋的桥梁。

"没有哪个国家能够独自应对人类面临的各种挑战，也没有哪个国家能够退回到自我封闭的孤岛。"中国国家主席习近平用智慧的话语向世界诠释了构建人类命运共同体的重要性。当前，中国正以实际行动，承担起构建人类命运共同体的大国使命。

2013年，中国提出"一带一路"倡议，为世界提供了一个建设互利共赢的开放型世界经济的方案。这是构建人类命运共同体的伟大实践。"一带一路"将中国与世界紧密连接了起来，是中国倡导的合作共赢之路，有助于促进世界的共同发展与繁荣。

有研究表明，良好的物流对贸易的促进作用甚至大于削减关税。全球生产链也依赖于强大的物流体系，因为高效完成产品开发、组件生产

和最终组装等各个阶段的协调，需要各个国家有快速、可靠、低成本的跨国货物运输能力。"一带一路"建设通过帮助相关国家改善基础设施，提高了物流效率，降低了贸易成本，使区域内一体化程度大幅提升。

卢旺达驻华大使查尔斯·卡勇加告诉我，目前，东非正在与中国合作建设标准轨铁路项目，从肯尼亚的蒙巴萨经乌干达到卢旺达，未来可能还会延伸至更多东非国家。他说，历史上的丝绸之路连接东非海岸。而卢旺达地处东非和中非地区的交汇处，在农业、矿产资源、人口和旅游资源等方面有着陆上桥梁的作用。这条铁路一旦建成，将为推进非洲大陆经济一体化作出非常大的贡献。

"一带一路"倡议彰显中国进一步扩大对外开放的决心，"一带一路"建设为沿线国家带来了实实在在的好处。共同建设开放型世界经济既是"一带一路"倡议的愿景，也是中国一直在做的事情。毋庸置疑，在未来的日子里，中国将在全球治理中发挥更大作用。

（作者为南非前总统）

2019.07.30

同中国携手，让比港越来越强大

塞诺斯·利亚古斯

希望希中在比雷埃夫斯港共同书写的成功故事和双赢合作能够进一步发展，继续促进希腊和中国人民之间的友谊

2016年对于比雷埃夫斯港来说是极具里程碑意义的一年。这一年中远海运集团接管经营比港港务局，比雷埃夫斯港日益成为希腊与中国合作的旗舰项目。

自中国企业接手比港以来，港口集装箱吞吐能力不断增长。比港集装箱吞吐量全球排名已从2010年的第九十三位跃升至第三十六位，成为全球发展最快的集装箱港口之一。截至目前，中远海运已投资超过6亿欧元升级比港基础设施，港口的集装箱吞吐能力高达每年720万标箱，是中东欧地区名副其实的枢纽之地。

在中国企业的管理和建设下，比雷埃夫斯港赢得了世界的尊重，地位不断攀升，已跻身全球最具竞争力的港口之一。如今，比雷埃夫斯港在欧洲十大港口中排名第六，在地中海地区排名第二。在新一轮投资完成后，比雷埃夫斯港的目标将是跻身世界前三十位的港口，欧洲第五大集装箱港口和地中海第一大港口。

正是在共建"一带一路"的背景下，中国企业来到了比港。比港和中远的共同发展不仅符合双方的全球计划，而且给比港的员工、股东、

当地社区以及整个希腊经济都带来了长远收益。作为一家具有战略眼光的企业，中远海运在实现自身发展的同时，还积极投身慈善事业，承担社会责任。

希中两国都有悠久的历史和文化，拥有相近的理念和价值观。希中双方工作人员互相尊重、携手合作。与中国及中国公司的合作令我感到非常愉快。去年11月，我们的代表团参加了在上海举办的首届中国国际进口博览会，收获巨大。工作之余，我们走访了上海的商业区和主要地标，深切感受到中国的经济发展和文化魅力。毫无疑问中国是一个迅速发展的国家，此行令我们难忘。

中远在希腊近10年的成功投资和所取得的成绩已经被希腊和全世界看到，我不认为未来还会有任何人对此心存疑虑。中方曾表示愿继续同希方携手合作，将比雷埃夫斯港建设成为"一带一路"合作的重要支点，并带动两国广泛领域务实合作。这一主张让我对比港的未来充满信心。

中远海运比雷埃夫斯集装箱码头有限公司，正在快速发展成为一家专注于基础设施、专业技术和人力资源发展，以客户需求为导向、极具竞争力的公司。公司发展目标长远，港口充满生命力，一派欣欣向荣。可以说，同中国的合作让比雷埃夫斯港变得越来越强大。希望希中在比雷埃夫斯港共同书写的成功故事和双赢合作能够进一步发展，继续促进希腊和中国人民之间的友谊。

（作者为希腊比雷埃夫斯港管理局董事、高级顾问，希腊国有资产发展基金会派驻希腊所有港口董事）

2019.08.26

同中国的合作带来希望

杜达·兰科维奇

"一带一路"建设能够帮助塞尔维亚实现经济增长，斯梅代雷沃钢厂就是最好的证明

2016年，中国河钢集团收购了陷入困境的斯梅代雷沃钢厂，也正是从那时起，我深深地感觉到，可期的未来终于到来了。

在刚刚过去的2018年，钢厂的产量又取得了重大突破，刷新了建厂以来的纪录。这一喜人成绩将激励所有员工继续努力工作，取得更大的成就。对我个人而言，每一个新的成绩都是继续奋斗的邀约。我们将继续迎接挑战，不断去学习新的东西。

作为世界范围内最重要且最领先的钢铁生产厂商之一，河钢集团是我们邂逅的巨大机遇，他们给塞尔维亚带来了钢铁生产的新技术、新理念和新目标。随着新技术的运用，斯梅代雷沃钢厂目前已成为欧洲具备强竞争力和高认可度的公司，同时也是一个值得信赖和可敬的商业伙伴，我们为此感到幸运和骄傲。

在与中国同事打交道的过程中，我们结下了良好的友谊。我们彼此尊重，工作之中相互合作，工作之余互相学习中文和塞尔维亚语，增进对对方文化的了解。我们的中国同事学习用白兰地、杏和李子制作塞尔维亚"国酒"，我们也学做不同菜系的中国佳肴，这些都构成了我们的欢

乐时光。

我依然清楚地记得中国国家主席习近平2016年对斯梅代雷沃钢厂的访问，这是我们工厂百年历史上最重要的访问之一。习近平主席的讲话鼓舞人心、掷地有声，讲到了我的心坎上。在我眼中，习近平主席极具远见，充满智慧，是当今世界最具影响力的国家领导人之一。在他领导下，中国进入了新时代。中国不仅为本国发展创造了强大动力，而且为全球其他寻求经济增长的国家树立了榜样。

"一带一路"倡议着眼未来，给所有渴望实现经济发展的国家带来了希望。正是因为"一带一路"建设，斯梅代雷沃钢厂走出了泥淖。可以说，是中国企业为我们带来了希望。

塞尔维亚正慢慢从经济低迷中走出来。来自中国的投资给塞尔维亚经济增长注入巨大的动力，将为塞尔维亚人民带来更多就业机会，创造美好生活。

中国正在塞尔维亚建设工业园区，我认为这是塞尔维亚目前最重要的项目之一。该项目将进一步加强和巩固塞中两国友谊，并带动园区周边所有城镇的发展，使其成长为东南欧最重要的经济区域之一。多瑙河流经斯梅代雷沃的这片区域就像是一块红宝石，具有巨大的潜力和宝贵的价值，能为众多企业创造利益。我很高兴中国企业看到了这一点，并与塞方开展了一系列务实且具有重要意义的合作。

一个国家只有经济强劲，才能拥有强大的国力和幸福的人民。"一带一路"建设能够帮助塞尔维亚实现经济增长，斯梅代雷沃钢厂就是最好的证明。真挚地希望未来中国继续加大对塞尔维亚的投资，让塞中合作更进一步。

（作者为塞尔维亚斯梅代雷沃钢厂塞方高管、董事会办公室负责人）

2019.09.19

深化"一带一路"合作　共促经济复苏发展

素拉杰·沙田泰

　　经济全球化和自由贸易是世界经济发展的大趋势，多边主义、对话合作是绝大多数国家的共同愿望，开放、创新是世界经济和经济全球化持续发展的重要途径

　　中国统筹疫情防控和经济社会发展取得重大战略成果，成为2020年全球唯一实现经济正增长的主要经济体。我衷心祝贺中国在抗击疫情、发展经济等方面取得的巨大成功。我对中国经济发展的韧性和前景非常有信心。中国坚持开放发展，人工智能和数字技术等新科技使中国经济更有活力。这不仅让中国人民受益，也为各国经济发展带来重要机遇。

　　中国为促进亚洲共同发展发挥了重要作用。中国提出构建亚洲命运共同体、共建"一带一路"等，有利于推动亚洲国家团结合作，促进经济全球化发展和各国共同繁荣。共建"一带一路"不仅带来基础设施的联通，还促进了民心相通、跨文化交流和数字经济合作，有助于建设开放型世界经济，促进整个世界的繁荣发展。

　　共建"一带一路"是践行多边主义、促进国际合作的具体行动。面对疫情大考，"一带一路"建设项目持续推进，不仅为各国抗疫情、稳经济、保民生发挥了重要作用，也为推动世界经济复苏和发展作出了重要贡献。未来，共建"一带一路"不仅要继续关注"硬联通"，还要更多推

动"软联通",包括食品与卫生合作、中小企业发展等,更多支持促进经济绿色发展的创新活动,让更多民众受益。

今年4月,习近平主席在博鳌亚洲论坛2021年年会开幕式上发表视频主旨演讲指出,"一带一路"是大家携手前进的阳光大道,不是某一方的私家小路。所有感兴趣的国家都可以加入进来,共同参与、共同合作、共同受益。习近平主席提出建设更紧密的卫生合作伙伴关系、更紧密的互联互通伙伴关系、更紧密的绿色发展伙伴关系、更紧密的开放包容伙伴关系,表达了中方携手各方高质量共建"一带一路"、实现共同发展的真诚意愿。

当今世界,保护主义抬头,经济全球化局部受挫。经济全球化和自由贸易是世界经济发展的大趋势,多边主义、对话合作是绝大多数国家的共同愿望,开放、创新是世界经济和经济全球化持续发展的重要途径。各国应共同努力,反对保护主义,反对在贸易、投资和科技等领域搞封闭脱钩。开放合作、互利合作将带动全球发展,人为"筑墙""脱钩"违背经济规律和市场规则,破坏全球产业链和供应链稳定,不利于世界经济复苏发展。

泰国地处中南半岛中心,是共建"一带一路"的重要伙伴。泰国政府推出"泰国4.0""东部经济走廊"等发展战略,制定未来20年发展战略规划,聚焦转变经济发展方式,构建以创新驱动为主线的经济发展模式。这同共建"一带一路"倡议在发展理念、方式和目标上有很多契合之处。共建"一带一路"倡议与泰国发展战略对接,可以进一步推动泰国经济社会发展。泰中两国应进一步加强沟通合作,以更好拥抱新技术革命,应对单边主义、保护主义带来的挑战。

（作者为泰国前副总理、博鳌亚洲论坛理事）

2021.08.17

共建"一带一路"实现美好梦想

宋沙瓦

构建人类命运共同体理念和共建"一带一路"倡议，为促进世界和平发展、各国互利共赢提供了新思路、新方案

老挝和中国是山水相连的友好邻邦，自古以来有着深厚的传统友谊。自2019年签署构建老中命运共同体行动计划以来，双方秉持好邻居、好朋友、好同志、好伙伴的"四好"精神，共同推动老中关系迈上了新的台阶。

随着共建"一带一路"步伐加快，老中两国合作领域不断扩大，务实合作的事例不胜枚举。从老挝首条高速公路万象至万荣段正式通车、老挝一号通信卫星在轨交付，到老中铁路即将建成，两国始终心意相通、真诚合作，切实增进了两国人民的福祉。中国是老挝第一大投资来源国，与老方合作推动实施诸多具有战略意义的重要项目，使老挝陆路运输及国内经济发展格局逐步与地区乃至世界相连。

老挝是一个内陆国家。怎么把内陆国的地理劣势转变成发展优势？那就是把自己变成陆上各国的交通枢纽，其中一个重要通道正是老中铁路。老中铁路老挝段北起老中边境磨丁—磨憨口岸，南至老挝首都万象。老中铁路通车的时候，老挝将完成从"陆锁国"到"陆联国"的转变，打造中南半岛陆上交通枢纽的多年期盼与美好梦想将成为现实。

老中铁路老挝段正线轨道已全部铺通，进入通车倒计时。它的开通将提高沿线居民的生活水平，增加就业，助力老挝人民走向富裕之路。老中铁路将为老挝经济社会发展创造巨大效益，铁路运输和项目周边服务产业将带来大量收入，老挝将利用这些收入建设其他基础设施，促进老挝繁荣发展。老中两国以这条铁路为依托，将建设起自中国云南，途经若干重要地区，抵达老挝南部的老中经济走廊，推动老挝经济迈上新的发展水平。

老中命运共同体建设克服疫情影响全面推进，两国务实合作不断深化，中方对老挝投资稳步上升。老中合作给两国特别是老挝人民带来实实在在的利益，极大促进了老挝经济社会发展。老挝计划在2021年至2025年间实现经济年均增长4%的目标，政府将继续为大型项目建设提供便利。老挝希望抓住共建"一带一路"和构建澜湄国家命运共同体的机遇，学习借鉴先进经验，结合本地实际，以新的理念推动老挝发展。

世界人民渴望和平，期盼安居乐业。作为世界第二大经济体，中国为推动世界和平与发展发挥了积极作用。构建人类命运共同体理念和共建"一带一路"倡议，为促进世界和平发展、各国互利共赢提供了新思路、新方案。在人类命运共同体理念指引下，中国与各国携手合作、共同努力，世界一定会更加美好。

（作者为老挝政府前副总理）

2021.09.07

为地区经济发展繁荣夯基垒台

优素福·瓦南迪

共建"一带一路"有助于增进区域互联互通，对于东盟和中国是互惠互利之举

2013年秋天，习近平主席提出共建"一带一路"倡议，其中共同建设21世纪海上丝绸之路就是当年10月在印度尼西亚国会发表演讲时提出的。8年来，共建"一带一路"为沿线国家和地区发展带来重要利好，得到积极响应和广泛支持。

东南亚是世界经济发展最具活力的地区之一，也是全球供应链的重要组成部分。亚洲开发银行估计，2016年至2030年间，东南亚地区每年需要约2100亿美元投资来满足基础设施建设的需求，以实现预期增长。共建"一带一路"有助于填补东南亚地区的基础设施建设缺口，有助于增进区域互联互通，对于东盟和中国是互惠互利之举。

8年来，中国已通过大量投资助力东南亚国家完善基础设施建设。2019年11月，在泰国首都曼谷举行的第二十二次中国—东盟领导人会议期间，双方发表《中国—东盟关于"一带一路"倡议同〈东盟互联互通总体规划2025〉对接合作的联合声明》，就是为了更好地将东盟总体发展规划与共建"一带一路"对接，为地区经济发展繁荣夯基垒台。

开放包容的"一带一路"倡议是多边主义的重要体现，也是中国—

东盟合作关系的重要纽带。越来越多国家和利益相关方参与共建"一带一路",更好地体现了共商共建共享的原则。中国提出推动各方各施所长、各尽所能,通过双边合作、三方合作、多边合作等各种形式,把大家的优势和潜能充分发挥出来。为促进共建"一带一路"项目的实施,各方可以打造一个信息共享平台,以协调利益相关方更好地参与共建"一带一路"。

共建"一带一路"正沿着高质量发展方向不断前进。中国提出共建"一带一路"要坚持开放、绿色、廉洁理念,努力实现高标准、惠民生、可持续目标,引入各方普遍支持的规则标准,推动企业在项目建设、运营、采购、招投标等环节按照普遍接受的国际规则标准进行。为有关项目制定明确且国际上可接受的标准,并鼓励参与企业和伙伴国遵循这些标准,有助于实现高质量共建"一带一路"的目标。在这方面,亚洲基础设施投资银行采用并遵循了一系列高标准,为国际社会树立了典范。

随着互联互通成为推动经济发展的重要因素,对跨境和区域基础设施的需求将不断增加。共建"一带一路"与东盟互联互通发展规划对接正不断推进,东盟与中国共建"一带一路"合作潜力巨大。

(作者为印度尼西亚战略与国际问题研究中心联合创始人)

2021.10.06

为经济全球化发展打开新局面

马雷克·赫鲁贝克

"一带一路"倡议充分体现中国的发展智慧，为相关国家和地区发展提供了重要机遇

今年是"一带一路"倡议提出8周年。8年来，"一带一路"倡议成为广受欢迎的国际公共产品，为参与国家和地区打造了一个重要合作平台，为经济全球化发展打开了新局面。

"一带一路"倡议的提出是经济全球化进程中的一件大事。经济全球化深入发展，将各国紧密联系起来。经济全球化为世界经济增长提供了重要动力，在这一过程中也出现了资源配置不均衡、发展失衡等问题。近年来，个别国家单边主义、保护主义抬头，全球范围内贸易摩擦增多。在这样的背景下，共建"一带一路"为完善全球治理、推动经济全球化健康发展提供了重要机遇。

中东欧国家是共建"一带一路"的积极参与者。过去8年，中东欧国家与中国在各领域的合作不断深入，成为维护并践行多边主义的重要力量。中国企业积极到中东欧国家投资，中东欧国家的中小企业也在积极开拓中国市场。中欧班列运行数量和货运量屡创新高，成为新冠肺炎疫情防控期间欧中贸易的重要桥梁。2020年，中国与中东欧国家贸易总额首次突破1000亿美元。这些都是共建"一带一路"为中东欧国家与中

国经贸合作带来的新气象。

新冠疫情发生后，许多中东欧国家为中国抗击疫情提供帮助和支持，中国也在中东欧国家医疗防护物资紧张的时候提供大量援助，并与中东欧国家积极开展疫苗合作，树立了团结抗疫的典范。中国与中东欧国家积极开展抗疫合作，将"一带一路"打造成应对挑战的合作之路、维护人民健康安全的健康之路，是构建人类命运共同体的积极尝试，具有重要启示意义。

"一带一路"倡议充分体现中国的发展智慧，为相关国家和地区发展提供了重要机遇。8年来的实践表明，中东欧国家与中国在共建"一带一路"、中国—中东欧国家合作机制框架内实现共赢合作，为地区国家发展赢得了先机。展望未来，在尊重彼此利益关切的基础上，中东欧国家同中国积极开展对话合作，谋求互利共赢，不仅有利于维护多边主义，也有利于推动世界和平发展。

（作者为捷克科学院全球化研究中心主任）

2021.10.15

合作之路　希望之路

素里耶·莫那拉

　　2021年10月16日，老中铁路"澜沧号"动车组交付；11月5日，老中铁路磨万段动态检测全部完成……老挝人民距离拥有一条现代化铁路越来越近。我们的梦想将不再是梦想！老中铁路将于12月全线通车运营。我和所有老挝人民一样，内心十分激动，迫不及待地想乘坐火车到中国旅行，去中国看望我的朋友们。

　　老中铁路是一条连接中国昆明市与老挝万象市的电气化铁路，是连通老中两国的重要基础设施和泛亚铁路的重要组成部分。它承载着老挝"陆锁国变陆联国"的国家战略梦想，更承载着无数老挝建设者、中国建设者对于未来的期许。

　　老挝是一个"陆锁国"。在经济全球化时代，交通因素严重制约着老挝人民的出行及与世界各国的交流，也制约着各种资源的开发和利用。"陆锁国"的地理位置，再加上国土面积80%是山地和高原，导致老挝交通极不顺畅。"陆锁国"锁住了老挝民众的内外往来，锁住了老挝经济的发展节奏，锁住了老挝民众对美好生活的向往。老中铁路的建设，将使老挝这个"陆锁国"变为"陆联国"，极大地提升老挝交通基础设施，有力拉动老挝经济增长并惠及民生，带动当地相关产业发展，开辟一条发展经济的通途大道，同时也有利于改变老挝发展环境，吸引外资参与老挝经济建设。

老中铁路将加深老中两国人民之间的友谊。老挝与中国山水相连，友谊源远流长，边境贸易十分活跃，但是由于环境条件限制，贸易量和贸易范围受到较大影响。老中铁路的开通，将使两国人民交往的范围进一步扩大，交流的项目越来越多，两国人民的友谊也将随之变得越来越深厚。老中铁路的开通，也将使中国与地区各国进一步加强互联互通，促进贸易旅游等快速发展，为各国经济发展注入新的活力。

老中铁路是一条合作之路，也是一条希望之路。它穿越崇山峻岭，将助力沿线地区逐步实现经济发展，让"一带一路"建设成果惠及更多人民。"一带一路"沿线各国共同参与，携手共建"一带一路"，大家就能共享发展成果，收获更多希望。

自老中铁路建设开工以来，该项目就深受老挝人民的关注。老挝人民一直希望乘着火车走向世界。如今，我们的梦想即将实现。未来，老中铁路将促进老挝乃至东盟同中国的经贸、投资、旅游、文化交流和人员往来，将推动新时代老中全面战略合作伙伴关系实现新的更大发展。

（作者为老挝国立大学中国研究中心研究员）

2021.11.20

助力老挝人民走向富裕

宋沙瓦

12月3日，老挝人民革命党中央总书记、国家主席通伦将同中共中央总书记、国家主席习近平举行视频会晤，并以视频连线形式共同见证老中铁路通车。老中铁路开通将是一个历史性的时刻，也是"一带一路"倡议与老挝"变陆锁国为陆联国"战略对接的标志性成果。

"澜沧号"动车组此前已经运抵万象火车站，正式交付老中铁路有限公司，这让老挝第一次拥有了现代化列车。"澜沧号"的命名源于老挝的古称澜沧王国和流经老中两国的澜沧江，寓意两国好邻居、好朋友、好同志、好伙伴关系。我看到动车组车厢宽敞，座椅舒适，服务标识有老挝文、中文、英文3种语言，动车组内饰融合老中传统文化和民族审美元素，寓意老挝人民对未来美好生活的憧憬和老中两国人民的友谊。

老挝是一个内陆国家，交通不便限制经济社会发展。要把内陆国的地理劣势转变成发展优势，老挝需要把自己变成连接各国的陆上交通枢纽。老中铁路老挝段北起老中边境磨丁—磨憨口岸，南至老挝首都万象。老中铁路通车后，万象到昆明可朝发夕至。这条铁路对老挝具有重大意义，它不仅将改变老挝作为一个内陆国的传统面貌，还将打造中南半岛陆上交通枢纽，有助于亚洲加强地区联系。因此，老挝全国上下都关注铁路建设情况，期待这条铁路帮助老挝吸引投资，促进旅游和货运，推动经济可持续发展。

老挝作为一个以农业为主要产业的国家，许多商品都要依靠从周边邻国进口。目前，老挝进口的大部分商品只能通过公路运输，时间长、成本高。随着老中铁路的建成通车，这一点将得到改变。老中铁路不仅将提升运输效率，还将提高沿线居民的生活水平，增加就业，助力老挝人民走向富裕。

从长远看，老中铁路给老挝带来的益处将不会局限于交通领域。在老中合作框架下，老挝政府各部门将加快落实战略规划和发展政策，最大限度发挥铁路带动沿线发展的效益，在铁路沿线建设其他配套基础设施，包括旅游景区、产业园区和便利商贸相关的项目，充分发掘铁路项目潜力。老中双方将携手努力，在建设好老中铁路的基础上，运营好、开发好老中铁路，把老中铁路建设成为老中友谊的标志性工程，造福两国人民。

当前，老中命运共同体建设不断推进，为老挝经济社会发展注入重要动力。2021年是老中建交60周年暨老中友好年，也是老挝"九五"规划开局之年。面向未来，老中合作必将迈上新台阶，共建"一带一路"合作必将不断深化，给两国人民带来更大益处。

（作者为老挝前副总理）

2021.12.03

中国为全球减贫作出巨大贡献

劳伦斯·麦克唐纳

共建"一带一路"正朝着高标准可持续惠民生方向发展，对全球减贫事业意义重大

我来自美国，我们一家三代都是"中国通"。中国为消除绝对贫困付出巨大努力，令我们深受触动。

我对中国的了解始于20世纪60年代初。曾在中国生活30年的祖父母讲述了他们在中国生活的故事，讲述抗日战争时期中国人民虽然生活极端困难，但仍不屈不挠坚持抗击外来侵略者的故事。1979年大学毕业后，我来到中国，那时的中国刚刚迈开改革开放的步伐。40多年过去，中国取得巨大发展成就，经济社会发生翻天覆地的变化。

20世纪80年代中期，我前往世界银行工作。那时候开始，我不断读到有关中国居民生活水平提高和贫困率下降的报道。2010年，我终于有机会回到中国，随处可见崭新的公寓楼和办公楼，休闲娱乐及生活服务设施大幅改善。很多城市有了便捷高效的地铁和高铁系统。即便是在一些中小城市，也有现代化的新机场。无论是在城市还是乡村，中国老百姓的衣食住行都有了很大的变化。

改革开放以来，中国减贫人口占同期全球减贫人口70%以上，为实现联合国千年发展目标作出巨大贡献。中国政府为减贫订立目标、出台

政策，并坚持苦干实干。中国历史性地消除绝对贫困，提前10年实现《联合国2030年可持续发展议程》减贫目标，这是一项了不起的成就。如今，中国改善人民生活水平的努力仍在继续。与此同时，中国积极与其他国家分享减贫经验，为全球减贫作出巨大贡献。

中国提出的共建"一带一路"倡议给沿线国家带来巨大益处，有利于帮助更多国家减少贫困。世界银行发布的研究报告显示，"一带一路"倡议全面实施可使3200万人摆脱日均生活费低于3.2美元的中度贫困状态。当前，共建"一带一路"正朝着高标准可持续惠民生方向发展，对全球减贫事业意义重大。

中国经济朝着高质量发展方向不断迈进，展现出蓬勃生机和巨大潜力。中国深刻认识到减贫和增加人类福祉不只是实现人均收入的增长。中国"十四五"规划强调实现更高质量、更有效率、更加公平、更可持续、更为安全的发展，为高质量发展指明方向。"绿水青山就是金山银山"在中国日益成为广泛共识。两年前，我作为世界资源研究所的工作人员到中国进行访问，亲眼看到中国的绿色发展和生态文明建设成绩，倍感振奋。

中国宣布将力争2030年前实现碳达峰、2060年前实现碳中和，这是中国推动经济向高质量发展迈进的又一重要举措。实现这一目标所需的清洁能源投资不仅对中国有利，而且将有助于降低全球清洁能源的成本。

（作者为世界资源研究所全球传播副总裁）

2022.01.11

打造跨区域多边合作的典范

博扬·拉利奇

10年来，中东欧国家和中国成功建立涵盖经贸、文化、教育等多领域的合作架构，打造了跨区域多边合作的典范

中东欧国家地处欧亚大陆要冲，是联系东西方的重要枢纽，地区各国都有强烈的发展意愿。2012年4月，中东欧—中国合作机制正式启动。10年来，中东欧和中国成功建立涵盖经贸、文化、教育等多领域的合作架构，打造了跨区域多边合作的典范。

通过双方的共同努力，中东欧—中国合作取得了长足进展。2013年中国提出"一带一路"倡议后，中东欧国家积极参与共建"一带一路"，推进"一带一路"倡议与各国发展战略对接。双方通过举行中东欧—中国领导人会晤为彼此合作加强顶层设计，达成一系列合作协议，设立实施计划，不断将合作落到实处。目前，双方合作已经产生一系列积极成果，交通基础设施领域的合作就是突出例子。匈塞铁路和希腊比雷埃夫斯港等项目的积极效应辐射地区大部分国家，为地区国家发展带来了十分明显的好处。

塞尔维亚位于中东欧地区的中心地带，与8个中东欧国家接壤，地理位置重要。塞尔维亚一直积极参与中东欧—中国合作。在经济领域，塞尔维亚希望以深圳为榜样，将自身建设为经济特区。在外交政策上，

塞尔维亚政府一直重视长远规划并保持独立自主，与各方均保持着良好关系。

塞中双方保持着密切的高层交往，两国珍惜彼此之间的"铁杆友谊"，坚定维护全球和平发展。塞中之间已经完成或正在推进诸多合作项目，如斯梅代雷沃钢厂、玲珑轮胎、泽蒙—博尔察大桥等。塞中合作为塞尔维亚发展增加了动力，创造了大量就业岗位，受到塞政府和人民的欢迎。事实充分证明，中国是值得信赖的合作伙伴。塞尔维亚大力支持中国提出的全球发展倡议，将中国视为推动完善全球治理体系的建设性伙伴。

着眼未来，中东欧—中国合作需要进一步发扬成功经验。双方应帮助更多人增加对中东欧—中国合作的了解，进而更好把握这一合作机制蕴含的巨大机遇。双方也可增加智库和学术机构之间的交流对话，加强有关共建"一带一路"和中东欧国家发展战略有效对接等课题的研究。我坚信，中东欧—中国合作未来发展潜力巨大。

（作者为塞尔维亚"一带一路"研究所所长）

2022.04.30

共建"一带一路" 厄中合作潜力巨大

米尔顿·雷耶斯

厄中两国经济互补，合作潜力巨大，厄瓜多尔各界都希望推动与中国高质量共建"一带一路"

2016年11月，中国国家主席习近平对厄瓜多尔进行国事访问期间，两国元首一致决定将双边关系提升为全面战略伙伴关系。从此，双方政治交往和经贸合作不断加强。2018年，在时任厄瓜多尔总统莫雷诺对中国进行国事访问期间，两国元首共同见证了两国政府关于共同推进"一带一路"建设的谅解备忘录的签署。2019年，厄瓜多尔成为拉丁美洲第一个加入亚投行的国家。

厄中两国经济互补，合作潜力巨大，厄瓜多尔各界都希望推动与中国高质量共建"一带一路"。厄中共建"一带一路"有助于加强地区基础设施互联互通，深化双方商业交流、金融合作，助力疫后经济复苏，密切文化交流。

厄中两国积极建设健康丝绸之路。得益于中国的大力支持，厄瓜多尔新冠疫苗接种进展迅速，成为拉美地区新冠疫苗接种率最高的国家之一。据厄卫生部统计，截至今年2月底，厄国内超过1351万人完成新冠疫苗接种，约占全国目标接种人口的84%。厄瓜多尔接种的疫苗一半来自中国。今年2月，厄瓜多尔卫生部与中国科兴公司签订合作意向书，双方同意在厄建设一座生产新冠疫苗以及其他疫苗的工厂，促进厄中之间的技术交流和转让，提高厄相关从业人员的知识和技能水平。厄中科研人员也将借此平台开展合作研究，积累数据和经验，提高应对流行病和慢性病的能力。厄中紧密合作抗击疫情，也将为厄经济复苏发挥重要作用。

厄中合作促进了厄农业发展和农业产量的提高。此外，厄中在数字经济、绿色经济等方面也拥有巨大合作潜力。"一带一路"倡议为中国与沿线国家和地区加强数字经济合作注入新的动力，数字丝绸之路正成为推动新型全球化的数字桥梁，厄希望积极参与相关合作。厄重视可持续发展，提出了一系列旨在保护和合理开发利用自然环境的政策，例如扩大被列为世界遗产的加拉帕戈斯群岛的海洋保护区，以更好保护生物多样性。厄中双方可以继续深化在生物多样性和海洋环境保护方面的合作。共建"一带一路"还将对厄中学术交流产生积极影响，增进双方文化交流和相互了解。

厄瓜多尔坚持多边主义，致力于加强不带任何歧视性的双边关系，这与中国以及其他拉美国家的观点高度一致。多年来，厄瓜多尔致力于在全球、区域、次区域和双边事务中促进互利合作，致力于共同应对全球性挑战。在减贫、粮食安全、发展融资、气候变化与绿色发展、数字经济与互联互通等各方面，厄瓜多尔的主张都与中国相近。随着厄中关系不断发展，双方互信必将不断深化，合作范围必将不断扩大。

（作者为厄瓜多尔国家高等研究院中国研究中心主任）

2022.05.03

实现共同繁荣的合作共赢之路

史蒂芬·布鲁尔

和平赤字、发展赤字、治理赤字摆在全人类面前，没有国家能在充斥陈旧思维的地缘政治博弈中成为真正赢家。人类要书写历史的新篇章，就必须向着和平与发展的目标共同努力，这也正是共建"一带一路"的价值和意义所在

2013年，习近平主席提出"一带一路"倡议，倡导秉持和平合作、开放包容、互学互鉴、互利共赢的丝路精神，推进沿线国家的政策沟通、设施联通、贸易畅通、资金融通、民心相通。中国与149个国家、32个国际组织签署共建"一带一路"合作文件，共建"一带一路"已成为促进共同发展、实现共同繁荣的合作共赢之路。放眼未来，共建"一带一路"具有广阔的发展前景。

"要致富，先修路"，这是中国人民耳熟能详的一句话，也是改革开放以来中国积累的重要发展经验。发展中国家要突破经济社会发展瓶颈，实现消除贫困的目标，就必须大力推进电力、公路、铁路等基础设施现代化。共建"一带一路"致力于促进沿线国家基础设施建设，对这些国家的整体发展具有重要意义。

长期以来，传统国际金融机构未能充分满足非洲、拉美等地区发展中国家在基础设施建设领域的融资需求。自共建"一带一路"合作启动

以来，亚洲基础设施投资银行、丝路基金、金砖国家新开发银行等新型多边国际金融机构创立。这不仅有助于提升发展中国家在全球经济治理中的代表性，增强全球经济治理的有效性，也有助于缓解全球基础设施建设融资不足问题。

共建"一带一路"秉持的理念对人类共创光明未来具有重要意义。当今世界，经济增长乏力，"黑天鹅"事件频现，地区局势动荡不安。和平赤字、发展赤字、治理赤字摆在全人类面前，没有国家能在充斥陈旧思维的地缘政治博弈中成为真正赢家。人类要书写历史的新篇章，就必须向着和平与发展的目标共同努力，这也正是共建"一带一路"的价值和意义所在。共建"一带一路"倡导的合作共赢精神有利于世界摆脱当前面临的冲突和危机，建设一个更加和平、更加繁荣的未来。去年，习近平主席在联合国大会提出全球发展倡议，这是继"一带一路"倡议之后，中国为促进全球发展提供的又一项重要公共产品。全球发展倡议追求实现共同发展，表明中国愿与所有国家一起，为实现联合国2030年可持续发展目标而努力。

人类社会的发展进步需要东西方文明开展更多跨文化交流，这是促进更深层次合作的重要基础。对瑞典和欧洲而言，共建"一带一路"意味着巨大机遇。瑞典"一带一路"研究所成立于2018年，致力于推动瑞中两国社会就共建"一带一路"展开富有成效的对话，促进瑞中、欧中交流与合作。

（作者为瑞典"一带一路"研究所所长）

2022.07.01

共建"一带一路"带来机遇和希望

桑德雷亚·福尔克纳

对于牙买加这样的发展中国家来说,共建"一带一路"倡议非常具有吸引力。我由衷祝愿两国共建"一带一路"合作项目全面推进,为更多牙买加民众带来机遇和希望

牙买加是加勒比地区最早与中国建交的国家之一。1972年11月建交以来,两国始终坚持相互尊重、平等相待,不断深化各领域互利合作。

对华合作促进了牙买加人民生活的改善。中国援助建设了牙买加西部最大的幼儿和青少年医院、高质量现代化的牙中友好幼儿园等。中国举行的"光明行"眼科义诊活动帮助500余名牙买加白内障患者重见光明。每年有数百名牙买加年轻人获得中国奖学金和赴华培训机会。他们学成后回国服务,为牙买加发展作出了贡献。

2013年,习近平主席提出"一带一路"倡议,推动加强沿线国家和地区互联互通和全球经贸往来。2017年,习近平主席在"一带一路"国际合作高峰论坛开幕式上发表主旨演讲指出:"古丝绸之路绵亘万里,延续千年,积淀了以和平合作、开放包容、互学互鉴、互利共赢为核心的丝路精神。这是人类文明的宝贵遗产。"如今,传承历史智慧的共建"一带一路"合作,已成为各国政策沟通、设施联通、贸易畅通、资金融通、民心相通的纽带。

2019年4月，牙买加政府与中国政府签署共同推进"一带一路"建设谅解备忘录。两国通过共建"一带一路"合作建立起更牢固的友谊，实现共同发展。在中国共产党领导下，中国改革开放以来有7.7亿农村贫困人口摆脱贫困。全面打赢脱贫攻坚战是中国共产党带领中国人民创造美好生活的伟大实践，中国人民生活的改善也让牙买加人民看到了希望。

对于牙买加这样的发展中国家来说，共建"一带一路"倡议非常具有吸引力。牙买加易受飓风等自然灾害影响，建造和维护基础设施的成本较高。在偏远的农村社区，交通状况不佳严重影响民众生活，常常造成世代贫困。共建"一带一路"合作能够助力牙买加经济发展，帮助贫困社区发展，提高其复原力，更好应对各类风险挑战。牙买加人民希望通过共建"一带一路"合作，推动实施一系列有助于改善民生的项目。

中国企业造福牙买加民众的例子不胜枚举。由中国港湾公司承建的牙买加南北高速公路，为开发沿线旅游资源、矿产资源和土地资源创造了良好条件，是牙买加史上规模最大的基建工程。中国甘肃酒泉钢铁集团公司2016年收购牙买加阿尔帕特氧化铝厂，解决了生产问题，直接促进了当地就业。

我由衷祝愿两国共建"一带一路"合作项目全面推进，为更多牙买加民众带来机遇和希望。

（作者为牙买加新闻部前部长）

2022.08.09

共建"一带一路"为伊中关系增添活力

海德尔·塔米米

伊方欢迎中方参与伊拉克经济重建，愿进一步加强与中国的经济、科技和文化联系，为两国人民带来更大福祉

伊拉克与中国的交往历史源远流长。古老的中华文明和两河文明在古丝绸之路上相遇相知，历史文献中记载着大量伊中友好交往的故事。1958年建交以来，两国各层级保持良好交往。2015年12月，两国建立战略伙伴关系。

过去100多年来，中国共产党带领中国人民不懈奋斗，让古老中国发生了翻天覆地的变化，经济、社会、科技、文化等领域均取得了令世界瞩目的发展成就。

在带领中国人民攻坚克难的过程中，中国共产党高度重视把握时代潮流，始终富有远见。经过长期努力，中国已经历史性地解决了绝对贫困问题，全面建成小康社会。当前，中国正致力于推动经济高质量发展，让发展成果更多更公平惠及全体人民，不断满足人民群众日益增长的美好生活需要。

中国同广大发展中国家共同利益广泛，合作基础良好。中国处理同中东国家的关系时，十分重视促进地区安全稳定。作为中东国家的友好伙伴，中国支持中东国家团结协作解决地区安全问题，支持中东国家独

立自主探索自身发展道路。中国同地区国家开展基础设施建设、科技、经贸等多领域合作，努力实现共同发展。中国还积极助力非洲发展，在国际上树立了对非合作典范。

中国提出共建"一带一路"倡议，传承弘扬丝路精神，赋予古丝绸之路以全新的时代内涵。在共建"一带一路"过程中，中国同沿线国家和地区不断提升互联互通水平，加强贸易往来，增进文化交流，实现了互利共赢。伊拉克是最早加入共建"一带一路"合作的阿拉伯国家之一，两国2015年签署共建"一带一路"合作文件。伊拉克正在进行经济重建，参加共建"一带一路"合作对伊拉克发展具有重要意义。近年来，双方积极推进共建"一带一路"合作，为两国关系增添了活力。

新冠肺炎疫情发生后，中国无私地与世界分享抗疫经验，派遣医疗专家组支援其他国家抗疫，为各国提供大量医疗物资，加强卫生健康领域国际合作，以实际行动践行人类命运共同体理念。伊中两国深度开展抗疫合作，中方为伊方提供了大量物资援助，并向伊拉克派遣医疗专家组。中国援建伊拉克抗击新冠肺炎疫情的核酸检测实验室，显著提升了伊拉克的核酸检测能力。

未来，伊中两国应进一步推动双边关系发展，不断释放两国合作潜力。伊方欢迎中方参与伊拉克经济重建，愿进一步加强与中国的经济、科技和文化联系，为两国人民带来更大福祉。

（作者为伊拉克智库"智慧宫"历史研究院院长）

2022.09.03

为互利合作开辟更加广阔的空间

帕特里西奥·朱斯托

阿根廷同中国的合作处于重要机遇期，正向更多领域拓展，绿色经济、数字经济、科技创新等领域合作成为新亮点

今年是阿根廷同中国建交 50 周年，也是阿中友好合作年。今年 2 月，阿根廷总统费尔南德斯出席北京冬奥会开幕式并访华期间，两国政府签署共建"一带一路"谅解备忘录。阿中共建"一带一路"充分体现了两国的深厚友谊，为互利合作开辟更加广阔的空间。

阿根廷是拉美地区大国，长期高度重视对华合作。阿中推进共建"一带一路"合作，有助于双方实现共同发展。近年来，两国发挥各自优势，合作领域持续拓宽。阿根廷丰富的农产品不断进入中国市场，为中国消费者提供更多优质选择。来自中国的投资和技术助力阿根廷铁路、公路、能源等基础设施建设，为阿根廷经济发展发挥了重要作用。双方在金融领域合作持续拓展，货币互换规模不断扩大。两国旅游、文化、教育等领域交流也十分频繁，双方民众的相互了解不断加深。

阿根廷同中国的合作处于重要机遇期，正向更多领域拓展，绿色经济、数字经济、科技创新等领域合作成为新亮点。我印象最深刻的是，两国在航空航天领域建立了友好合作关系。自 2014 年决定在阿根廷内乌肯省建设中国首个海外深空测控站以来，两国在航空航天领域的合作稳

步推进，成果显著。2020年11月，中国长征六号运载火箭成功将13颗卫星送入预定轨道，其中10颗为阿根廷卫星逻辑公司研制的遥感小卫星。今年5月，阿中创新与技术政策研究中心正式启动，为双方科技创新合作注入了新动力。

当前，国际形势错综复杂，世界经济复苏面临多重挑战。习近平主席提出全球发展倡议，强调推动实现更加强劲、绿色、健康的全球发展。这一重要国际公共产品为提振新兴市场和发展中国家的发展事业贡献了中国智慧，体现了中国助力完善全球治理的决心和能力。中国在全球发展事业面临困难之际提出并推动落实全球发展倡议，是中国推动构建人类命运共同体的又一生动实践。

中国正以实际行动促进全球发展合作，助力实现共同发展。展望未来，阿中推进高质量共建"一带一路"，持续提升各领域合作水平，必将为两国人民带来更大福祉。

（作者为阿根廷天主教大学教授、阿中研究中心主任）

2022.09.12

架设合作之桥 促进共同发展

亚斯娜·普莱夫尼克

佩列沙茨大桥是克罗地亚与中国合作蒸蒸日上的一个缩影。中国不仅让本国人民过上幸福生活，也让更多国家搭上了共同发展的快车

今年7月下旬，中企承建的克罗地亚佩列沙茨大桥正式通车。这座大桥横跨亚得里亚海小斯通湾，连接克罗地亚大陆与佩列沙茨半岛，对于克罗地亚经济社会发展具有重要意义。作为中国、克罗地亚、欧盟开展三方市场合作的典范项目，佩列沙茨大桥是一座合作之桥，有助于三方互利共赢、共同发展，展现了共建"一带一路"的蓬勃活力和显著成效。

佩列沙茨大桥是克中两国合作蒸蒸日上的一个缩影。克罗地亚总理普连科维奇表示，通过佩列沙茨大桥建设项目，克罗地亚和中国更加紧密地联系在一起。今年是克中建交30周年。30年来，双方始终相互尊重、平等相待，两国关系经受住了国际风云变幻的考验。两国高层交往密切，普连科维奇总理2018年访华并出席首届中国国际进口博览会，表达了同中国拓展各领域合作的真诚意愿。近年来，两国不断推进共建"一带一路"合作，里耶卡港已经成为克罗地亚以及地区国家加强同中国经贸联系的重要枢纽。

当前，克中不断拓宽合作领域，高新产业合作正逐步走向深入。不久前，中国航空工业集团在克罗地亚投资的工厂建成投产。在中国技术

的帮助下，克罗地亚一些地区具备了开通5G网络的条件。中国公司成功参与克罗地亚克库蒂纳市智慧城市试点项目，促进了该市基础设施数字化转型。

绿色产业合作也是两国合作的新亮点。中国企业投资承建的塞尼风电项目已经正式投入运营，项目总装机容量156兆瓦，预计每年能提供约5.3亿千瓦时清洁电力，减少二氧化碳排放约46万吨，有助于克罗地亚实施能源绿色转型战略。克罗地亚本土汽车品牌里马茨与中国企业合资在华建厂，生产电动汽车零部件和电池等，积极融入全球新能源汽车产业发展大潮。

克罗地亚拥有丰富的旅游资源，目前正致力于加强同中国的旅游合作。欧洲旅游委员会的数据显示，克罗地亚是最受中国游客欢迎的南部欧洲国家之一。伴随着克中合作不断深化，相信克罗地亚在中国游客中的知名度将越来越高。

我多次到访过中国，亲身感受到了中国人民的热情好客，也见证了克中两国关系的不断发展。中国不仅让本国人民过上幸福生活，也让更多国家搭上了共同发展的快车。我相信，克罗地亚同中国的合作将不断结出硕果，为两国人民创造更多福祉。

（作者为克罗地亚地缘经济论坛主席）

2022.10.03

共建"一带一路"展现中国共产党的天下情怀

宋玛·奔舍那

老中铁路已经成为老挝人民的骄傲,"澜沧号"动车组成了老挝的"国家名片"。共建"一带一路"已经成为促进开放合作、改善全球经济治理、促进共同发展繁荣、推动构建人类命运共同体的重要方案

今年4月,老中铁路国际旅客列车从万象、昆明双向对开,万象与昆明之间实现乘火车当日通达。自2021年12月开通运营以来,老中铁路呈现客货两旺态势。作为两国高质量共建"一带一路"的标志性工程,老中铁路跨越山河,圆了老挝变"陆锁国"为"陆联国"的梦想。

老中铁路全线开通运营当天,我作为首批乘客乘坐了"澜沧号"动车组。我至今仍然记得,当列车飞驰在老挝的崇山峻岭、江河平原时,我感到由衷的喜悦与自豪。当车厢内显示屏上火车速度逐渐提升至每小时160公里时,我的心情无比激动:"老挝终于拥有自己的现代化火车了!"

我曾担任老挝公共工程与运输部部长,见证了老中铁路从规划、奠基、开工建设到竣工的全过程。老中铁路建成之前,老挝仅有一段长约3.5公里的铁路连接泰国,交通瓶颈严重制约经济发展。2015年,习近平主席同老挝领导人一道,作出了共建老中铁路的重大决策。中国不是第一个提出要来老挝修建铁路的国家,却是唯一一个实实在在帮老挝把铁

路修好的国家。得益于共建"一带一路"，老中铁路建成通车，老挝人民圆了梦想。

今天，老中铁路已经成为老挝人民的骄傲，"澜沧号"动车组成了老挝的"国家名片"。此前，从万象开车到琅勃拉邦需要9个多小时，如今老中铁路让这段旅程的时间缩短到了两个小时内。在从万象前往琅勃拉邦的列车上，每天都能看到来自世界各地的乘客，他们都由衷赞叹现代化列车带来的便捷。

老中铁路是老挝现代化基础设施建设的一个重要里程碑，为推动老挝经济社会发展注入重要动力。老中铁路运行一年多来，深刻改变了老挝交通运输格局，极大地便利了民众出行，有力促进了商品生产出口。得益于老中铁路，游客可以非常便捷地从中国昆明来到老挝琅勃拉邦、万荣、万象等历史古城，老挝旅游业发展迎来新的机遇。

今年是共建"一带一路"倡议提出十周年。老挝是共建"一带一路"倡议的支持者、实践者、受益者。习近平主席表示："我提出'一带一路'倡议，就是要实现共赢共享发展。"这在老中铁路项目上得到充分体现。老中铁路不仅提升了运输效率，还促进就业，提高沿线居民的生活水平，助力老挝人民走上富裕之路。老挝歌手特意为老中铁路创作的歌曲《腾飞于老中铁路》在老挝社交媒体广为流传，充分展现了老挝人民对老中铁路的喜爱。老方热切期待老中铁路能尽早与其他东盟国家的铁路连接起来，成为地区互联互通的重要组成部分和经济合作的重要引擎，助力地区各国人民过上更好的生活。

在共建"一带一路"框架下，中国真心帮助其他国家发展，通过合作与各国实现互利共赢。近年来，随着共建"一带一路"合作不断走深走实，老中两国合作领域不断扩大，合作方式更趋多样，老中经济走廊建设成果丰硕，万象—万荣高速公路顺利通车运营，老中双边贸易额创下新高。老挝政府和社会各界对共建"一带一路"倡议高度赞赏，将一如既往地积极支持、参与相关合作。

  共建"一带一路"充分展现了中国共产党致力于增进全人类共同福祉的天下情怀。该倡议得到广泛响应和支持，已有151个国家、32个国际组织同中国签署共建"一带一路"合作文件。共建"一带一路"不断为各国提供发展机遇，已经成为促进开放合作、改善全球经济治理、促进共同发展繁荣、推动构建人类命运共同体的重要方案。

（作者为老挝国会副主席）

2023.05.26

朝着高标准、可持续、惠民生的目标坚定前行

穆沙希德·侯赛因

国与国之间畅通的"路"，意味着顺应经济全球化趋势，在发展政策、经贸往来、文化交流等各方面加强合作。"路"的畅通带来外部机遇，也有助于各国盘活自身资源

"要致富先修路"，我最早听说这句话时还是一名青年记者。当时，中国正处于改革开放初期，民众期待经济社会发展，这句话道出了基础设施建设的重要意义。2013年中国提出共建"一带一路"倡议时，我再次想起了这句话。

中国提出共建"一带一路"倡议，是希望同各方携手建设一条共同发展繁荣之路。共建"一带一路"倡议让"路"具有了更多引申意义。国与国之间畅通的"路"，意味着顺应经济全球化趋势，在发展政策、经贸往来、文化交流等各方面加强合作。"路"的畅通带来外部机遇，也有助于各国盘活自身资源。

我曾多次前往瓜达尔港等地考察访问，见证了巴中共建"一带一路"收获的累累硕果。在湛蓝的海边，一艘艘货轮停泊、卸装货物，运输卡车排成长长队列；在茫茫沙漠中，一座座直流输电塔高耸，架起巴基斯坦电力供应的南北主动脉；在北部巍峨群山之间，卡洛特水电站大坝巍然耸立；在南部滩涂和戈壁沙漠间，风电机组送出源源不断的清洁能源；

在旁遮普平原，白沙瓦至卡拉奇高速公路横贯其间……

通过参与共建"一带一路"，巴基斯坦迎来了本国经济社会发展的重要机遇。今年是共建"一带一路"倡议提出10周年，也是"一带一路"重要先行先试项目——中巴经济走廊启动10周年。经过10年发展，中巴经济走廊框架下一批电力、交通基础设施项目投运投产。10年来，一批批优秀的中国工程师来到巴基斯坦，付出汗水和心血，帮助巴基斯坦建成急需的主干基础设施网络，完善本地供应链体系，还培养了大量优秀本地人才，为巴基斯坦进一步推进工业化、现代化建设作出突出贡献。

目前，中巴经济走廊建设进入新阶段，一批与民生息息相关的合作项目正在推进。巴中合作种植的辣椒迎来丰收，鲁班工坊项目巴中农机教学合作稳步推进，新一批中国列车将以零部件进口的方式在巴基斯坦完成组装……两国充分利用基础设施建设合作取得的成果，继续探索深化产业合作，将为巴基斯坦民众带来更多实惠。

在全球很多地方，共建"一带一路"成效都在不断显现。在东南亚，中国铁路技术正在助力改善当地交通条件；在中亚，各国铁路、公路互联互通不断加强，"陆锁国"正逐步转变为"陆联国"；中欧班列已经成为横跨亚欧的商品贸易干线；在西亚北非地区，能源、基建、民生等多领域合作项目陆续推进……这些实实在在的合作成果得到相关国家民众的高度评价，"一带一路"的朋友圈正在不断扩大。

当前，世界乱象纷呈，逆全球化思潮抬头，一些势力煽动地区矛盾冲突，企图阻碍他国独立自主发展。在此背景下，中国始终致力于推动构建开放型世界经济，始终致力于维护和平稳定、促进共同发展，具有更加重要的意义。共建"一带一路"倡议取得的成功，展现了世界走向合作发展的必然趋势。

共建"一带一路"已成为国际合作领域的金字招牌。展望未来，共建"一带一路"朝着高标准、可持续、惠民生的目标坚定前行，必将为包括巴基斯坦在内的各参与方带来更多发展机遇，为世界经济复苏注入更强劲的动力。

（作者为巴基斯坦参议院国防委员会主席）

2023.05.31

将拉中友好转化为互利合作机遇

何塞·曼努埃尔·萨拉查－西里纳赫斯

共建"一带一路"倡议与拉美国家的发展战略有效对接，为共建国经济发展与社会进步增添了活力，为拉美和加勒比地区经济一体化提供助力，得到地区各方的广泛支持

今年是共建"一带一路"倡议提出10周年。该倡议积极推动贸易自由化，重视加强对基础设施等重要领域的投资，有助于促进经济社会发展、有效减少贫困，受到包括拉美和加勒比国家在内的广大发展中国家的热烈欢迎和积极参与。

长期以来，拉中高层交流频繁，元首外交为双方关系发展发挥了战略引领作用。2014年7月，拉中共同宣布建立平等互利、共同发展的拉中全面合作伙伴关系，正式建立拉美和加勒比国家共同体—中国论坛，拉中合作开启新篇章。拉美国家同中国的双边合作机制不断完善。巴西与中国成立巴中高层协调与合作委员会，智利、秘鲁、哥斯达黎加、厄瓜多尔均与中国签署了自由贸易协定。

共建"一带一路"将拉中友好转化为互利合作机遇，拉中双方在共建"一带一路"框架下开展了广泛合作。通过共建"一带一路"，拉中贸易联系更加畅通。2012年以来，中国一直保持拉美第二大贸易伙伴地位。新冠疫情期间，拉中经贸合作彰显韧性。统计数据显示，拉中贸易总额

2021年首次突破4500亿美元，2022年再创新高，达4857.9亿美元。

拉美地区急需加强基础设施建设。根据联合国拉丁美洲和加勒比经济委员会的研究，为有效促进可持续发展，拉美各国应至少将国内生产总值的6%左右投资于基础设施，而实际上这一比例在2010年至2019年间仅2.7%。拉中在基础设施领域加强合作，有助于满足地区发展的迫切需求。拉丁美洲和加勒比地区中国学术网发布的《中国在拉丁美洲和加勒比地区基础设施项目报告》显示，截至2021年，中国企业在这一地区实施了192个基础设施项目，累计投资约980亿美元，为当地创造超过67.3万个就业岗位。

拉中在基础设施建设领域的合作取得了丰硕成果。越来越多地区国家欢迎中企承建本国大型基础设施项目。双方合作涉及的项目种类也越来越多样，从能源项目拓展到电信、交通、卫生等不同领域。为了有效应对气候变化挑战，拉中在共建"一带一路"框架下不断加强绿色合作，合力开发水电、风电等清洁能源，为拉美地区可持续发展作出重要贡献。

共建"一带一路"倡议与拉美国家的发展战略有效对接，为共建国经济发展与社会进步增添了活力，为拉美和加勒比地区经济一体化提供助力，得到地区各方的广泛支持。展望未来，地区国家普遍希望继续拓展和深化同中国的互利共赢合作，进一步分享中国创新发展的成功经验。

（作者为联合国拉丁美洲和加勒比经济委员会执行秘书）

2023.06.07

为柬中"铁杆"友谊注入新内涵

安蓬莫尼拉

在共建"一带一路"框架下，柬中务实合作得到有效提升，为柬埔寨经济持续发展增添重要动力。柬中共建"一带一路"还帮助柬埔寨培养了一大批专业技术人才，有力促进了柬埔寨工业化进程

今年是习近平主席提出共建"一带一路"倡议10周年。倡议提出伊始，柬埔寨政府就高度赞赏并支持该倡议，认为共建"一带一路"将为区域和国际合作搭建新平台，提升沿线国家的基础设施建设水平，促进互联互通。正是怀着这种期待，柬埔寨积极参与共建"一带一路"合作。

2016年10月，习近平主席对柬埔寨进行国事访问。在柬中两国元首共同见证下，我与中国政府代表签署了两国关于编制共同推进"一带一路"建设合作规划纲要的谅解备忘录。能够代表柬埔寨签署这一重要文件，我深感荣幸。当天的许多画面至今仍印刻在我的脑海中。2017年，柬中双方正式签署《共同推进"一带一路"建设合作规划纲要》。柬中共建"一带一路"不断迈上新台阶，为新时代柬中命运共同体建设持续注入动力。

事实证明，在共建"一带一路"框架下，柬中务实合作得到有效提升，为柬埔寨经济持续发展增添重要动力。金港高速、暹粒吴哥国

际机场、西哈努克港经济特区等重大项目成效显著，双方合建水电站、跨湄公河大桥、国家公路、乡村道路等项目持续推进，柬埔寨基建水平得到明显提高，经济增长动力更强，竞争力得到有效提升，民众生活条件不断改善。柬中共建"一带一路"还帮助柬埔寨培养了一大批专业技术人才，有力促进了柬埔寨工业化进程，助力柬埔寨实现经济可持续发展。

在众多柬中共建"一带一路"合作项目中，金港高速和西哈努克港经济特区给我留下了深刻印象。金港高速自去年通车以来，有效提高了金边至西哈努克港的通行效率，降低了运输成本，加强了两地经济联系，当地民众对该项目赞不绝口。西哈努克港经济特区成立之初以低端制造业为主，搭上共建"一带一路"快车后，特区吸引了更多生产高附加值产品的企业入驻，产业明显升级。目前，特区已有175家企业入驻，创造了3万个就业岗位。这两个项目都是柬中共建"一带一路"的标志性项目，助力柬埔寨落实"2015—2025工业发展计划"，早日实现国家发展目标。

柬中共建"一带一路"合作取得累累硕果，为柬中"铁杆"友谊注入了新内涵。当前，柬中经贸合作正展现进一步升级的良好态势。2022年1月，柬中自贸协定和《区域全面经济伙伴关系协定》同时生效实施，将柬中长期务实合作推向了新高度。2022年，柬中贸易额达160亿美元，同比增长17.5%，再创历史新高，中国连续11年成为柬埔寨最大贸易伙伴。柬埔寨香蕉、芒果、龙眼等农产品输华成为柬中贸易一大亮点，给柬埔寨农业发展带来重要机遇。

柬中"铁杆"友谊深入人心，柬埔寨人民不会忘记中国朋友对柬埔寨发展的支持，不会忘记柬中合作给柬埔寨带来的实实在在利益。今年5月，柬埔寨举办第三十二届东南亚运动会，运动会的主场馆柬埔寨国家体育场是柬埔寨最大、最先进的体育场，由中国政府援建，是柬中友谊的重要象征。展望未来，柬埔寨期待同中国继续携手构建新时代柬中命运共同体，持续推进共建"一带一路"，不断造福两国人民，让柬中"铁杆"友谊焕发新生机。

（作者为柬埔寨副首相兼财经大臣）

2023.06.12

高质量共建"一带一路"带来重要发展机遇

郭宗仁

随着柬中共建"一带一路"不断推进，西港发展逐步迈上新台阶，基础设施、商业贸易、旅游业均得到了快速发展，当地人民获得了实实在在的好处

共建"一带一路"倡议提出10年来，柬中两国各领域合作日益加强，给柬埔寨带来了巨大发展机遇。在西哈努克省波雷诺县，蓬勃发展的西哈努克港经济特区（以下简称"西港特区"）成为本地经济的支柱。随着柬中双方推动构建新时代柬中命运共同体，共同打造"钻石六边"合作架构，西哈努克省的发展前景必将更加光明。

柬埔寨是共建"一带一路"的积极参与者。柬中双方都重视加强基础设施领域的互联互通，柬埔寨的"四角战略"与共建"一带一路"倡议高度契合。2016年10月，习近平主席访问柬埔寨，柬中签署31份合作文件，其中就包括柬中《关于编制共同推进"一带一路"建设合作规划纲要的谅解备忘录》。从那时起，柬埔寨迎来了大量中国投资，柬中共建"一带一路"不断结出硕果。

西哈努克省位于柬埔寨西南部，全省30多万人口主要集中在西哈努克市（又称"西港"）。这里有柬埔寨最大的海港，也是柬埔寨对外贸易中心。近年来，随着柬中共建"一带一路"不断推进，西港发展逐步迈

上新台阶，基础设施、商业贸易、旅游业均得到了快速发展，当地人民获得了实实在在的好处。目前，西哈努克省的人均年收入已达到4180美元，在柬埔寨各省中位居第一，是全国平均水平的两倍以上。

西哈努克省的发展离不开西港特区。柬中共建"一带一路"以来，在两国政府的共同关心下，西港特区实现了真正意义上的腾飞。经过多年持续建设发展，西港特区已有175家企业入驻，为近3万人解决了就业。目前，西港特区的最大投资项目——通用轮胎厂项目已实现首胎下线，整个项目竣工达产后，年产可达500万条半钢子午胎、90万条全钢子午胎，将为本地提供约1600个工作岗位。西港特区内企业的年进出口总额超过24亿美元，特区工业产值对西哈努克省的经济贡献率超过50%。

西哈努克省海岸线长度超过175千米，旅游资源丰富。世外桃源一般的高龙岛、沙滩众多的西港备受游客喜爱。近年来，大量中国游客、投资者来到西哈努克省，促进本地旅游资源开发，带动了本地旅游业、服务业、房地产业发展。西哈努克省翻修了西港城区的道路和排水排污系统，提升基础设施水平，改善城市形象，取得显著成效。2022年10月，中国企业承建的金港高速公路通车，柬埔寨首都金边至西港的通行时间由5个小时缩短至2个多小时，极大带动西港旅游业发展。如今的西港交通便利，港口、机场、高速公路、城市道路一应俱全。我们期待更多中国游客和投资者来到西港。

今年是柬中建交65周年，也是柬中友好年。今年2月，柬埔寨首相洪森访华，柬中双方一致同意打造柬中"钻石六边"合作架构，构建高质量、高水平、高标准的新时代柬中命运共同体，进一步巩固了柬中"铁杆"友谊。今年5月，西港特区举办了共建"一带一路"倡议十周年西港特区成果展，全面展现西港特区在柬中两国领导人及各方支持下取得的发展成就。

回望过去10年，西哈努克省的发展得益于共建"一带一路"，得益于柬中"铁杆"友谊。展望未来，高质量共建"一带一路"将持续给西哈努克省发展带来重要发展机遇。西哈努克省将继续加强同中国的互利合作，不仅造福本地民众，也为柬中友好合作事业作出贡献。

（作者为柬埔寨西哈努克省省长）

2023.06.25

共建"一带一路"合作成果惠及各方

扎哈里·米尔洛夫·扎哈里耶夫

共建"一带一路"倡议传承丝路精神，坚持和平主义，勾画了经济合作和多边贸易发展的新愿景。在共建"一带一路"框架下，中国同有关国家加强发展战略对接，扩大开放合作共识，有利于构建更加紧密的命运共同体

共建"一带一路"倡议是过去10年全球最重要的公共产品之一，对共建国家发展乃至世界经济格局都产生了重要影响。中国提出这一合作倡议，是基于对人类文明发展前景的思考。当今世界正处在转折与变革的关键时期，共建"一带一路"符合各方需求，将持续为推动人类发展进步作出贡献。

共建"一带一路"倡议是一个有助于促进贸易畅通和经济发展的合作倡议。古丝绸之路是人类历史上最伟大的贸易线路之一。共建"一带一路"倡议传承丝路精神，坚持和平主义，勾画了经济合作和多边贸易发展的新愿景。共建"一带一路"合作成果惠及各方。各方在基础设施、交通运输、贸易投资等领域加大投入，有助于让各国间的人员、货物、资本流通更加便捷。在共建"一带一路"框架下，中国同有关国家加强发展战略对接，扩大开放合作共识，有利于构建更加紧密的命运共同体。

当今世界，贸易保护主义抬头，冷战思维卷土重来，以邻为壑的现象屡见不鲜。在中国看来，全人类同乘一条大船，所有人、所有国家都是共同前行的伙伴。面对全球性挑战，各国应该责任共担，没有一个国

家可以独自解决所有问题。中国坚定站在和平与发展的一边，站在开放与合作的一边。共建"一带一路"展现的团结合作精神，是中国传统文化精髓和当今时代现实相结合的典范，将为各国携手建设更美好的未来汇聚更多力量。秉持共商共建共享原则，"一带一路"共建国家增进政治互信、深化经贸合作、扩大人文交流，共同分享发展机遇，这也是该倡议在全球范围内广受欢迎的重要原因。

共建"一带一路"给保加利亚带来的好处是实实在在的。保加利亚的酸奶、葡萄酒、玫瑰制品等特色产品被越来越多中国消费者所喜爱。近年来，保中经贸联系更趋紧密，人文交流日益密切。保加利亚普罗夫迪夫农业大学鲁班工坊为保加利亚培养职业技术人才，已成为保中两国教育合作的典范。

我从20世纪80年代开始关注中国，中国的快速发展进步和国际影响力不断提升深刻改变了世界。因为认同共建"一带一路"倡议所秉持的发展理念，也因为见证了共建"一带一路"带来的普惠发展成果，我于2017年发起成立了保加利亚"一带一路"全国联合会。成立这一联合会的初衷是帮助更多保加利亚民众了解和支持共建"一带一路"倡议。过去几年，尽管受到新冠疫情的影响，联合会吸引了保加利亚经济界、文化界、学术界等不同领域更多专家的积极支持和参与。

今年是共建"一带一路"倡议提出10周年。这一倡议从无到有，从理念到实践，参与合作方持续增多，真实反映出中国对国际合作的贡献不断增大。期待中国取得更大成功，期待共建"一带一路"合作为共建国家发展注入更多动力。

（作者为保加利亚"一带一路"全国联合会主席）

2023.07.04

构建人类命运共同体的重要实践平台

赫奥尔西纳·依盖拉斯

作为构建人类命运共同体的重要实践平台，共建"一带一路"倡议是中国积极参与全球治理、承担大国责任的体现。期待中国携手更多国家，让共建"一带一路"合作不断走深走实，推动全球发展迈向平衡协调包容新阶段

共建"一带一路"倡议是习近平主席着眼人类共同发展提出的，得到国际社会的普遍欢迎和积极响应。这一倡议已吸引世界上超过3/4的国家和30多个国际组织参与其中，拉动近万亿美元投资规模，形成3000多个合作项目，为共建国家创造42万个工作岗位，帮助近4000万人摆脱贫困。作为构建人类命运共同体的重要实践平台，共建"一带一路"倡议是中国积极参与全球治理、承担大国责任的体现。

共建"一带一路"体现了中国创新、协调、绿色、开放、共享的发展理念，并以共商共建共享为原则，在开展合作过程中尊重各国主权、不干涉他国内政，坚持开放合作、互利共赢，通过优势互补，促进沿线国家和地区全方位合作，助力各国提升发展能力。

面对全球经济疫后复苏动力不足、保护主义抬头等挑战，中国坚持扩大对外开放，坚定支持自由贸易，致力于推动经济全球化，推动建设开放型世界经济，促进南南合作和地区间协调发展，这可以从共建"一带一路"将基础设施这一互联互通的基石作为优先领域中得到体现。10

年来，中国与沿线国家和地区高质量共建"一带一路"，取得了丰硕成果，为将来进行更持久的合作积累了宝贵经验。

中欧班列是贯穿欧亚大陆的国际贸易大动脉，它将欧洲和亚洲紧密连接在一起，展现出强大韧性与活力，是欧中"一带一路"合作最具标志性的成果之一。今年3月9日，在西班牙和中国建交50周年纪念日当天，以"中西建交纪念号"特别命名的"义新欧"中欧班列从西班牙首都马德里鸣笛发车，与从中国义乌同时开出的列车相向而行，庆祝两国半个世纪的友谊。"义新欧"班列开通以来，为西中乃至欧中的货物贸易提供了极大便利。目前，"义新欧"中欧班列已辐射欧亚大陆50多个国家160多个城市，有效促进了各国间经贸合作。

除了传统领域合作，近年来，中国还结合自身发展经验与"一带一路"沿线国家和地区发展需求，推动数字经济等新兴领域的国际合作。以建设数字丝绸之路为例，它作为共建"一带一路"的重要组成部分，涵盖了从网络基建到纳米技术、大数据、人工智能、量子计算和智能城市等多个新发展领域，正成为推动新型全球化的数字桥梁，很多国家都对此表现出了浓厚兴趣。当前，数字经济是推动中国经济增长的主要引擎之一，也是促进国际合作的重点领域之一。加强数字经济国际合作，尤其是加强中国和其他新兴市场和发展中国家的合作，有助于缩小全球数字鸿沟，促进各国平衡发展，推动全球数字治理变革。

"遵循共商共建共享原则，推进'一带一路'建设"写入《中国共产党章程》，充分体现了中国推进"一带一路"国际合作的决心和信心。期待中国携手更多国家，让共建"一带一路"合作不断走深走实，推动全球发展迈向平衡协调包容新阶段。

（作者为西班牙论坛基金会亚洲论坛负责人）

2023.07.25

助力构建共商共建共享的全球治理格局

米哈伊尔·弗拉德科夫

国际社会对第三届"一带一路"国际合作高峰论坛充满期待。相信本届高峰论坛将取得丰硕成果，为更多国家实现可持续发展开辟合作空间，为推动构建更加公正合理的国际秩序注入更多正能量

在国际形势正发生深刻复杂变化的背景下，第三届"一带一路"国际合作高峰论坛的举办具有重要意义。

当前，世界正处于关键转折点，国际格局发生重大变化。是任由少数西方国家将自身意志强加于国际社会其他成员，迫使其遵守西方制定的所谓"规则"，还是在多极化、相互平等、相互尊重的原则基础上建立一个更加公平、民主、包容的国际秩序？国际社会需要对此作出正确回答。

共建"一带一路"倡议与习近平主席提出的全球发展倡议、全球安全倡议、全球文明倡议相辅相成，为推动建立更加公正合理的国际秩序指明了方向。当前，全球经济面临多重挑战，霸权主义、单边主义、保护主义横行。共建"一带一路"致力于帮助众多国家克服挑战、找到新的经济增长点，为实现更加包容普惠平衡的全球发展、推动构建共商共建共享的全球治理格局不断注入动力。

共建"一带一路"致力于推动各国加强互联互通、实现共同发展，

从不附加政治条件，从不谋求地缘政治私利，已成为深受欢迎的国际公共产品和国际合作平台。国际社会特别是全球南方国家积极支持、深入参与共建"一带一路"，不断收获发展机遇。

共建"一带一路"对全球南方国家实现可持续发展至关重要。通过参与共建"一带一路"，各国积极在卫生、环保、数字经济、科技等重要领域开展合作，推动建设健康丝绸之路、绿色丝绸之路、数字丝绸之路、创新丝绸之路，努力开创合作共赢的美好未来。

新时代中国取得了举世瞩目的发展成就，正以高质量发展全面推进中国式现代化。全球南方国家深受鼓舞，对同中国拓展合作、实现共同发展充满信心。在参与共建"一带一路"过程中，越来越多国家因地制宜地借鉴中国发展的成功经验。

10年来，共建"一带一路"合作收获累累硕果。有关统计显示，共建"一带一路"达成3000多个合作项目，帮助共建国家近4000万人摆脱贫困。共建"一带一路"坚持经济全球化正确方向，有力推动贸易和投资自由化便利化，提升双多边合作水平，促进共建国家和地区经济联动融通。2013至2022年，中国同共建国家货物贸易额从1.04万亿美元增加至2.07万亿美元，年均增长8%。

俄罗斯是共建"一带一路"的重要支持者和合作伙伴，欧亚经济联盟同共建"一带一路"倡议对接合作卓有成效。2022年，中国与欧亚经济联盟成员国贸易额超2000亿美元，同比增长30%，创历史新高。俄中两国在推动高质量共建"一带一路"方面具有广阔合作前景，相信两国将继续携手为推动欧亚地区发展、促进区域经济一体化作出更多贡献。

某些西方国家试图抹黑共建"一带一路"，制造谣言、散播谬论，这种行径不会得逞。国际社会对共建"一带一路"高度认可，早已证明此类歪曲抹黑只是徒劳。

国际社会对第三届"一带一路"国际合作高峰论坛充满期待。相信本届高峰论坛将取得丰硕成果，为更多国家实现可持续发展开辟合作空间，为推动构建更加公正合理的国际秩序注入更多正能量。

（作者为俄罗斯前总理、俄罗斯战略研究所所长）

2023.10.15

中国为思考全球问题提供了一种新方式

马丁·雅克

10年来，共建"一带一路"倡议与时俱进、不断发展，但其核心理念始终未变。共建"一带一路"将发展议题置于核心位置，展现发展的可能性，激发发展活力，为共建国家实现发展提供了前景广阔的合作平台。

共建"一带一路"倡议为广大新兴市场国家和发展中国家的发展提供了新的合作框架和新的可能性。中国通过长期探索实践，找到了适合自身国情的发展道路，也在长期对外合作中积累了宝贵经验。如何将这些经验运用到更广阔的合作伙伴关系中是一个新课题。参与共建"一带一路"的国家特别是发展中国家，可以在同中国的合作中探索如何实现发展转型。这也是共建"一带一路"倡议重视对接共建国家发展战略，合作项目的选择充分考虑共建国家发展需求的原因。

共建"一带一路"倡议增强了发展中国家实现发展的信心。当今世界，新兴市场国家和发展中国家的群体性崛起成为国际格局变革的重要驱动力。这一历史性变革涉及全球人口的绝大多数，中国是这场变革的引领者，也是重要榜样。金砖国家领导人第十五次会晤期间，金砖国家领导人一致同意金砖扩员，金砖合作机制作为世界舞台上代表新兴市场国家和发展中国家的重要合作机制，影响力进一步上升。世界正进入国际格局变革的新水域，共建"一带一路"倡议在其中发挥重要作用。

中国同各方在共建"一带一路"框架下开展的合作从根本上不同于西方同有关国家的合作。一些西方国家高高在上的时间太久了，无法理解减贫等发展问题，缺乏对发展中国家人民的同理心和亲近感。这不仅仅是政治问题，也是深层次的历史和文化问题。这也是一些西方国家无法正确看待共建"一带一路"倡议、用所谓"债务陷阱"等借口进行抹黑的原因。

长期以来，有关国际关系和国际政治的讨论为西方所支配，西方不少人对中国的思维方式十分陌生。共建"一带一路"倡议为西方国家以及更多国家的人们理解中国思想和中国哲学打开了一扇窗。共建"一带一路"倡议在更长的时间维度和更广的空间维度中思考全球发展问题，蕴含着"天下为公""天下大同"等中国智慧。共建"一带一路"倡议秉持的共赢理念与中国传统文化密切相关，将深刻影响国际关系。

以共建"一带一路"倡议为代表，中国为思考全球问题提供了一种新方式。近年来，中国积极思考和探索人类未来走向，提出了包括全球发展倡议、全球安全倡议、全球文明倡议等新倡议，极具创造力，也带来了积极成效。中国思想植根于其深厚的历史，也契合当今世界需求。对于全球问题的思考正在发生重大变化，来自中国的思想贡献将越来越重要。

（作者为英国知名学者、中国问题专家）

2023.10.17

后　记

解码世纪工程　　汇聚合作伟力

今年是习近平主席提出"一带一路"倡议10周年。

2013年金秋，习近平主席在访问哈萨克斯坦和印度尼西亚时，先后提出共同建设丝绸之路经济带和21世纪海上丝绸之路重大倡议，掀开了全球发展进程新的一页。共建"一带一路"应者云集、全球瞩目、成果丰硕。绵延万里、连接千年的古丝绸之路，展现蓬勃生机，焕发新的荣光。

国际评论是人民日报的传统和优势，已经形成"国纪平""寰宇平""钟声""和音""大使随笔""国际论坛""环球走笔"等多个品牌栏目。10年来，人民日报国际评论紧紧围绕习近平主席关于共建"一带一路"的重要论述，聚焦"一带一路"建设中的重大合作项目、重要时间节点等，既以充满深邃思想的笔触记录、阐释共建"一带一路"合作的旺盛活力和强大韧性，也通过多样化的视角展现共建"一带一路"合作中可信可爱可敬的中国形象，成为读懂"一带一路"的重要窗口和平台。

《携手构建人类命运共同体的伟大实践——"一带一路"国际评论精选》一书，从10年来人民日报篇目众多的"一带一路"国际评论中精选出159篇，结合"国纪平""钟声""和音""大使随笔""国际论坛"等国际评论栏目的特点编辑而成。通过"深受欢迎的国际公共产品和国际合作平台""共同把这条造福世界的幸福之路铺得更宽更远""弘扬丝路精神　携手共同发展""共享机遇、共谋发展的阳光大道"等章节，深刻阐述共建"一带一路"的中国理念、中国行动，集中呈现共建"一带一路"的世界回响、世界意义。

人民日报"一带一路"国际评论是"一带一路"合作互利共赢的见证者。从理念转化为行动，从愿景转变为现实，从总体布局的"大写意"到精谨细腻的"工笔画"，共建"一带一路"朋友圈越来越大，合作质量越来越高，成果越来越丰硕。"中老铁路是两国互利合作的旗舰项目""中欧班列打开了供需互促、优势互补的共赢大门""种植中国杂交水稻的莫桑比克农民喜获丰收，出产的大米被当地人命名为'好味道'"……"一带一路"国际评论用最真实的语言，记录下共建"一带一路"给相关国家带来的实实在在的好处，成为中国与各方一道打造造福各国人民的世纪工程的生动注脚。

人民日报"一带一路"国际评论是"一带一路"合作民心相通的推动者。"国之交在于民相亲，民相亲在于心相通"。本书选取了62篇"国际论坛"署名评论，作者既有政府官员和前政要，也有国际组织负责人；既有大学和智库的专家学者，也有工商界和文化界人士。他们的文章既见解深刻独到，又清新自然、情真意切，既聚焦宏大的合作项目，又有"小而美"的故事，展现了共建"一带一路"合作真实而又动人的画面，拉近了共建"一带一路"国家民众的心灵距离。

人民日报"一带一路"国际评论是"一带一路"合作走深走实的贡献者。共建"一带一路"承载着不同国家人民对文明交流的渴望、对和平安宁的期盼、对共同发展的追求、对美好生活的向往。讲好"一带一路"合作的故事，为共建"一带一路"营造良好的舆论氛围，是人民日报国际评论的职责所在、使命所系。159篇"一带一路"国际评论覆盖了政策沟通、设施联通、贸易畅通、资金融通、民心相通等方面，诠释了"一带一路"是和平之路、繁荣之路、开放之路，也是绿色之路、创新之路、文明之路，为进一步推进"一带一路"合作凝聚共识、汇聚力量。

又是金秋好时节。中方于十月在北京举办第三届"一带一路"国际合作高峰论坛。这不仅是纪念"一带一路"倡议提出10周年最隆重的活动，也是各方共商高质量共建"一带一路"合作的重要平台。我们编辑出版这本书，希望帮助更多人了解共建"一带一路"展现的天下情怀、开放气度、共赢精神、时代价值，让合作共赢的力量直抵人心，进一步汇聚高质量共建"一带一路"、构建人类命运共同体的共识和力量。

本书编辑组

2023 年 10 月于北京